사회는 왜 아픈가

사회는 왜 아픈가

자발적 노예들의 시대

이찬수 지음

도서출판 모시는사람들

사회는 왜 아픈가

세계는 늘 시끄럽다. 우리 사회도 어수선하고 복잡하다. 답답하기도 하고 마음이 아프기도 하다. 그런 소식들을 주로 전하는 대중매체 탓에 더 그렇게 느껴지는 것일 수도 있다. 그렇더라도 어디선가 상처와 아픔이 있다는 사실만으로도 마음은 편치 않다.

단순한 삶을 기쁘게 살아가는 이들도 제법 있을 것이다. 가끔 그런 소식이 들려오기도 한다. 그러나 그런 이들은 소수거나 그런 정서는 일시적일 경우가 대다수다. 모든 이가 내내 편안히 지낸다는 말은 전래동화나 신화를 제외하고는 들어 본 적이 없다. 불편하고 안타까운 일들이 비할 수 없이 더 많다. 특히 연일 들려오는 사람들의 신음, 그것이 마음 아프다. 우리는 왜 불편한가, 사회는 왜 아픈가.

'사회'를 국어사전에서는 '같은 무리끼리 모여 이루는 집단'이라고 간단히 규정한다. '가족, 마을, 조합, 교회, 계급, 국가, 정당, 회사 등 넓은 의미에서 공동생활의 형태로 드러나는 인간 집단'이라고 좀 더 풀기도 한다. 짧든 길든 이런 식의 규정은 '사회'라기보다는 '소박한 공동체'에 가깝다.

사회는 그렇게 소박하지 않다. 칸트에 의하면, 사회(Gesellschaft)는 자유로운 인격적 존재자들이 외부적 자유의 원리에 기초해 인격적 영향을 주고받는 공동체(Gemeinschaft)다. 그 구성원들이 서로의 자유를 침해하지 않도록 조절하는 상위의 장치도 갖추고 있다. '법'이다. 사회에는 개인의 자유를 보장하면서 적절히 통제하는 법적 장치가 작동하고 있다.

그래도 현실에서 사회는 법적 정신이나 원칙대로 굴러가지 않는다. 자유로운 인격들의 집단이라지만 현실은 도리어 교묘하게 자유를 억압하며 집단적 질서 안에 인격을 속박시키는 모순으로 이어진다. 아픔은 계속되고, 비명이 연일 들려오는 이유도 잘 해명되지 않는다. 사회가 철학자의 사전적 정의처럼 운영되지 않는 이유를 좀 더 따져보아야 한다. 이를 위해 어떤 형식으로든 사회 구성원들을 결합시키는 주요 원인 혹은 동력이 무엇인지 더 조명할 필요가 있다.

칸트는 그것을 '자유'와 그 조절 장치인 '법'으로 보았다. 일견 맞는 말이다. 그렇더라도 어떤 자유인지 또 물어야 한다. 자유의 가치와 범주가 지나치게 모호하고, 자유를 통제하는 법적 견제 장치만으로는 다 설명되지 않는 더 깊은 이유가 있기 때문이다.

수많은 사람들을 움직이게 하는 근원적 동력으로 일단 자기 생존과 확장을 위한 욕망의 문제를 거론할 수 있을 것이다. 신자유주의적 자본주의 사회일수록 욕망은 더 노골화하고 자기 확대를 위한 욕망들이 모여 집단을 움직이는 근본 동력으로 작동한다. 신자유주의가 성과의 축적을 찬양하는 경제 시스템이라는 점에서 성과를 낳기 위한 욕망은 물건이든 돈이든 일종의 '자본'을 확장시키는 근본 동력이 된다. 사회가 왜 아픈지에 답하려면 경제의 문제도 되물어야 한다는 뜻이다. 신자유주의 시스템에서 요구하는 자유 경쟁이라는 것 자체가 사실상 심신의 피로를 담보로 하고, 그런 경제 시스템이 칭송하는 결과물을 가져오려 하면 할수록 아픔도 더 수반되기 때문이다.

경제에 해당하는 영어 '이코노미(economy)'의 원뜻은 '집(eco)의 규칙(nom)'이다. 집안의 질서들이 서로 교류하며 물건이나 화폐가 오가는 과정이 시원적 의미의 경제다. 개인이나 집안끼리 재화가 오가는 과정에 국가 혹은 권력이 개입하고 주도하면서 그 영역이 대폭 확장되었는데, 그 확장된 영역이 요즘 이야기하는 경제의 근간이다. 이런 식으로 경제는 기본적으로 정치적 성향을 띄었고, 그래서 '정치경제(이코노미 폴리티크)'였다. 정치와 뗄 수 없는 한 몸이었고, 그때 정치는 경제의 수단에 가까웠다.

그러다가 경제의 덩치가 급속히 커져 가면서, 급기야 정치라는 수단을 떼어 버리려 했고, 경제가 그 자체로 확장되는 흐름이 대폭 강화되었다. '정치경제'에서 '경제'로 다시 옮겨간 것이다. 정치가 개입되기 이전의 경제와, 덩치를 더 불려 사실상 정치의 영향력으로부터 멀어진 경제는 규모와 농도에서 현격한 차이가 있다. 그 현격한 차이가 오늘 우리가 말하는 '사회'로 나타났다.

이 사회는 사적 혹은 가정적 영역이었던 '이코노미들'이 중층적으로 뒤섞여 다차원적으로 뻗어가고 있는 유기체적 집단이다. 이 집단의 구성원들이 저마다의 욕망에 기반해 정치를 이용하거나 그 통제에서 벗어나려 시도하면서, 끝모를 자기변화와 확장을 계속하고 있다. 그 과정에 나타난 성과 지향의 신자유주의는 사회를 '질환'이라 할 수 있을 영역으로 이끌고 있으며, 사회적 아픔의 구조적 원인을 제공하고 있다. 그 구성원들도 전진만 요구할 뿐 후퇴를 용납하지 않는 도도한 물결에 휩쓸려 있다.

여기에 사회 구성원들의 책임이 없는 것은 아니다. 개인들도 책임을 져야 한다. 그렇지만 개인들의 욕망을 추동하고 발동시키는 '사회'의 성질을 파악하고 그 책임도 같이 물어야 한다. 개인적으로는 딱히 문제가 없는 사람들인데도 저마다 자기에게 유리한 선택을 하게 하고, 이러한 자기중심적 욕망들의 각축장이 되게 만드는 거친 물결의 실체를 따져물어야 한다. 가까운 지인들과는 대화와 타협으로 해결책을 찾을 줄 알면서도, 여러 단계 건너간 모르는 사람들에 대해서는 왜 자기중심적으로 판단하는지, 왜 저도 모르는 사이에 그 자기중심성들이 충돌하는 현장을 만들어내는지, 근본 이유를 캐물어야 한다.

물론 이런 자기중심적 욕망들의 충돌 과정은 경제 규모가 확대되는 과정이기도 하다. 하지만 충돌하는 그만큼 개인과 사회는 더 멍들고 아파진다. 경제적 부의 총량은 늘어나지만, 상대적 가난도 늘어난다. 국가적 부의 총량은 확대되지만, 그것이 국민의 부가 아니라 계급의 부로 자리매김 된다. 사회의 구성원은 불평등한 경제적 계급의 구성원으로 내몰리고, 다시 상대적 박탈감과 낮아진 자존감으로 이어진다. 그 와중에 신자유주의는 상대를 딛고 넘어서라며 경쟁적 성과를 끝없이 부채질한다.

그 경쟁은 더 많은 업적을 낳고 재화를 산출하며, 기존 사회의 구조를 확대시키고 다시 정당화시킨다. 그러면서 개인은 저도 모르는 사이에 자기가 만든 사회에 종속된다. 문명을 만든 인간이 문명의 법칙에 예속되어 가는 것이다. 자기도 모르는 사이에 자발적으로 노예의 길로 들어서게 된 것이다. 그렇게 노예들의 신음소리는 계속된다. 사회가 아픈 근본적인 이유다.

이 책은 지난 십수 년 동안 우리 사회의 병리 현상을 관찰하면서, 때로는 사회의 구성원인 나 자신을 비판적으로 성찰하며 썼던 일종의 사회비평 에세이다. 사회를 그저 남 얘기하듯 비판만 할 수는 없었다. 사회의 구성원인 나도 비판적 대상의 일부가 되어 있다는 사실을 겸허하게 수용해야 했다. 그런 자세로 우리 사회가 담고 있는 문제들을 기회가 되는대로 살펴보았다. 그 문제가 문제인 이유는 한마디로 사람이 아프기 때문이었다. 사회가 아픈 이유를 차근차근 성찰하되, 단순히 객관적 비평문에 머물지 않고, 가능한 인간의 얼굴을 한 실천적 대안도 담아 보려 했다.

대안이라지만 어떤 정책 제언의 차원은 아니다. 유효한 정책을 제안하거나 만들기도 어렵지만, 정책 하나로 전체가 바뀔 수 있을 정도로 사회는 단순하지 않다. 어떤 상황에 어울리는 법제를 만들어두어도 의도만큼 실제로 적용하기란 대단히 어렵다. 욕망들이 중층적으로 얽혀 만들어지는 사회는 그런 정책이 쉽사리 적용되도록 호락호락하게 내버려 두지 않는다. 하나의 정책은 다른 문제를 낳으며 사회를 변형시킨다. 정책적 대안은 긴요하지만, 궁극적으로는 무엇 하나 인간의 문제이자 책임 아닌 것이 없다는 사실을 놓쳐서는 안 되는 이유다.

이 글도 사회 문제를 비판적으로 다루되, 개인의 책임을 포함해 인간 정신성의 차원과 연결해 생각할 수 있는 계기를 찾아보고자 했다. 인간이 100조 개 세포들의 집합체면서도 그 세포들을 다시 관찰할 수 있는 자기 초월 혹은 자기 대상화의 능력이 있듯이, 사회도 개인적 욕망들의 합집합에 머물지 않고 거대한 욕망을 돌파할 수 있는 심층의 영역이 있다는 사실을 드러내고 싶었다. '사회의 영성'(Spirituality of Society)이라 해도 좋을, 행여 '영성'이라는 말이 부담스럽다면 '사회적 정신의 심층'이라고 해도 좋을 어떤 긍정적 영역을 드러내고 싶었다. 사회가 꼬인 원인으로 개인적 욕망들의 중층적 충돌을 들었지만, 그 욕망을 제어할 수 있는 더 깊은 정신적 가능성도 같이 보고자 했다. 인간의 이러한 정신적 가능성을 보지 않고, 그에 대한 신뢰도 두지 않는다면, 모든 비판은 그저 비판을 위한 비판으로 남을 뿐이기 때문이다. 뒤틀린 사회를 바로잡기는 더욱이나 힘들어지기 때문이다.

문제는 이러한 영성 혹은 정신성의 문제가 일정한 정책적 대안의 제시보다 훨씬 어렵다는 것이다. 그래도 그러한 근원적 가능성을 무시할 수는 없었다. 그래도 사회가 인간의 문제인 한, 문제의 근원인 인간을 근원에서 다시 성찰하고 아픔을 극복할 수 있는 가능성을 인간 안에서 찾아내지 못하면, 어떤 제안도 정책도 무용지물이 될 수 있기 때문이다. 이 책의 모든 글에 이러한 내용을 전부 담고 있는 것은 아니지만, 지난 십 수 년 이상 우리 사회를 바라보는 나의 태도에는 그런 관점이 비교적 일관되게 녹아 있었다는 사실을 이 글들을 돌이켜보며 알 수 있었다. 그래서 출판을 감행하게 되었다.

이 책의 삼분의 이가량은 '인권연대' 뉴스레터인 「발자국통신」에 썼던 글을 근간으로 하고 있다. 몇 해 전 단행본으로 내기 위해 이전의 글들을 한 자리에 모으면서 시제와 상황이 맞지 않은 내용들을 수정 보완해 두었다. 출판사의 일차 편집까지 마쳤다. 그래놓고는 미진한 10%를 완성하지 못한 채 차일피일하며 출판 시간을 놓치고 있었다. 그러던 차에 이 책의 초기 원고가 '한국출판문화산업진흥원'에서 주관하는 "2020년 중소출판사 출판콘텐츠 창작지원사업"에 선정되는 경사가 벌어졌다. 원고의 미래적 가치를 보고 미리 출판을 지원하는 프로그램에 선정된 것이다. 출판사에게 소정의 출판지원비가 제공된다니 기쁜 일이었고, 출판사 측에 미안한 마음을 좀 덜었다. 내친 김에 실제로 독자와 만날 수 있는 수준으로 만들려고 기존 원고를 다시 들여다보았다. 그새 또 달라진 시대와 상황에 맞게 다시 빼고 덧붙이고 다듬었다. 그렇게 어지간히 원고 정리를 마쳤다.

그런데 마음 한켠에서 부끄러움이 밀려온다. 글에 내 생각은 반영되어 있지만, 삶의 수준은 그에 많이 미치지 못하기 때문이다. 글과 내용도 자꾸 고치고 싶어진다. 그렇지만 더 늦출 수도 없는 상황에 이르렀다. 추상적 생각을 구체적 문자로 표현하는 보람을 앞세워 그냥 용감하게 출판에 부친다.

2020년 11월

이찬수

사회는 왜 아픈가

제 I 부

사회는
왜 아픈가

찰리 채플린의 1936년 영화 '모던 타임즈'의 한 장면. 컨테이너 벨트 공장에서 일하는 노동자(찰리 채플린)는 종일 벨트의 나사를 조이는 일을 한다. 나사 비슷한 동그라미만 보면 조이려 할 정도로 나사 조이기는 노동자에게 습관을 너머 체화되다시피 한다. 나사를 조이다가 톱니바퀴 사이에 끼어들어가도 노동자는 스패너를 놓지 않는다. 급격한 산업화 과정에 공장의 부품으로 전락한 인간의 실상, 인간이 산업화와 문명의 주체이기는커녕 수단과 객체가 되어버린 비극적 현상을 희극적으로 절묘하게 묘사하고 있다.

1. 공감이 신앙이고 공생이 구원이다
: 평화학이 던지는 질문

"공생이란 개인의 자유가 사람들 간의 상호 의존성으로 실현된 것이며,

그 자체로서 하나의 윤리적 가치이다."

(이반 일리히, 『성장을 멈춰라』, 미토, 2004, 33쪽)

왜 평화롭지 못할까

사람들은 평화를 원하는데 세상은 별로 평화롭지 못하다. 일부 여유 있는 개인들이 느끼는 탈사회적 내면의 안정감 같은 것을 제외한다면, 세상이 평화로웠던 적은 없던 것 같다. 일부 종교 공동체의 특정한 경험 같은 것 말고, 평화로운 사회나 국가 혹은 세계에 대한 증언을 들어 본 기억이 없다. 왜 그런 것일까? 이유가 어찌 한두 가지 정도랴. 욕망에 눈이 어두운 정치꾼이나 약자를 억압하는 권력자를 탓

할 수도 있다. 불평등을 조장하는 자본주의나 이념적 획일성을 획책하는 집단주의를 탓할 수도 있다. 이기적 개인주의나 세상일에 무감(無感)한 이들 탓이라고 비판할 수도 있다. 무언가 이유가 있는 것은 분명하지만, 한 가지 꼭 집어 말하기에는 세상이 너무 복잡하게 얽혀 있다. 거의 모든 것이 원인처럼 여겨진다. 애당초 평화롭지 못하도록 구조적으로 폭력화되어 있다고 해도 과언이 아니다.

폭력적 구조 속에 있다 보니, 평화에 대한 물음은 늘 물음에 머문다. 한 걸음 나아갔나 싶으면, 다시 평화를 물어야 하는, 불평등하고 폭력적인 상황이 지속된다. 폭력이 줄었나 싶으면, 어디선가 다른 모습으로 또 고개를 내민다. 폭력은 그만큼 구조화되어 있다. 그럼에도 불구하고 또 묻고 바라지 않을 수 없다. 그것이 평화의 속성이다. 평화는 목적론적이다. 영원한 목적으로 존재한다. 그러면서 그 목적을 묻는 만큼 다가온다. 다가왔다 싶으면 새로운 질문을 던지며 또 멀어진다. 평화는 과연 이루어질 수 있는 것일까?

평화는 폭력을 줄이는 과정

평화는 폭력을 줄이는 과정이다.[*] 평화를 말하려면 폭력을 가져오

---

[*] 이찬수, 『평화와 평화들: 평화다원주의와 평화인문학』, 모시는사람들, 2016, 79~86쪽.

지 않을 수 없도록 되어 있다. 평화에 대해 이야기를 시작하다 보면 곧바로 폭력의 문제로 이어진다. 현실에서 우리가 경험하는 것은 평화보다는 폭력이기 때문이다. 그런 점에서 폭력 혹은 폭력적 구조에 대해 폭로하며 비판하는 일은 중요하다. 그것은 분명히 평화에 공헌한다.

하지만 비판하고 폭로하는 것만으로 폭력이 줄어드는 것은 아니다. 폭력은 폭력을 줄이는 실천에 의해서 줄어든다. 폭력을 줄이는 실천은 폭력으로 인한 아픔에 공감하는 데서 시작한다. 어딘가에서 벌어지는 아픔에 공감하고 그 아픔의 현장으로 나아가 아픔을 함께 하는 데서 아픔은 줄어들기 시작한다. 그것은 개인의 아픔에 공감하는 것이기도 하고, 집단의 모순을 해결하는 데 동참하는 것이기도 하고, 권력의 독재에 저항하는 것이기도 하다. 그 기반은 공감(共感)에 있다. 공감은 사람들이 사회를 이루며 함께 살아가기 위한 근본적인 능력이다.

두 가지의 공감력

공감에는 두 종류가 있다. 일상 어법으로는 크게 구분되지 않지만, 영어의 어원적 의미에 따르면, 타자의 입장에서 타자의 내면을 이해하는 'empathy'와 자신의 입장에서 타자를 이해하는 'sympathy'이다.

타자에 대한 공감은 평화를 위한 기초이지만, 리프킨(J. Rifkin)이 염려했듯이, 지배를 위한 공감이 커지면 그 공감하는 이들을 중심으로 식민주의적 제국주의 같은 것도 생겨나고, 소비에 대한 공감이 커지면 소비를 미덕으로 부추기면서 유한한 지구의 자원을 급속히 고갈시켜 간다.* 지라르(R. Girard)의 표현을 빌려 일종의 '모방경쟁'으로 설명할 수도 있을 것이다. 이런 자기중심적 공감은 지구를 파괴해 간다.

그저 자신의 입장에서만 공감하다 보면 타자를 자신 안에 흡수시키면서 결국 타자에게는 폭력을 낳는다. 서로가 서로에게 그렇게 행동하다 보면 결국 자기중심적 공감이 다시 자기를 향해 오는 폭력적 상황이 부메랑이 되어 다가온다. 공감을 하되, 타자의 입장에서 하는 공감, 즉 'empathy'가 필요하다는 말이다.

타자의 눈으로 자신을 보기

empathy는 타자의 눈으로 자신을 다시 보는 것이기도 하다. 외부의 눈으로 내부를 들여다보는 것이다. 내부에만 있으면 내부가 안 보인다. 그런 점에서 공감은 외부로 나아가는 것이다. 그랬다가 외부의 눈으로 다시 내부로 돌아오는 것이다. 이런 순환의 행위로 내부는 바

* 제러미 리프킨, 이경남 옮김, 『공감의 시대』, 서울: 민음사, 2010, 6쪽, 756쪽.

뀐다. '희생양 시스템'으로 인류 문명의 폭력적 구조를 밝힌 지라르는 밖으로부터의 관점을 융합해 낼 때 누군가를, 특히 약자를 희생시키는 시스템이 극복될 수 있다고 말한다.

> 체제의 안에서 보면, 차이들밖에 없다. 반대로 밖에서 보면 동질성밖에 없다. 안에서는 동질성이 보이지 않고, 밖에서는 차이가 보이지 않는다. 그렇다고 이 두 관점이 대등한 것은 아니다. 안으로부터의 관점은 언제나 밖으로부터의 관점에 통합될 수 있지만, 밖으로부터의 관점은 안으로부터의 관점에 통합될 수 없다. 이 체제에 대한 설명은 안으로부터와 밖으로부터라는 두 관점의 화해 위에 근거해야 한다.[*]

지라르가 말하는 두 관점의 화해는 empathy의 구성 원리를 잘 보여준다. 안으로부터의 관점은 타자배제적으로 드러나지만, 밖으로부터의 관점은 타자수용적으로 드러날 가능성이 크다. 그러한 공감은 타자와 함께 하면서 그 배제적 가치를 극복하려는 행동으로 드러난다. 이러한 공감이 평화의 근간이고 평화의 다른 이름이다.

---

[*] 르네 지라르, 김진식 외 옮김, 『폭력과 성스러움』, 서울: 민음사, 2000, 238쪽.

공감 없는 연구의 무력함

평화 공부도 평화 운동도 empathy를 기반으로 할 때 실제로 평화에 공헌한다. 평화 연구자도 폭력적 상황이나 폭력으로 고통당하는 이들에 대한 공감을 연구의 동력으로 삼아야 한다. 아파하는 이들에 대한 '측은지심'을 연구자의 의미 있는 추진력으로 삼아야 한다. 우물가로 다가가는 아이를 보면 누구든지 달려가 아이를 구하지 않겠느냐며 맹자가 인간됨의 근간으로 제기한 측은지심 말이다. 맹자는 타자의 고통을 차마 외면하지 못하는 마음이 인간성의 근본이라고 보았다. 이것은 수천 년이 지난 오늘날에도 평화 연구자의 기본 자세여야 한다. 아픔을 낳는 폭력에 대한 통찰, 그리고 고통에 대한 공감이 없는 연구는 그저 컴퓨터가 낳은 기계적 산출물에 지나지 않을 것이다.

물론 측은지심만으로 설득력 있는 연구가 이루어지는 것은 아니다. 공감 없는 연구는 사상누각에 지나지 않지만, 그렇더라도 공감만으로 연구가 되지는 않는다. 그 공감에 누구라도 동의할 만한 냉철하고 이성적인 옷을 입혀야 한다. 연구자 자신이 폭력적 상황에 처해 있음을 주관적으로 인식하면서도 그러한 상황에서 다시 한 걸음 물러나 자신이 처한 상황을 객관화시킬 수 있어야 한다는 뜻이기도 하다. 그 객관화로 독자로 하여금 폭력의 구조에 눈뜨게 하고 폭력의 가해자와 폭력적 구조를 전복하는 데 동참할 수 있게 이끌어야 한다.

공감이 신앙이고 공생이 구원이다

프랑스의 사회철학자 부르디외(P. Bourdieu)의 '참여적 객관화'는 이러한 연구 자세를 잘 보여준다. 평화 연구자가 스스로를 폭력적 상황 속에 개입시키면서 동시에 그 폭력적 상황을 객관화시켜 더 많은 이들로 하여금 폭력적 상황에 눈뜨게 하는 것이다. 이런 자세를 견지할 때 평화 연구는 학문의 진정성을 확보하게 된다. 연구의 대상과 주체의 긴밀한 상관성을 전제하고서야, 학문적 성찰의 진정성이 확보된다는 말이다.

이렇게 학자의 진정성을 드러내고 실천적 함의도 구체화시키는 출발은 공감적 자세이다. 공감 없는 연구는 없어야 할, 없는 것이 나을, 말 그대로 '사족(蛇足)'이다. 종교에서 '죄'라는 용어를 사용하지만, 학문에도 죄가 있다. 공감 없는 연구, 무감각한 정보의 나열, 무감(無感)이 죄이다. 그에 반해 고통에 대한 공감적 연구는 학문이라는 종교의 신앙이라 할 만하다. 이반 일리히(I. Illich)가 함께 사는 '공생(conviviality)'을 강조했는데, '더불어 삶'에 일조할 때, 학문도 구원의 길에 동참한다. 무감이 죄라면 공감이 신앙이고 공생이 구원이다. 무감에서 공감으로, 그리고 감성적 차원의 공감을 넘어, 공감적 공생으로 나아가는 것이 학문의 길이다.

2. 연기해야 연극이 된다
: 평화들의 조화와 신율

"네가 쓴 무엇인가를 세계로 내보내어 그것이 공공의 것이 될 때마다,

누구나 자신의 마음이 가는 대로 그것을 다룰 수 있는 자유가 있음은

명백하다…. 당신이 독립적으로 생각해온 것을 무슨 일이 있어도

장악하려 해서는 안 된다. 당신은 오히려 다른 사람들이

그 생각을 갖고 하는 일부터 배우려 해야 한다."

(한나 아렌트, 『인간의 조건』, 한길사, 2019, 66쪽)

평화와 평화들

공감이 감성의 언어라면 감성이 타자에게 적용되는 과정에는 아렌
트가 말한 '행위 혹은 연기(action)'가 개입되어야 한다. 공감만으로 폭
력이 줄어드는 것은 아니다. 공감도 자기중심적으로 작동하면, 타자

를 함몰시킨다. 일방적 사랑이 성폭력으로 이어질 수 있는 것과 같다.

평화조차 의도와 목적이 자기중심적으로 설정되어 있으면, 평화라는 이름으로 폭력이 발생한다. 평화라는 말을 가장 많이 하는 종교들이 도리어 갈등을 불러일으키는 데서 잘 볼 수 있다. 보수의 평화와 진보의 평화가 다르고, 남한의 평화와 북한의 평화가 다르다. 미국의 평화와 중국의 평화가 다르다. 저마다 자신의 의도, 체제, 그리고 이익을 보장받거나 확대할 수 있다는 전제하에 평화에 대해 말한다. 한마디로 '자기중심적인 평화(ego-centric peace)'를 내세운다. 이것이 현실이다.

그런 점에서 평화도 '복수(plural)'라는 사실을 긍정하면서 출발해야한다. 대문자 단수로서의 '평화(Peace)'는 이상이며, 현실은 다양한 평화들(peaces)이 뒤섞여 있다. 다양한 평화들, 저마다의 의도와 목적의 다양성을 일단 긍정할 도리밖에 없는 것이다.

여러 '평화들' 간의 공감적 합의 과정을 통해 '평화'라는 단수형 이상에 다가선다. 그 단수형 이상은 자기 완결적이지 않다. 진행형이다. 그렇지만 상호 이해를 통해 갈등을 지양하고 다양성을 조화시키며 너와 나 사이의 차이가 일치로 승화되는 과정이다. 그 과정이 평화라는 단수형 이상으로 다가선다.

행위 혹은 연기

한나 아렌트(Hannah Arendt)는, 공화정치를 이루기 위해서는 공동의 뜻에 어울리도록 저마다 내적 욕망을 절제하는 '행위(action)'를 해야 한다고 말했다. 이 행위는 그저 자기가 생존하거나 물질을 생산하기 위한 일(work)이나 노동(laber)과는 다르다. '행위'는 다름에서 오는 불편함에도 불구하고 조금씩 절제하며 합치의 길로 나아가는 과정이다. 연극에 비유하면, 행위는 일종의 '연기'이다. 배우들의 연기가 한 편의 연극을 완성해 가듯이, 차이를 긍정하며 다름을 감내하는 연기로서의 행위가 민주주의를 만들어 간다. 이러한 생각과 시도가 다양성 속에서 일치를 찾아낸다.

이것이 '합의'이다. 합의는 공감과 더불어 평화라는 이름으로 폭력이 벌어지지 않도록 하는 장치다. 합의는 나의 행위 안에 너를 긍정적으로 수용할 때 이루어진다. 힘들고 때로는 불만스러워도 합의를 통해 평화라는 공론의 장을 만들어 나가야 한다. 더 나아가 아렌트의 '연기'가 어렵고 불만스럽기보다는 자연스러운 행위가 될 수 있다면 더할 나위 없다.

이런 행위를 '신의 형상'으로서의 인간의 심층과 연결지어 설명하면 종교철학자 폴 틸리히(Paul Tillich)가 말한 신율(神律, theonomy)의 개념과 통하지 않을까 싶다. 틸리히에 의하면, 신율은 나의 주체적인 행위가 자율적이되, 타자를 살리는 자발적 · 자율적 행위를 의미한다. 구체적으로 살펴보자.

신율적 행위

어느 시대 어떤 사회든 사회나 공동체가 유지되기 위해서는 법이 필요하다. 법(法)은 일종의 원칙이다. 그 원칙에 근거해 사람들의 행동 방식을 통제하는 구체적 기준이 율(律)이다. 가령 기독교와 이슬람의 정신적 근거지라고 할 수 있는 고대 이스라엘 사회는 법 중심적 사회였다. 그것도 강제 규정으로서의 율(律) 중심의 법, 즉 타율로서의 법이었다. '하늘'에 이르기 위해서는 타율적 법을 따라야 했다. 민족의 정신적 통일을 위해 타율적 법이 요구되었던 것이다.

그에 비해 오늘날은 이러한 타율(heteronomy)에 반대하며 자율(autonomy)을 내세우는 시대다. 자율은 이성적 원리에 기반해 인간이 자신을 위해 만든 행동 방식이다. 타율의 기준은 밖에 있지만, 자율의 기준은 안에 있다. 분명히 타율에 비하면 자율은 인간적이고 주체적이다.

그런데 그 인간적이고 주체적인 행위가 폭력에 공헌하는 일이 벌어진다. 자율의 '자'가 자기중심적이기 때문이다. 전술했듯이, 평화도 자기중심적으로 이루려다 보니, 평화라는 이름으로 타자를 배제한다. 평화라는 이름으로 평화를 이루려면 그 자율은 타자를 포함하는 자율이어야 한다. 종교철학자 틸리히는 그런 자율을 신율(theonomy)이라 명명한 바 있다.

신율을 실천하는 이는 자신의 안과 밖을 실선으로 나누지 않는다. 타자를 차별하지 않는다. 도리어 타자 속에서 자신과 하나됨을 본다. 타자를 타자로 긍정하는 것이기도 하다. 그것이 신율의 실천이다. 성경에 "유대인이나 그리스인이나 종이나 자유인이나 남자나 여자나 차별이 없다."(갈라디아서 3,28)는 선언이 나온다. 타자를 긍정하면서 타자를 살리는, 그런 의미에서 하나됨을 찾아가는 과정이다.

이런 원리는 개인에게도, 집단에게도, 국가 간에도 적용되어야 한다. 그런데 현실은 여전히 타자를 차별하며 자신의 정체성을 확보하려 한다. 주변국이 북한을 긍정하지 않으니, 북한은 제 살길을 찾기 위한 몸부림으로 핵을 개발하고 실험용 미사일을 쏘아 댄다. 타자를 부정해야만 자기가 산다고 생각하는 이들로 인해 계속 부정되는 경험을 해 온 이들의 생존을 위한 몸부림이다. 한반도를 둘러싼 동북아가 늘 일촉즉발의 격랑 속에 있는 것은 결국 공감도 합의도 없는, 국익이라는 이름의 자기중심주의 때문이다. 이러한 상황은 언제까지 반복될 것인가? 서로를 긍정하며 한국-북한-미국 간 평화협정 체결 같은 최소한의 법적 장치를 마련하는 방향으로 나아가야 한다.

평화는 인류 최후의 과제

물론 개인 간에도 내적 평화협정이 필요하다. 서로를 긍정하고 살려 나가야 삶이다. 공감과 합의이다. 공감과 합의가 신율의 실천이다. 그러고 보면, 오늘날 평화를 구축해 가는 과정은 가히 '종교적' 영역이라고 할 수 있다. 어찌 보면 종교의 영역보다 어렵다. 종교에는 도그마가 있고 사제가 있지 않던가. 그대로 따라 하면 되는 초보적인 단계가 있다. 그러나 평화에는 도그마가 없다. 모델로서의 사제도 없다. 모두가 신율의 주체적 실천가여야 한다. 가히 '신의 영역'이라 할 만하다. 평화야말로 인류가 최후로 추구해 나가야 할 과제라 하는 이유이다.

3. 그러나 위험하고 피로한 사회
: 자발적 노예들의 시대

"기계는 향상하고 개선하며 예술가가 되도록 충동하지는 않는다.

기계는 활동적이고 단조롭게 만드는 것이기 때문이다."

(프리드리히 니체, 『인간적인 너무나 인간적인 II』(니체전집 8), 책세상, 2002, 364쪽)

무엇이 신자유주의인가

사회가 평화로운 적이 그다지 없었고, 개인적으로 평화롭게 사는 이도 별로 없는 것 같다. 다들 고민과 어려움을 한가득 짊어지고 사는 듯하다. 무엇 때문에, 왜 평화롭지 못한 것일까?

오늘날은 적어도 외형상으로는 수평적 평등사회이다. 사람들은 태어나면서부터 같은 출발선에 있다고 생각하고, 무언지 모를 목표를 향해 경쟁하듯 살아간다. 세계가 산업사회에 편입되면서, 경제구조가 자본 중심으로 바뀌며, 그런 양상은 두드러지기 시작했다. 그나마 자본주의는 국가나 정부의 통제를 받아 나라별로 다른 양상을 띨 수도 있지만, 요즘 세계경제는 자본과 시장의 자유경쟁에 더 심각하게 내몰리면서 거의 통제가 불능한 단일한 시대가 되었다. 그것이 자본주의의 변형인 신자유주의이다.

자본주의는 더 많은 자본을 생산하기 위해 인간에게 주체적 능력을 최대한 발휘할 것을 요구한다. 자본주의는 본질적으로 더 많은 성과를 닦달하듯 요청한다. 그런데 적어도 법적으로는 자유와 평등의 사회이다 보니, 성과를 내라며 남을 착취하기는 어렵다. 원칙적으로는 무엇이든 강제로 하기는 힘든 사회이다. 그러자 사람들은 자신을 착취해 성과를 극대화하기 시작했다. 성과사회의 본질이 개인의 자유를 능가해 온 셈이다. 신자유주의는 자발적으로 자기를 착취해 더 많은 성과를 산출할 것을 요구하는 시대적 흐름이다. 자발성의 이름으로 스스로를 속박하며 자기도 모르는 사이에 노예의 길로 들어서는 것이다.

위험이 지구를 이끈다

이러한 흐름 속에서 세계는 더 이상 나아가면 안 될 만큼 위태롭게 얽히고설켰다. 울리히 벡(Ulrich Beck)이 『위험사회(Risikogesellschaft)』

에서 경고하며 진단한 바 있듯이, 근대는 산업사회를 거치면서 '위험사회'가 되었다. 인간이 과학, 기술, 경제 등등 온갖 문명을 낳았지만, 실상은 그 문명이 도리어 인간을 배제시키거나 종속시키고 온갖 불평등을 심화시키는 중이다. 객관적이고 물리적인 재난(Gefahr)과는 달리 '인간이 생산해낸 위험'(Risiko)이 광범위하게 확산되고 있다는 것이다. 인류가 경험한 초유의 풍요가 도리어 인간의 일상적 인식 능력과 통제 수준을 삼켜 버릴 정도로 재앙의 근원으로 작용하게 되었다는 것이다. 여기에 '위험'의 보편성이 있다. 생태계의 위기가 그렇듯이, '위험'은 단순한 물리적 위협이나 재난보다 더 광범위한 상태이다. 벡은 "위험이 지구화 경향을 내장하고 있다."고 말했다. 전 지구가 위험에 노출되어 있다는 것이다.

위험은 지구적이며, 딱히 경계도 없다. 위험의 특정한 책임자도 찾기 힘들다. 구조적으로 그렇게 얽혀 있기 때문이다. 중국의 미세먼지는 일본에도 날아가고, 일본 원전이 파괴되면 미국에까지 영향을 준다. 우리가 먹는 음식의 상당 부분이 외국에서 온 것들의 종합이다. 각종 농산물은 중국산, 향료는 인도산, 고기는 호주와 미국산, 밀가루는 미국산, 설탕은 남미산…. 사람들의 생김새, 국가의 법적 경계선은 여전하지만, 환경, 경제 등 대부분의 영역에서 차이와 경계는 사라져 가고 있다. 단순히 교류가 확장되는 수준을 넘어 어마어마한 소용돌이로 빨려 들어가는 경계에 서 있는 것이다.

이러한 위험 상황은 큰 틀에서 모두에게 적용되지만, 부의 정도에 따라 위험의 정도가 달라지기도 한다. 산업사회에서 위험은 하층계급에 더 위협적이다. 일본 후쿠시마원전 사고의 악영향은 원칙적으로 모두에게 해당된다. 하지만 부자는 애당초 위험 지역에 거주하지 않거나, 거주하더라도 위험이 닥치면 바로 다른 지역으로 더 신속하게 이동할 가능성이 크다. 이른바 유기농식품도 부자가 먹게 될 확률이 크다. 게다가 위험사회에서 그 위험으로 인해 이득을 보는 이들도 있다. 위험사회 역시 이것저것 다 받아들여 자신의 것으로 삼아 새로운 성과를 산출하려는 흐름 속에서 형성된 것이기 때문이다.

위험사회가 위험한 더 근본적인 이유는 위험이 자신의 성과가 결국 자신을 위협하게 된다는 사실을 외면하거나 망각하도록 추동하는 사회라는 데 있다. 누군가 핵발전 분야에 성과를 내어 이득을 본다고 할 때, 위험사회는 그 이득이 결국 당사자를 포함해 전체 사회를 위험에 빠뜨리게 할 수도 있다는 사실을 회피하게 만든다. 알면서도 실행하지 못하도록 사회 시스템이 그렇게 틀 지어져 있는 것이다. 위험이 세상을 움직이는 동력이 된다는 말이기도 하다.

위험은 일시적 수혜자를 포함해 결국은 전 인류에 악영향을 끼친다. 그것이 위험사회가 주는 새로운 폭력이기도 하다. 그래서 울리히 벡은 인류가 산출해 놓은 경제적 발전을 포기하고서라도, 기존 산업사회의 구조를 변경해서라도 위험을 봉쇄하는 것이 시급한 과제라고 생각한다. 위험사회에서의 성공은 사실상 실패에 가깝다는 인식을 확장시켜 나가는 일이야말로 현대인이 새겨야 할 최고의 충고이자 덕목이 되는 것이다.

피로한 사회, 정당화시키는 종교

성과사회를 기반으로 생겨난 위험사회는 사람을 더욱 피로하게 만드는 사회이기도 하다. 재독 한국인 철학자 한병철이 『피로사회(Mudigkeitsgesellschaft)』에서 말하듯이, 성과사회는 기본적으로 긍정사회이다. 예전의 금지, 명령, 법률의 자리에 오늘날은 프로젝트, 이니셔티브, 모티베이션 등이 대신 자리를 잡았다. 성과사회는 자기주도적인 사람을 요구한다. 그래야 자기 정체성이 확인되고, 남들에게도 인정받기 때문이다. 하지만 '자유'롭게 자기 주도적으로 일한다면서도, 사실상은 보이지 않는 '강제'에 몸을 맡길 수밖에 없는 것이 현실이다. 성과사회에서는 스스로 자유로운 피해자가 된다.

이때 그 보이지 않는 강제력에 지쳐 자기 주도적이 되지 못하면 그만큼 좌절도 커진다. 그 좌절에 대한 병리학적 표현이 우울증이다. 우울증은 21세기형 질병으로 성과사회에서 탈진한 영혼을 표현한다. 자신과 전쟁을 벌이다 지친 인간 상황을 반영한 것이다. 예전의 부정적 규율사회에서는 범죄자가 양산되었다면, 모든 것을 긍정해야 하는 성과사회에서는 우울증 환자와 경쟁에서의 낙오자가 양산된다.

그럴수록 지친 마음을 위로해 주고 잘 달래 주는 곳을 찾는 경향이 생긴다. 그런 곳에 사람이 많이 모인다. 대형 종교시설도 그래서 생겨난다. 그런데 잘 달래 주는 곳에 모여 서로 위로를 받고 나면 그다음은 어떻게 되는 것일까? 잘 달래는 행위는 사실상 좀 더 낳은 성과를 올리라는 무언의 압력이기도 하다. 그래서 더 많은 성과를 올리면 신의 축복으로 인식하게 만든다. 사람이 많이 몰리는 종교시설의 전형적인 모습이다. 마음의 위안을 얻고 다시 열심히 일해 더 많은 성과를 올리면, 그것이 신의 은혜라며 설교하고 신자는 자위하곤 한다. 그런 점에서 대형 종교 단체일수록 성과사회의 보이지 않는 첨병 노릇을 할 가능성이 적지 않다.

머뭇거리며 성찰하기

성과사회는 중단이나 쉼이 없어서, 피로와 탈진 상태를 야기한다. 니체가 비판했듯이, "우리의 문명은 안정이 결핍된 채 새로운 야만으로 치닫고 있다. 어떠한 시대도 활동하는 자, 즉 부산한 자가 이보다 더 많이 평가받았던 적은 없었다."

* 프리드리히 니체, 『인간적인 너무나 인간적인 I』, 김미기 옮김, 책세상, 2001, 279쪽. 오역에

너무나 부산한 가속화와 과잉 활동 속에서 인간은 분노하는 법도 잊는다. 분노는 흐름을 멈추고 저항하는 행위이며, 어떤 상황을 중단시키고 새로운 상황이 시작되도록 만드는 능력이다. 그런데 성과사회에서는 분노한다고 해도 그저 개인적 감정의 영역에 머문다. 속도에 휘말려 멈추기 힘들어진 인간은 창조적 분노보다는 소모적 짜증을 내고 신경질을 부린다. 개인적이고 사회적인 변화를 일으키지 못한 채 짜증과 신경질이 확산된다. 짜증은 사태를 멈추지 못하고 분노할 줄 모르는 데서 오는 신경질환이다. 오늘날은 짜증과 신경질의 사회라 해도 과언이 아니다.

기계는 분노하지 않는다. 잠시도 멈출 줄 모른다. 머뭇거리지도 못한다. 니체의 말처럼 쉼 없이 활동하게 하고 그만큼 단조롭게 만든다. 그래서 어리석다. 머뭇거리는 능력이 없기 때문이다. 분노할 줄 모르고 저항할 줄 모르고 순종하면서 성과만 내도록 틀 지어져 있기 때문이다. 오늘날 우리는 이 기계와 과연 얼마나 다를 것인가? 상황이 이렇다 보니 자신 있는 대안을 찾기도 쉽지 않다. 『피로사회』에서도 현대사회를 한껏 비평적으로 분석, 진단해 놓고는 결국 관조하고 사색해야 한다는, 다소 비현실적인 처방을 내린다. 도피하듯 낙향하거나 입산하라는 뜻은 아니지만, 어떻든 그것이 시급한 인간 교정 작

가까워서 독일어 원문을 보며 다시 번역했다.

업 가운데 하나라는 것이다. 처방이 다소 공허하기도 하지만, 달리 대안도 없어 보인다.

이 관조와 사색을 하나로 묶으면 '성찰'이 된다. 성찰은 분노가 순화되고 그 목적이 실현되어 가는 첫걸음이다. 기존 흐름을 중단해 되돌리기 위한 주체적인 노력이다. 성찰이 더욱 요구되는 시점이다.

노예로부터 해방되기 위하여

성찰은 기존 흐름을 중단하면서 시작된다. 하지만 실제로 도도한 흐름 밖으로 나가게 되면 퇴보하거나 낙오될 수밖에 없는 것이 엄연한 현실이다. 이 진퇴양난의 갈림길에서 어떤 선택을 해야 할 것인가? 성과시대, 피로사회에서 인간답게 산다는 것은 무엇일까? 성과사회에서 피로에 지친 인간에게 평화는 과연 무엇일까? 스스로로부터 벗어난다는 것은 무엇일까? 잠시 동안의 도피이자 일탈일 뿐인 것일까? 자유경쟁 속에 내몰린 인간이 진짜 자유와 평화라는 이상을 구현할 수 있기는 한 것일까? 그것도 사회적 차원에서까지 구체화시킬 수 있는 것일까?

평화학자 요한 갈퉁(Johan Galtung)은 구조적으로 갈등과 폭력이 없는 상태, 나아가 문화적 폭력마저 없는 상태를 '적극적 평화(positive peace)'라는 말로 규정했다. 적극적 평화는 마치 세계의 대표적 종교들에서 말하는 '정토(淨土)'나 '하느님 나라'와도 같게 느껴질 정도로 이상적이다. 그렇더라도, 아니 그렇기에 지속적으로 추구하지 않을 수 없는 궁극의 목적이기도 하다.

그런데 이런 이상을 어떻게 이룰 수 있는 것일까? 다양한 이론적 연구도 있겠지만, 어떤 형태의 것이든 폭력을 줄여가는 데 동참해야 한다. 개인적으로든 제도적으로든 보이지 않는 강제적 폭력의 희생자를 구출해 내고, 낙오자가 없도록 도와야 한다. 평화가 인류의 이상이기도 하다면, 누구든 정말로 평화를 추구하고자 한다면, 서로 돕고 함께 가는 행위를 거절할 수 없을 것이다. 자유롭게 경쟁한다며 그 자유 속에 속박되는 모순을 일단 멈추어 서서 폭로하고 해체시켜야 할 것이다. 스스로 속박되어 있으면서 남을 해방시킬 수는 없기 때문이다.

마찬가지로 구조적 갈등과 폭력에 시달리는데, 문화가 불평등해 자기도 모르는 사이에 차별이 횡행하고 있는데, 그것을 무시하고서 어찌 평화라는 말을 입에 담을 수 있겠는가. 평화를 어찌 골방이나 산골에서만 얻어지는 개인의 심리적 편안함에만 가둘 수 있겠는가. 물론 개인에게는 그런 평화도 필요하다. 하지만 도처에 널려 있는 보이지 않는 갈등과 구조적 폭력의 희생자를 구출해 냄으로써만, 적극적인 평화도 점차 구현되어 갈 것이다. 그런 식으로만 자발적 노예의 삶에서 스스로를 구출할 수 있게 될 것이다.

4. 예수도 폭력을 썼다
: 폭력과 비폭력의 경계

> "밧줄로 채찍을 만들어 양과 소를 모두 쫓아내고 환금상들의
> 돈을 쏟아 버리며 그 상을 둘러엎었다."
>
> (「요한복음」2장 15절)

앞에서 신자유주의 시대 경쟁의 이름으로 구조화된 폭력에 대해 살펴본 바 있다. 이미 구조화되어 옴짝달싹 못 할 정도로 인간을 포획하고 있다. 단순히 구조만의 문제가 아니다. 구조라는 것도 결국 인간 행위의 과정이자 산물이기 때문이다.

원치 않지만 어디에나 있는

'폭력(暴力)'의 한자상 의미는 '사나운 힘'이다. 정도가 지나쳐 사람을 해롭게 하는 힘이라는 뜻이다. 폭력에 해당하는 영어 violence는

힘, 활력을 뜻하는 라틴어 vis와 위반, 넘어섬을 의미하는 violo에서 온 말로서, '힘의 위반' 혹은 '넘어선 힘'이다. 힘이 남에게 피해를 주는 행위로까지 옮겨갔을 때 폭력이라고 한다.

왜 폭력이 발생하는가? 폭력은 자기중심적인 사고방식과 자기 우월주의를 유지하기 위한 무력적 수단의 하나이다. 거기서 남을 억압하는 태도도 나온다. 그 억압의 능력을 지속적으로 가지고 있는 이를 권력자라 한다. 힘이 일시적으로 드러날 때를 폭력이라 한다면, 그 힘의 작용이 오래 지속될 때 그것은 권력이 된다. 물론 폭력이 권력이 되는 것은 폭력의 대상자가 좋든 싫든 그 폭력에 동의를 했기 때문이기도 하다. 폭력은 사람들의 동의를 거쳐 권력으로 작동한다. 사용자가 일방적으로 힘을 가하면 폭력이 되지만, 대상자가 동의하면 폭력이 정당성을 확보한다는 말이다. 폭력이든 권력이든 힘이 일방적이고 위계적으로 작동하기는 마찬가지이다.

대다수 세계의 주요 종교 전통에서는 폭력을 거부한다. 원칙적으로 권력도 거절하거나 외면한다. 가령 유대교, 기독교, 이슬람교에서는 폭력의 극단인 살인을 비롯해 폭력을 거부한다고 천명한다. 교황청 유대교 위원회와 이스라엘 율법학자 고위 대표단이 바티칸에서 공동성명을 발표한 바 있는데, 그 내용 중 일부는 다음과 같다. "우리는 '살인하지 말라.'고 명령하신 하느님의 이름으로 자행되는 그 어떠한 살인도 용납해서는 안 되며, 종교의 광신적 혹은 폭력적 남용을 피해야 한다. 이는 유대교, 기독교, 그리스도교, 이슬람교 지도자들이 알렉산드리아 공동성명에서 이미 선언한 것이다."(2003년 3월 4일) 힘의 남용과 폭력은 억제되어야 한다는 것이 유대교, 기독교, 그리스도교, 이슬람교의 한결같은 입장이라는 것이다.

예수는 더 구체적으로 이웃은 물론 원수마저도 사랑해야 한다고 가르친다. 불교나 자이나교 같은 인도의 종교는 사람만이 아니라 모든 생명에까지 확장시켜, '불살생(不殺生)'을 인간이 실천해야 할 근원적인 윤리적 덕목으로 삼는다. 다양한 생명들의 무차별성을 보고, 한낱 미물도 존중할 줄 알아야 한다는 것이다. 인간들만이 아니라 일체 생명에서 위계성을 보지 않는다. 위계적일뿐더러 일방적으로 작동하는 권력도 거부해야 하는 것은 물론이다. 소극적으로 말하면 폭력을 거부하는 것이지만, 적극적으로 말하면 생명을 살리고 회복하는 것이 종교적 가르침과 윤리의 근간이 된다.

대응폭력은 정당한가

그러나 현실은 다르고 문제도 간단하지 않다. 어두운 밤길 성폭행의 위험에 직면하게 된 사람의 대응폭력은 폭력인가? 물론 그것도 일단 폭력이다. 그러나 힘의 부당한 사용을 폭로하고 응징하기 위한 행위이기에 사회적 정당성을 획득할 수 있는 폭력이다. 그렇다면 그것은 반종교적인가? 폭력을 억제하는 종교적인 수단과 방법을 획일적으로 규정하기가 쉽지 않다는 점에서 대응폭력이 반종교적인지 어떤지 규정하기는 쉽지 않다. 하지만 전체적인 틀은 가늠해 볼 수 있다.

가령 예수는 한편에서는 폭력에 폭력으로 맞서지 말라, 누군가 오른뺨을 때리면 왼뺨마저 돌려 대라(「마태복음」5장 39절)고 가르쳤지만, 다른 한편에서는 강도의 소굴처럼 변해 버린 예루살렘 성전을 채찍으로 뒤엎는 일종의 '폭력'도 행사했다. 또 공자가 한편에서는 자기가 하고 싶지 않은 일을 남에게 하게 하지 말라고 가르쳤지만, 다른 한편에서는 어려서부터 나이 들어서까지 쓸모없는 일로 허송세월한 원양이라는 사람의 정강이를 지팡이로 쳤다는 기록(『논어』「헌문」)도 나온다. 그렇다면 예수와 공자의 언행은 서로 모순되는가?

예수도 폭력을 썼다

여기서 한 가지 구분해서 살펴보아야 할 것이 있다. 전자, 즉 "오른뺨을 때리면 왼뺨마저 돌려 대라."는 식의 가르침은 '사적(私的)' 영역에서의 윤리적 요청이다. 사적인 영역에서 벌어진 폭력적 일들에 대해서는 설령 자신에게 피해가 오더라도 애당초 마음을 비우고 관계조차 하지 않음으로써 그 폭력의 순환 고리를 끊어 버리라는 것이다. 이러한 자세는 정작 행동으로 옮기기는 쉽지 않지만, 그 기본 원칙은 너무 분명해서 폭력과 관련한 종교적인 요청의 가장 핵심적인 부분을 이룬다.

하지만 공적(公的) 영역으로 가면 사정이 좀 달라진다. 거부할 수 없고 때로는 의식할 수도 없는 구조적 폭력으로 희생당하고 있는 민중의 현실 앞에서는 예수 같은 이도 어느 정도의 폭력적 자세를 드러낸다. 가령 예수가 모처럼 예루살렘 성전에 갔다가 '만민이 기도하는 집'인 성전이 로마와 결탁하고 제사를 명분 삼아 사업적 소굴로 변해 버린 현실을 목도하고는 "밧줄로 채찍을 만들어 양과 소를 모두 쫓아내고 환금상들의 돈을 쏟아 버리며 그 상을 둘러 엎었다."(「요한복음」 2장 15절) '폭력적' 행위를 한 것이다. 구조화된 폭력에 맞서는 거룩한 몸부림이랄까.

예수의 제자 가운데 시몬과 같은 무력적 반로마파(젤롯당)도 있었다는 사실과 예수가 사회의 구조적 불의로 양산된 죄인들의 편을 더 들었다는 사실에서도 구조적 폭력에 맞서는 예수의 자세를 가늠할 수 있다. 또한 무조건적 비폭력만이 종교적이라고 규정하기 힘들다는 것과 구조적 폭력에 맞서는 대응폭력도 종교적 타당성을 획득할 가능성이 있다는 점도 알 수 있다. 사적 영역에서의 비폭력과 공적 영역에서의 대응폭력이 모순적이라고 말할 수는 없다는 것이다.

오늘날의 경우는 어떤가? 미국이 '악의 축'이라고 선언했던 이란, 이라크, 북한이 과연 미국이 규정한 대로 악의 핵심 세력들인가? 그렇지만은 않다. 왜냐하면 그 '악'이라고 하는 것이 상당 부분 그렇게 지목하는 미국이 자극하고 조장한 것이기 때문이다. 가령 북한이 핵으로 무장하려고 하는 것은 북한이 그 자체로 폭력적이어서라기보다는 핵을 가지고서만이 스스로의 생존을 보장받을 수 있겠다는 처절하다시피 한 상황 인식 때문이다.

북한 입장에서 핵무기는 필요악과 같은 것이다. 북한으로서는 그것만이 미국을 비롯한 주변국들의 압력이라는 압도적 힘 앞에서 제 목소리를 낼 수 있는 유일하다시피 한 방법이라 여긴다는 점에서 그렇다. 더욱이 미국을 비롯한 서방 국가들이 북한으로 하여금 핵을 보유할 수밖에 없게 외교적으로 궁지에 몰아넣고 정치적으로 닦달해온 역사도 있다. 핵을 보유하려는 행위 자체는 위험하기 짝이 없지만, 이미 다량의 핵을 보유한 국가가 특정 국가에 대해 강제적 비핵화를 요구하는 것도 일종의 기득권자의 폭력이다. 절박한 상황에 처한 북한 입장에서는 더욱이나 그럴 것이다.

'탈폭력적 폭력'의 현실

물론 핵무기가 정당하다거나, 폭력으로 폭력을 제어할 수 있다는 뜻은 결코 아니다. 폭력의 악순환 고리를 끊는 방법은 무조건적 비폭력뿐이라는 입장은 한편에서 가장 순수하고 분명한 주장이고 자세이다. 실제로 인도의 성자 간디는 무저항 비폭력(아힘사) 정신을 철저하게 실천한 결과 인도의 '위대한 영혼(마하트마)'으로 추앙받기에 이르렀다. 그는 말했다.

비폭력이라는 종교는 단지 성자들만을 위한 것이 아니다. 그것은 보통 사람들을 위한 것이기도 하다. 폭력이 짐승들의 법칙이듯이 비폭력은 우리 인간의 법칙이다…. 이 세상의 모든 착취당하는 사람들을 구제하려면 한쪽에는 진리, 또 한쪽에는 '비폭력'이라 쓰여진 깃발을 하늘 높이 치켜들어야 한다. 내가 육십 평생의 경험을 통해 배운 방법은 오직 이것 하나뿐이다.*

이러한 간디의 입장은 숭고하기까지 하다. 그럼에도 불구하고 전쟁이나 살상 같은 물리적 혹은 무력적 행위만을 폭력으로 간주하던 과거와는 달리, 도리어 폭력의 양상이 교묘하게 확대되고 있는 오늘날은 폭력 또는 비폭력이 무엇인지 규정하기조차 힘든 경우가 많다. 성과지향적 신자유주의 시대에는 자본을 축적하라며 자신에게 가해 오는 각종 압박을 스스로 감내함으로써 폭력의 가해자가 실종되는 사태가 발생한다. 자본주의사회에서의 구조적 폭력은 확연하고,

---

* 마하트마 간디, 이명권 옮김, 『간디명상록』, 양평: 열린서원, 2003, 113~114쪽.

폭력으로 인해 감당하기 힘든 사태도 만연해 있는데, 그 폭력을 자발적으로 감내하는 바람에 폭력이 더 이상 폭력이 아니게 된다. 기존의 폭력적 구조를 벗어난 폭력, 달리 말해 '탈폭력적 폭력(de-violent violence)'이 횡행하고 있는 것이다.*

비폭력적 자세만으로는 해결할 수 없는 각종 상황도 전개되고 있다. 성폭력, 가정폭력, 언어폭력, 사이버상에서의 폭력, 자연에 가하는 인간의 폭력 등 적절한 힘의 균형을 깨는 폭력적 행위도 빈번해지고 그에 대한 인식도 나날이 커지고 있다. 그리하여 성차별적 상황을 개선하고 성평등을 이루려는 시위가 벌어지고 각종 정책들이 제안되는가 하면, 생태적 운동을 통해 인간의 환경 파괴적 행위를 반성하고 환경을 회복하려는 종교인 연대 운동 같은 것도 곳곳에서 벌어지고 있다. 이른바 타종교와 문화를 억압하는 행위 역시 오늘날 지적되고 있는 대표적인 종교 폭력적 행위라는 인식도 커지고 있다. "종교에 강요가 없게 하라."는 『쿠란』의 한 구절은 많은 시사점을 던져 준다.

---

* 이찬수, 「탈폭력적 폭력: 신자유주의 시대 폭력의 유형과 종교」, 『종교문화연구』 제23호, 한신대학교종교와문화연구소, 2014.12, 309~335쪽에서 이런 문제를 다루고 있다.

폭력의 극복이 종교다

역사를 돌이켜보면, 종교가 폭력을 제어하기도 했지만, 동시에 폭력을 조장하기도 했다는 사실 또한 지적되어야 한다. 가령 유대-기독교 전통에서 말하는 〈십계명〉의 여섯째는 "살인하지 말라."이다. 하지만 이때 살인 금지는 실제로 온 인류에게 적용되는 보편 계명이 아니다. 그 계명의 적용 대상은 어디까지나 내집단이다. 외부인은 그 대상이 아니다. 다른 신을 믿는 외집단에는 "살인하지 말라."는 도덕법칙이 적용되지 않는다. 유대-기독교 성서에서 외집단에 대한 살인을 정당화시키고 장려하기까지 하는 사례는 많다. 외집단은 잠재적인 위협이자 제거의 대상이며, 이들을 죽이는 것은 계명을 어기는 것이 아니라, 도리어 자기 집단의 생존을 위한 필연에 가깝기 때문이다.* 그렇기에 신의 이름으로 전쟁도 벌일 수 있게 되는 것이다.

하지만 이것이야말로 종교의 이름으로 종교를 죽이는 전형적인 사례가 아니던가. 원효대사가 "환호환 탄환사(幻虎還 呑幻師)"라는 비유적 교훈을 남긴 적이 있다.** "마술로 만들어 낸 호랑이[幻虎]가 도리어 마술사[幻師]를 삼켰다."는 뜻인데, 인간이 자신이 만든 각종 개념의 인

---

* 존 티한, 박희태 옮김, 『신의 이름으로: 종교 폭력의 진화적 기원』, 원주: 이음, 2011, 286~293쪽.
** 「대승육정참회(大乘六情懺悔)」, 『대정신수대장경(大正新修大藏經)』 제45권.

식에 갇혀 고통당하는 현실을 비유적이고 비판적으로 한 말이다. 비종교적 독단이 종교의 이름으로 종교적 진리를 파괴해 온 현실과 역사에 적용해 볼 수 있는 말이다.

구조적인 불의에 맞서는 대응폭력이 불가능한 것은 아니지만, 자신의 욕구를 충족시키기 위해 생명을 억압하고 살상을 저지르는 것이야말로 대표적인 부조리(不條理)이다. 비폭력적 생명 회복 운동은 지금까지 종교의 이름으로 자행되어 온 폭력의 역사를 반성하고서야 제대로 이루어질 수 있을 것이다. 또한 교단과 제도의 이름으로 행해진다고 해서 종교적인 일도 아니고, 사회단체나 개인이 일을 벌인다고 해서 비종교적인 일이라고 할 수도 없다. 어떤 행위를 어떻게 하느냐가 중요하다. 굳이 종교의 이름을 빌리지 않더라도, 포탄이 쏟아지는 전장(戰場) 이라크에 들어가 반전평화운동을 벌이는 것도 종교적이고, 농촌이나 산골로 들어가 철저하게 생태적인 삶을 사는 것도 종교적인 일이다. 그러한 행위들이 폭력을 거부하는 이 시대의 종교적인 모습들인 것이다. 이처럼 종교가 폭력을 제어한다는 말도 타당하지만, 다른 한편 폭력을 제어하는 행위가 종교라는 말이 더 설득력을 얻어가고 있는 시절이다.

5. 동성애를 혐오하는 이들에게
: 혐오와 차별의 천박한 내면

"우리가 혐오를 느끼지 않고 고기를 먹을 수 있는 것은 피부와 머리를 잘라 내고 작은 조각으로 썰어서 그것의 동물적 기원을 위장하기 때문이다."

(마사 너스바움, 『혐오와 수치심』, 민음사, 2015, 170쪽)

정체가 뭐냐

흔히 '정체가 뭐냐', '정체성이 의심스럽다' 등의 말을 하거나 듣곤 한다. 정체성은 상당 기간 일관되게 유지된다고 간주되는 자기만의 고유한 성질을 의미한다. 자기를 자기되게 해주는, 말하자면 자기동일성이기도 하다. 정체성은 어떤 본질적 특성을 타자와 지속적으로 공유하며 형성되는 것이기도 하다.

정체성이라는 말은 독일에서 나치의 억압을 피해 미국으로 온 심리학자 에릭슨(Erik H. Erikson)이 자신의 뿌리를 고민하고 학문화하면서 학계에 알려진 용어이다. 영어 '아이덴티티'는 우리말로 정체성과 동일성이라는 뜻을 모두 가졌다. 문제는 정체성의 추구가 지속적 동일성으로 이해되고, 동일성은 차이를 거부한다는 점이다. 가령 미국 백인의 정체성은 흑인과는 구분되는 백인만의 지속적 동일성으로 인식되면서 흑인을 거부해왔고, 남성의 정체성은 자신을 여성과 분리시키며 여성을 차별해왔다. 흑인을 배제하며 백인의 정체성을 확인해왔고, 여성을 차별하며 남성의 정체성을 확보해온 것이다.

비슷하게 일본 제국주의는 한국 및 아시아인을 차별하며 일본적 정체성을 확인해왔다. 타자를 배제하며 정체성의 이름으로 동일성을 추구해온 것이다. 자신의 정체성을 기준으로 '차이'를 '틀림'으로 규정하여 '차별'하며, 자신을 위해 타자를 배척하거나 주변부로 몰아내는 것이다.

혐오의 발생

왜 '다름'을 '틀림'으로 규정하는가. 동일성 밖에 있는 것들이 자기 정체성을 오염 또는 훼손시킬 수 있다고 간주하기 때문이다. 너스바움(Martha C. Nussbaum)에 의하면, 자신이 오염될 것이라는 생각이 '혐오'라는 감정으로 나타난다. 자신을 오염시키거나 자신의 정체성을 훼손한다고 간주되는 것들을 거부하는 감정이 혐오이다. 혐오는 타자와의 사이에 경계선을 긋고 타자를 경계선 밖으로 몰아낸다. 오염물을 경계 밖으로 밀어내야 자신의 순수함이 보존된다고 믿기 때문이다.

하지만 너스바움에 의하면, 어떤 대상을 혐오하게 되는 근간에는 자신의 근본적 유한성이 놓여있다. 혐오의 감정은 혐오의 대상으로 여겨지는 것과 같은 모습을 자신의 내면에서도 보되, 그것을 감추면서 발생한다: "혐오는 인간의 유년기에 경험하는 무기력함과 이러한 무기력함이 안겨주는 수치심으로 되돌아가는 경향이 있다."[*]

혐오와 분노의 차이

혐오는 '분노'와는 달리 자신을 도덕적으로 개선하거나 사회적 선의 잠재성을 키우는 데 공헌하지 못한다. "어떠한 나쁜 행위에 대한 분노는 범죄자를 회복시키려는 소망이나 가해자의 인권에 대한 존중과 양립할 수 있다. 이와 달리 혐오는 오염에 대한 사고가 중심을 이루기 때문에 기본적으로 그 사람이 사라져 버리길 원한다."[**] 분노가

---

[*] 마사 너스바움, 조계원 옮김, 『혐오와 수치심』, 서울: 민음사, 2015, 205쪽.
[**] 마사 너스바움, 위의 책, 199쪽.

그 대상의 성장과 변화의 가능성을 내포한다면, 혐오는 그저 삭제시키려 들뿐이다.

가령 일본의 아시아 차별은 같은 아시아인으로서의 자기혐오의 표현이기도 하다. 스스로 아시아를 벗어나려는 행위 속에 아시아에 갇혀 있는 선천적 운명이 개입되어 있는 것이다. 아시아를 주변화하면서 유럽의 일원이 되려던 이른바 '탈아입구(脫亞入歐)' 속에 자신에 대한 혐오가 들어있었다는 말이다. 너스바움은 말한다: "역사 속에서 지배 집단은 자신이 지닌 동물성과 유한성에 대한 두려움과 역겨움을 느끼게 하는 집단이나 사람에게 혐오를 드러냄으로써 이들을 배제하고 주변화해 왔다."[*] 그런 식으로 자신과 타자 사이에 강한 경계선을 그어왔다. 그러나 그것은 결국 자신의 유한함, 내적 더러움에 대한 무의식적 고백 가운데 하나일 뿐이다.

여성 및 동성애 혐오

나아가 "혐오를 느끼는 사람은 그 대상에게 더 이상 자신이 속한 공동체 또는 세계의 구성원이라고 보기 어려운 속성, 즉 일종의 외래

---

[*]   마사 너스바움, 위의 책, 37쪽.

종의 특성이 있다고 생각한다."* 혐오의 대상을 인간과 동물의 중간 지점 즈음에 위치시키는 행위가 대표적이다. '나치'를 인류학적으로 특수한 별종으로 보고, 나치에 의한 만행을 이 별종이 저지른 특별한 행위라고 봄으로써 자신에게서는 차지와 같은 가능성을 차단시키는 것도 비슷하다. 어떤 대상을 혐오하는 것은 자신을 그들과 분리시키면서 자신도 편안해지기 때문이라는 것이다.

남성 중심의 사회에서 가장 대표적으로 행해지는 혐오는 여성의 몸이다. 너스바움에 의하면, 똥, 오줌, 침 등 몸에서 나온 분비물을 혐오하는 경향은 남성의, 자신의 몸에서 빠져나간 정액에 대한 혐오로 이어지고, 그 정액을 받아들이는 여성에 대한 혐오로 연결된다고 한다. 게다가 출산을 하는 여성은 남성에 비해 동물적 삶과 더 가깝고 더 연속적이라고 생각하게 된다. 남성은 여성을 혐오하면서 자신이 동물성에서 멀어지고자 한다는 것이다.

특히 남성 동성애자에 대한 남성의 혐오는 여성 동성애자에 대한 여성의 혐오에 비해 강력하다. 남성의 몸에서 나온 혐오스러운 정액이 남성의 몸 안에서 배설물과 함께 혼합된다는 생각이 혐오자의 내면에 가장 혐오스럽게 자리 잡는다. 이러한 혐오를 여성이나 게이에게 전가함으로써, 그들을 동물 차원으로 격하시키고 자신은 동물성

---

* 마사 너스바움, 위의 책, 305쪽.

으로부터 분리시키려 한다는 것이다.

소수자 차별과 희생양

나아가 이러한 혐오에 공감하는 이들, 즉 '공범자'가 많아지면, 공범들의 힘에 의지해 더 자신 있게 자기 밖의 타자를 혐오하고 차별한다. 혐오의 대상이 되는 이들이 어떤 집단 안에서 문제가 될 즈음, 이 집단적 혐오의 대상을 해소시키기 위해 인류가 취해온 방식이 '희생양'을 만드는 것이다. 르네 지라르(René Girard)에 의하면, 희생양은 폭력의 방향을 하나의 대상으로 돌려 공동체 전체를 상호적 폭력으로부터 보호하려는 문화적 장치다. 그는 말한다: "희생제의는 도처에 퍼져 있는 분쟁의 씨앗을 희생물에게로 집중시키고, 분쟁의 씨앗에다가 부분적인 만족감을 주어서 방향을 딴 데로 돌려버린다."[*]

이때 희생물로는 대체로 희생제의를 찬성하는 세력에 대해 '복수할 수 없는' 존재가 선택된다. 동물은 말할 것도 없거니와 전쟁포로, 노예, 파르마코스(인간제물)처럼 사회에서 배제됐거나 중심에 속하지 못하는 사람들, 주변 인물들이 희생제물이 되는 것이다. 주류가 아니라서 주류만큼 행동하거나 주류에게 복수할 힘을 가지지 못한다고

---

[*] 르네 지라르, 김진식 옮김, 『폭력과 성스러움』, 서울: 민음사, 2019, 19쪽.

여겨지는 존재들인 것이다.

민족의 이름으로 이민족, 특히 소수민족을 배척하고, 자기 종교를 내세워 타종교를 배타하는 것도 크게 보면 그들은 복수할 능력이 없을 것이라는 자신감에 근거한다. 이 자신감 안에는 전술했던 개인 및 집단의 정체성 문제가 놓여있다. 경직된 민족적, 종교적 정체성이 집단, 공동체의 이름으로 타자를 혐오하고 차별하며 정당화하는 것이다. 그러한 혐오가 얼마나 횡행하느냐에 사회적 도덕의 척도를 볼 수 있는 것이다.

혐오의 양면성

혐오는 깨끗함과 더러움을 이원론적으로 분리시킬 수 있을 때 가능한 감정이다. 하지만 인간의 삶 자체가 그다지 이원론적이지 않다. 시체 혹은 시신을 혐오하는 이유는 자신 안에 죽음이 있기 때문이다. 자신이 죽어가고 있기 때문이다. 인간은 죽음을 동시에 살아가고 있는 존재인 것이다. 마찬가지로 인간 현상으로서의 종교도 외부 사물이나 사건과 구분되는 순수한 현상이 아니다. 종교인은 종교인이자 사회인이고, 정치적 주체이자 대상이며, 자본을 비판하며 자본을 추구한다. 사랑하기도 하고 미워하기도 한다. 살생과 죽임을 불편해하면서도 살생의 결과인 고기를 맛있게 먹는다.

이런 식으로 인간은 누구든 복합적이다. 특정 집단의 구성원이자 당대의 문화를 공유하는 혼합적 존재이다. 종교적 정체성은 물론 자기 개인의 정체성이라는 것도 자기 스스로 주장하는 것만으로 확립되는 것이 아니다. 정체성 역시 타자에게 동의를 받을 때 확립된다. 타자로부터 동의를 받으려면 자신을 설명할 뿐만 아니라 타자와 타협하고 수용하는 과정을 거쳐야 한다. 타자가 동의할 수 있을 정도의 자기 개방성을 담보해야 한다. 그럴 때에야 비로소 정체성의 확립 과정이 폭력적이지 않을 뿐더러 정당성을 얻는다. 자신 안에 있는 폭력성을 인정하면, 폭력성을 혐오하기보다는 폭력에 분노하며 폭력을 줄이는 길에 나서게 된다. 혐오와 폭력은 이러한 사실을 알지 못하거나 외면하는 데서 비롯되는 일이다.

허접하고 씁쓸한 시위

이러한 내용에 무지한 채, 성평등이 법제화되고 학생인권조례가 시행되면 학교에서 항문성교를 가르칠 것이라며 목청을 높이는 종교인(주로 개신교인)들을 보면서, 자신의 폭력적 내면을 드러내는 줄도 모르고 혐오성 페이크 뉴스를 양산하는 이들을 보면서, 사랑을 그저 성교로만 생각하는 이들의 천박한 용감함은 도대체 어디서 오는 것인지 아연실색할 정도다. 신의 이름으로 내세우는 논리라는 게 어찌 그리 반인간적이고 폭력적일까. 사실 새삼스러운 의문은 아니다. 생각하지 않고 공부하지 않고 자신 안에 갇혀 자신만을 위한 판단을 하기 때문일 것이다. 이런 이들이 너스바움의 『혐오와 수치심』같은 책을 읽어주면 좋으련만, 그럴 가능성은 별로 없을 것 같다. 읽어도 이해하지 못할 것 같은 예감이 틀린 것이기를 바랄 뿐이다.

6. 우리도 난민이었다
: '내로남불'의 난민론

"인종, 종교, 민족 또는 특정 사회 집단의 구성원 신분 또는 정치적 의견을

이유로 박해를 받을 우려가 있다는 합리적인 근거가 있는 공포로 인하여

국적국 밖에 있는 자로서 그 국적국의 보호를 받을 수 없거나 또는 그러한

공포로 인하여 그 국적국의 보호를 받는 것을 원하지 아니하는 자"

(1951년 UN 「난민의 지위에 관한 협약」(이하 난민협약) 제1조 난민 규정)

난민과 피난민

우리말 '난민(難民)'은 영어 refugee의 번역어다. refugee는 '뒤로/반대로(re)' '도망하다/쫓겨나다(fuge)'를 의미하는 라틴어 refugio에서 온 말이다. '반대편으로 쫓겨난 사람'이다. 그에 가장 가까운 우리말은 '피난민(避難民)'이다. 전쟁을 경험한 우리에게 아주 익숙한 언어다. 그런

데 언젠가부터 '난민(難民)'이라는 애매한 한자어를 사용하고 있는데. '재난을 피해온 사람'이라는 말에서 '피한다'(避)는 동사를 쏙 빼고 나니, '난민'은 그 자체로는 알기 어려운 낱말이 되어버렸다. 그러는 사이 한국인에게 난민은 한국의 역사적 경험과는 전혀 무관한, 그저 '가난한 나라에서 온 위험한 외국인'이라는 이미지로 인식되고 있다. 그리고 피난의 책임을 전적으로 개인에게 돌리는 분위기도 커져가고 있다.

난민은 단순히 개인의 문제가 아니다. 그것은 국가나 민족 단위의 재난(전쟁, 분쟁...)이 가져다준 결과이고, 정치적 폭력의 산물이다. 「난민협약」(난민의 지위에 관한 협약)도 세계대전 이후 자국을 떠날 수밖에 없는 피난민들을 국제적으로 보호하자는 취지로 제정되었다. 물론 오늘날의 난민에는 기아로 도무지 살 수 없어서 좀 더 안전한 지대를 찾아 떠나는 경제적 이주민의 성격도 있다. 핵심은 피난의 책임을 개인에게만 물을 수는 없다는 것이다.

국민이 난민을 버리다

하지만 근대 국민국가 체제하에 '국민'으로서의 정체성을 강조하고 '국경'을 강화하면서 (피)난민이 타지역이나 국가에서 살아가기는 훨씬 어려워졌다. 근본 원인은 국가나 사회가 제공해놓고, 그 책임은 약한 개인이 떠맡고 있다. '너희 때문에 우리도 힘들다'며 아예 자기

나라로 발붙이지 못하도록 원천적으로 막으려는 흐름도 커지고 있다. 2015년 가을 터키해변에서 숨진 채 발견되었던 세 살배기 아일란 쿠르디의 사진을 보며 안쓰러워하다가도, 정작 난민이 자국의 문제가 된다 싶으면 행여나 손해라도 볼세라 바로 외면해버리곤 한다. 한국은 다소 예외려나 싶었는데, 몇 해 전 제주에 들어온 예맨 난민들을 노골적으로 반대하는 목소리가 높았던 사례를 보면 그렇지 않다는 사실을 알 수 있다. 당시 한국인의 53.4%가 난민을 반대한다는 여론조사(2018.07.04. 리얼미터)도 있었다.

왜 그런 것일까. 부모와 헤어질까 무서워 울음을 터뜨리는 멕시코 이민자 아이 사진을 보며 미국의 비인간적 이주민 정책을 비판하면서도, 제주에 들어온 예맨 난민 또는 이주민에 대해서는 노골적으로 배타한다. 한국인 전쟁 포로가 타국에서 갖은 고초를 겪으며 살아온 이야기는 마음 아파하며 듣다가, 한국으로 오려는 난민에 대해서는 마음의 빗장을 걸어 잠근다. '카레이스키'를 억압한 옛 소련에 대해서는 분노하다가, 예맨 난민은 그저 돈을 찾아 온 가난한 나라 사람이라는 소문을 확산시키며 인종차별주의적 분위기도 강화시킨다. 이들 가운데 IS 대원이 섞여 있을지 어떻게 아느냐며 잠재적 범죄자 취급을 하기도 한다. 보수 기독교인은 근거 없는 '이슬람 포비아'로 무슬림 난민을 잠재적 성폭행범이나 극단적 근본주의자 취급을 하면서 본국으로 송환하라 목청을 높이기도 한다. 고대 이스라엘인들의 '피난'의 기록인 구약성경을 경전으로 삼으면서도 정작 난민 문제에는 관심이 없거나 자기감정을 기준으로 배타한다. 예수가 헤로데의 살인적 폭정을 피해 이집트로 피난했었다는 성서의 기록은 알지 못하거나 알아도 외면한다. 그러면서 '난민 반대'라는 여론을 만들어간다. 종교도 개인의 편의에 따라 선택적으로만 수용하는 편협한 '자기신앙'으로 몰려가고 있는 중이다.

그저 법만 있다

한국에는 난민보호법이 있다. 세계대전을 겪은 뒤 1951년 유엔에서 난민지위에 관한 협약(Convention Relating to the Status of Refugees, 이하 난민협약)이 발효되었고, 이 난민협약을 토대로 1967년에는 난민의정서(Protocol Relating to the Statues of Refugees)가 체결되었다. 한국은 1992년 12월에 난민협약과 난민의정서에 따라 국제적 난민보호국의 대열에 동참했다. 법무부 산하 출입국관리사무소에 난민규정을 신설한 뒤 2012년 입법 발효했고, 2013년부터 시행 중이다. 이 마당에 난민을 무작정 거부하는 것은 유엔 난민협약과 난민의정서에 위배되며 국제적으로도 비난받을 일이다. 난민을 잘 가리고 좀 더 적극적으로 보호해야 할 의무만 남아있는 것이다. 단순히 여론으로 처리할 문제는 아니다.

정치적인 결단이 있어야 한다. 사람이 먼저인 나라를 내세웠던 문재인 정부는 권리의 주체를 '국민'이 아니라 '사람'으로 바꾸고자 했던 청와대 헌법 개정안의 정신대로 난민심사위원과 잠정 수용시설을 대폭 늘려야 한다. 난민신청자 중에는 솎아내야 할 사람도 분명히 있을지 모르지만, 그런 이들은 잘 가려내면 된다. 그 과정에서도 인권을 기준으로 해야 하는 것은 당연하다. 그저 돈의 논리로 처리하거나, 일종의 인종차별주의 혹은 알량한 문화적 우월주의가 함부로 개입해서는 안 된다.

우리도 난민이었다

삼한시대에는 일종의 제의 장소인 소도(蘇塗)가 있었다. 신성한 공간이어서 심지어는 도둑이 들어와도 잡지 않았다. 아니 잡을 수 없었다. 범죄자조차 단죄할 수 없는 공간이었다. 아무리 그런 신성함 같은 것이 다 깨져버린 시대이기는 하지만, 전쟁 통에 살기 어려워 낯설디낯선 곳으로 목숨 걸고 온 난민을 내쫓으라고 청원하는 이가 더 많다니, 슬프다. 설령 그들이 경제적인 이유로 온 이주민이라 해도 그렇다. 가능한 한 같이 살면서 더 인간적인 사회를 만들 궁리를 좀 더 해야 하지 않을까. 어쩌다 우리는 그렇게 비인간적인 지경으로 몰리게 되었을까. 우리가 피난민이었던 시절이 불과 반세기 조금 전이다.

7. 인권은 나의 권리인가
: 자권(自權)과 타권(他權)

"모든 인간은 태어날 때부터 자유로우며

그 존엄과 권리에 있어 동등하다."

(세계인권선언 제1조, 대한민국헌법 제10조)

인권은 나의 권리인가

평화는 분명히 인간의 경험의 영역이다. 특히 폭력이 줄어들면서 평화를 느낀다. 그리고 무엇보다 인간에 의해 인간이 인간다워질 때 인간은 평화를 느낀다. 인간을 인간답게 대해야 하는 이유는, 인간은 본래 인간답기 때문이다. 인간에게는 인간다움을 요구할 수 있는 권리가 있다. 그래서 평화는 인권과 함께 간다.

인권은 사람이라는 이유로 존중받아야 할 천부적 권리이다. 인간으로서 누려야 할 당연한 권리가 있다는 것이다. 자존감을 높여 주는 멋진 말이지만, 인권의 내용에 대해 성찰하지 않은 채, 저마다 '존중받고' '누리려는' 데서 갈등이 생길 수 있다는 사실을 간과해서는 안 된다.

인권은 나의 권리[自權]를 주장하면서 나타날 수 있지만, 그것은 남의 권리[他權]를 긍정할 때만 가능하다. '사람'은 나와 남, 자(自)와 타(他)를 포함하는 개념이다. 이 둘을 포함할 때에만 '인(人)'이다. 자권과 타권을 다 긍정해야 인권(人權)이 되는 것이다.

인권에서 더 중요한 것은 사실상 '남[他]'의 권리이다. 자신의 권리만 주장하다가, 결국 갈등으로 치닫는 경우를 종종 보기 때문이다. 자신의 권리를 주장하는 것은 경쟁적 성과사회라는 구조적 갈등을 그대로 전제하기에 제기되는 것이다. 나만 내세워서 인간의 권리가 확보되는 것이 아니다. 남의 권리[他權]도 볼 줄 알아야 하는 것이다.

남의 권리 찾아 주기

남의 권리를 먼저 찾아 주는 작업은 대단히 '종교적'인 행위이기도 하다. 종교가 최고의[宗] 가르침[敎]이라면, 그것은 남을 무시하고 저만 내세우는 데 있지 않다. '종교'는 남의 권리를 찾아 주는 데서 시작되고, 나의 권리는 결과적으로 주어지는 것이라는 가르침이다. 남의 권리는 의무이자 요청이며, 나의 권리는 그로 인해 주어지는 결과적 선물이다.

종교적 진리가 죽음으로써 사는 데서 비롯되는 것이라면, 종교의 인권은 어쩔 수 없이 의도적으로 '타권'을 존중하면서 비의도적으로 '자권'이 긍정되는 방식이다. '묶인 자들에게는 해방을 알려 주고, 눈먼 사람들은 보게 하고, 억눌린 사람들에게는 자유를 주는'(「누가복음」 4장 19절) 것이 예수의 삶이었다면, 예수의 삶은 이웃의 타고난 권리를 회복시켜 주는 일, 즉 타권을 위한 삶이었다. 타권은 "밀알 하나가 땅에 떨어져 죽지 않으면 한 알 그대로 남아 있고 죽으면 많은 열매를 맺는다."(「요한복음」 12장 24절)는 말에서 잘 드러난다. 이웃의 기쁨을 함께 기뻐하고[慈], 슬픔을 함께 슬퍼하는[悲] 것이 대승불교적 이상이라면, 그것 역시 타권의 원리를 잘 보여준다.

나의 권리들의 충돌

그럼에도 불구하고 종교의 이름으로 그 반대의 길을 가는 경우를 빈번하게 본다. 타인의 자유를 무시하면서도 정당해하거나 자신의 이기적 권리 찾기에만 급급해하는 모습도 종종 본다. 종교의 자유가 자신에게만 있는 양, 자유로서의 권리만 주장한다. "모든 인간은 태어날 때부터 자유로우며 그 존엄과 권리에 있어 동등하다."(세계인권선언 제1조, 대한민국헌법 제10조)는 조항을 "모든 사람은 사상, 양심 및 종교의 자유를 가진다."(세계인권선언 제18조, 대한민국헌법 제20조)는 조항을 들어 자기중심적으로 부정하는 식이다. '사람이 안식일을 위해 있는 것이 아니라 안식일이 사람을 위해 있는 것'(「마가복음」 2장 27절)이라는 예수의 언행과 정신을 반대로 뒤집어 놓는다. 이웃의 양심과 신념을 자신의 권력과 교리에 맞추는 반인권적인 일이 자기의 권리라는 이름으로 횡행하기도 하는 것이다.

이러한 종교인의 비종교적 행동은 무한 경쟁을 앞세운 성과주의 사회를 더 강화한다. 피로사회를 사실상 더 '피로'하게 만드는 것이다.

함께 늦게 가기

좀 더 천천히 가야 한다. 굳이 종교적 이상을 추구하지 않는다 하더라도 경쟁적 성과주의 시대에서 좀 더 인간답게 살고자 하는 사람이라면 천천히 갈 수밖에 없다. 그리고 함께 가는 사람이어야 한다. 함께 가다 보면 당연히 늦게 갈 수밖에 없을 것이다. 하지만 그렇게 늦게 가기를 각오한 사람이어야 이 시대에 정말 인간다움이 무엇인지 고민하는 사람이라 할 수 있을 것이다. "중생이 병들어서 내가 병들었다."(『維摩經』, 「文殊師利問疾品」)는 유마거사의 답변이 평화의 관계성을 온몸으로 깨달은 이의 일성이듯이, 지구화한 위험사회 속에서 벌어지는 갈등과 아픔을 자기 일처럼 공감하는 사람이어야 할 것이다.

쓰나미로 수만 명이 죽고 수십만 명이 전 재산을 잃었는데 서울에서 개인적인 마음의 평안만을 추구하는 것이 가능할 것인가? 남북 정권이 자신의 권력을 유지하기 위해 서로 대립하면서 사회적 갈등을 조장하고 있는데, 그저 무관심한 채 방관하면서 인간다운 삶을 누릴 수 있겠는가? 어딘가에서 누군가 고통당하고 있는데, 내 마음이 평화로울 수 있겠는가? 앞에서도 보았던 위험사회와 피로문화는 빨리 가고 많이 소비하라는 무언의 충동이다. 이런 시대 상황을 제대로 읽는 이는 '함께 가자'는, 조금 '느리게 가자'는 내면의 목소리를 듣는다. 성과사회의 우울증을 치유하며 사는 일을 본연의 의무처럼 여길 수도 있다. 그러나 강제적 의무가 아니라, 느리게 가기로 작정했기에 자발적으로 행해지는 의무이다. 그것이 성과주의 시대, 피로사회에서 인간답게, 종교인답게, 그리고 평화롭게 사는 가장 근본적인 길일 것이다.

지속 가능한 후퇴

빨리 가면서 많이 생산해 내야 하는 구조 속에서 '늦음'은 퇴보의 지름길이다. 그럼에도 불구하고 위험의 수준을 낮추려면, 늦게 갈 수밖에 없다. 평화를 이루려면, 자유라는 이름의 강제력에서 자유로운 흐름을 키워 가야 할 도리밖에 없다. 반평화적 현실과 평화라는 이상의 갈림길에서 '머뭇거리며' '성찰'할 때 걸음의 방향은 정해지고, 보이지 않게 강요된 흐름은 약해져 간다. '종교'라는 이름으로 자기 집단 중심적 자세를 보이기도 하지만, 그것을 진정한 평화를 추구하는 종교의 모습이라 할 수는 없다. 종교의 이름으로 반평화적 피로를 쌓아 가며 살 수야 없지 않은가. 평화롭지 못한 이가 어찌 평화를 이룰 것인가. 천천히 가고 한 걸음 물러나 피로사회의 흔적을 지우고, 그 힘으로 성과사회에서 탈진한 영혼을 위로하고 포용하는 방식으로 평화의 이상을 이루어 가야 하는 것이다.

8. 더 큰 폭력이 더 큰 원인이다
: 이스라엘-IS-미국

"국가가 먼저 존재하는 것이 아니고 폭력의 행사가 국가에 선행한다."

(가야노 도시히토, 『국가란 무엇인가』, 산눈, 2010, 34쪽)

이슬람적이지 않은 이슬람

2014년 이래 이슬람 수니파 무장단체인 IS(Islamic State)로 인해 세계가 시끄럽고 불안했다. IS는 기존의 '원리주의자'들 중에서도 세간의 이목을 집중시키기 좋은 방식으로 폭력을 구사하곤 했다. SNS를 교묘히 이용하면서도 자기의 주장을 관철하는 방식은 잔인했다. 기존 무슬림들도 혀를 내두르며 IS의 폭력성과 반이슬람성을 비판하지 않았던가. IS는 한때 시리아, 이라크 등에 걸쳐 일부 영토까지 장악하고서 국가라는 정체성을 대내외에 선포하기도 했다. 기존의 탈국가적 무장단체와는 확연히 다른 방식으로 여전히 생존하고 있다.

2015년 1월에는 세계의 무슬림 학자 126명이 IS의 지도자 아부 바크르 알 바그다디에게 IS의 행위가 이슬람적이지 않은 이유를 세세하게 담아 테러 행위를 멈추라는 공개서한을 보내기도 했다. IS가 이슬람의 이름으로 이슬람 본연의 정신을 왜곡시키는 데 대한 우려감의 표시일 것이다. 알 바그다디가 2019년 10월 미군의 공격을 받아 사망한 이후 급격히 쇠퇴했지만, IS는 종교의 이름으로 폭력적 행위가 자행되는 복잡한 이유를 되돌아보게 해준다. 이슬람 다수가 반대하는 극단적 이슬람 무장단체는 왜 등장하는 것일까? IS 같은 집단은 왜, 그리고 어떻게 해서 힘을 얻게 되었던 것일까?

IS의 역사

IS는 외부에서는 '무장단체'로 규정하지만, 내부에서는 샤리아(이슬람법)만 따르는 '국가'로 간주한다. 이른바 IS 프로젝트는 2001년 9.11 사건을 전후해 도모되기 시작했다고 한다. 이들은 왜 전 세계가 우려하는 프로젝트에 목숨을 걸었을까? 그 근본 원인에 대해 생각하다 보면, IS의 폭력적 행위의 원인을 전적으로 IS 안에서만 찾거나 그 책임도 IS 탓으로만 돌리기에는 그보다 더 큰 구조적 폭력의 존재를 인정하지 않을 수 없게 된다.

가령 2001년 9월 11일에는 납치된 항공기의 자살 공격으로 미국 뉴욕 세계무역센터 초고층 건물 두동과 미 국방성 건물 일부가 파괴되었던, 이른바 9.11 사건이 있었다. 이 사건은 오사마 빈 라덴이 이끄는 알 카에다 부류의 이슬람 근본주의자들이 미국의 제국주의적 중동정책에 저항하며 벌어진 일이다. 그들은 왜 미국의 심장부에 테러를 가했을까? 그 직접적인 원인 역시 한 가지만으로 제한할 수는 없을 것이다. 원인 한 가지를 고른다 해도 그 원인 역시 다른 원인에서 비롯된 일이기 때문이다. 이런 식으로 근본 원인을 찾기 위해 미국과 이슬람 근본주의자들의 관계사를 추적해 올라가면, 그것은 팔레스타인에 국가 건설 프로젝트를 감행한 이스라엘의 '불법적' 행위를 구미 열강이 편들던 역사로 이어진다. 국가를 건설하는 일은 어마어마한 작업인데, 전에 없던 새로운 국가를 그것도 단기간에 만들려면 기존 국가의 힘을 빌리지 않을 수 없다. 그리고 도와주는 국가와 생겨나는 국가의 권력을 정당화시키는 국제적 작업도 병행되고 선행되어야 한다. 새로운 국가의 건설에 무언가 기존의 거대한 힘이 개입하고 작동하게 되는 것이다.

폭력이 폭력을 정당화한다

이와 관련하여 슬라보예 지젝(Slavoj Žižek)은 근대국가의 기초를 이루는 '시초의 범죄'가 영웅담과 같은 '고귀한 거짓말'로 포장되면서 국가적 권력이 정당화된다고 말한다. 그 의미인 즉, 이스라엘이 자신의 국가 형성 과정에 남겨 둔 '시초의 범죄'라는 폭력적 흔적에 대해 이슬람권 일부가 저항하던 역사가 오늘날 테러와 같은 형태로 이어지고 있다는 것이기도 하다. 좁은 의미의 폭력적 테러 이면에, 아니 그 이전에 국가권력의 이름으로 행했던 비이슬람적 폭력의 역사도 읽을 수 있어야 한다는 것이다. 그래서인지 지젝은 이스라엘이라는 국가에 대해 석연치 않아 한다.

> (이스라엘은) '불법적 기원'이라는 '시초의 범죄'의 흔적을 아직 지우지 못한 곳이며, 그 흔적을 영원한 과거 속에 억압해 둔 곳이라는 느낌이다. 이런 의미에서 이스라엘이라는 국가가 우리에게 보여주는 건, 모든 국가권력의 지워진 과거이다.*

이 말의 속내인 즉, 오늘날 이슬람 근본주의는 팔레스타인에 국가를 건설한 이스라엘에 저항하는 과정에서 형성되었다는 것이다. 각종 테러 행위도 이러한 원인들의 다양한 전개 양식들이기도 하다는 것이다. 사실 따지고 보면 이스라엘의 건국 과정만이 근본 원인이라

---

* 슬라보예 지젝, 이현우 외 옮김, 『폭력이란 무엇인가』, 서울: 난장이, 2011, 168쪽.

고 할 수는 없다. 서구에 대한 이슬람권의 불편한 심정은 나폴레옹이 영국을 견제하기 위해 당시 이슬람문화의 중심지였던 알렉산드리아를 점령한 사건(1789)에까지 거슬러 올라간다. 더 거슬러 올라가면 이슬람 입장에서는 선제공격을 받으며 시작되었던 이른바 '십자군전쟁'에까지도 이를 수 있다. 십자군전쟁도 이슬람 근본주의자들의 입장에서는 제국주의적 서구가 보여준 폭력적 역사의 상징처럼 여겨지는 사건이기 때문이다. 중세 이후 서구의 침탈의 역사를 경험해 온 이슬람문화권에서는 서구의 세속주의적 정복주의 같은 것이 내내 불편하다. 이러한 분위기가 연결되고 연장되면서 IS 같은 극단적 무장단체가 등장하게 된 것이라고 해도 과히 틀리지는 않다.

결국은 평화다

IS는 사람을 살상하고 고대 유물을 파괴하는 잔인하고 끔찍한 행동을 자주 했다. 하지만 이러한 행동은 『쿠란』의 기본 정신과 어긋난다. 무함마드가 전한 하나님(알라)의 메시지가 살상을 요청하고 정당화시키는 가르침일 리 없겠기 때문이다. 평화학의 기본이기도 하거니와, 적극적 평화는 이러한 물리적 폭력의 상태를 멈추는 데서 시작한다. 이슬람(Islam)의 어원은 복종(asalama)이자 동시에 평화(salam)이지 않던가.

그러나 이런 소박한 희망이 좀 더 평화롭게 구체화될 수 있으려면, 그 근본 원인에 대해 성찰하는 이들도 많아져야 한다. 폭력들을 줄이고 줄여 '적극적 평화'를 이루어나가기 위한 기초 중의 기초는 또렷한 눈망울로 다양한 차원의 갖은 폭력적 현실을 비판적으로 성찰하는 일이다. 끔찍한 행위를 자처하는 이들뿐만 아니라 거기에 동의하는 이들까지 생겨나고 있는 현실의 근본 원인과 속내까지 더 드러나야, 더 큰 폭력의 농도도 흐려지고 지속적인 테러의 정도도 줄어들 수 있을 것이다. 무슨 일에서든지 더 큰 폭력의 존재를 간파할 수 있어야 하는 것이다.

제 **II** 부

세상^[世]을
어떻게
넘을까^[越]

21세기 한국사회와 역사의 분수령은 '세월호 사건'(2014.4.16.~)에서 찾을 수 있다. 세월호의 침몰은 304명 청춘들의 목숨이 희생된 안타까운 선박침몰 사고라는 무덤덤한 정의로는 다 설명할 수 없다. 한국 사회의 비인간적 속살을 고스란히 드러내는 상징과도 같다는 점에서 하나의 엄청난 '사건'이다.(본문 중에서) 침몰의 진상이 온전히 밝혀지지 않았을 뿐만 아니라, 진상을 밝히는 과정에 드러난 한국 사회의 비인간적 속살이 다른 모습으로도 드러나고 있다는 점에서 세월호 사건은 여전히 진행 중이다.

9. 평범함이 모이면 무력해지는가
: 도덕적 개인과 비도덕적 사회

"개인의 비이기성은 국가의 이기성으로 전환된다. 바로 이 때문에
개인들의 사회적 동정심의 확산만으로 인류의 사회문제를
해결해 보려는 희망은 헛된 망상이 되는 것이다."

(라인홀드 니버, 『도덕적 인간과 비도적적 사회』, 문예출판사, 2009, 133쪽)

악의 평범성과 도덕적 개인

앞에서도 했던 질문, 사람들은 평화를 원하는데 세상은 왜 평화롭
지 않을까. 그 이유를 이렇게도 살펴볼 수 있을 것이다. 한나 아렌트
의 통찰에서 도움을 얻어 보자.

한나 아렌트(Hannah Arendt)는 제2차 세계대전의 전범 아이히만의
재판 과정을 책 『예루살렘의 아이히만』(1963)으로 만들면서 '악의 평

범성'이라는 부제를 붙였다. 악이라는 특별한 상황을 왜 평범하다고 표현한 것일까? '악의 평범성'은 이제는 두루 알려진 문장이 되었지만, 중요한 것은 평범한 듯 다가오는 악의 현실이 바뀌지는 않았다는 사실이다. 아렌트가 아이히만의 폭력성을 제대로 분석했느냐 아니냐는 차치하더라도, 악이 종종 의식하지 못할 정도로 평범한 현실 속에 기생하며 증식한다는 사실은 분명하기 때문이다.

아렌트는 유대인 학살의 실질적 책임자였던 아이히만이 자신에게는 잘못이 없다며 반복적으로 진술하는 모습을 보면서, 아이히만이 엄청난 사태의 의미를 전체적으로 보지 못하는 이유는 '생각하는 데 무능력'했기 때문이라고 결론지었다. 홀로코스트라는 전무후무한 폭력도 '타인의 입장에서 생각하는 데 무능력함'과 매우 깊이 연관되어 있다는 것이다.

아우슈비츠 생존 작가인 프리모 레비(Primo M. Levi)가 증언하듯이, 홀로코스트 책임자들은 '학살'이 아니라 '최종 해결책', '강제 이송'이 아니라 '이동', '가스실 살해'가 아니라 '특별 처리' 등등으로 표현했다고 한다.* 살인 행위가 사무적 행정 절차로 둔갑하는 과정을 잘 보여준다. 전무후무한 폭력의 책임자들은 머릿속으로 사람을 사물화하고 인간을 일상적 행정 처리의 대상으로 삼았다. 살인 행위를 책상에서 행

---

* 프리모 레비, 이현경 옮김, 『이것이 인간인가』, 파주: 돌베개, 2007, 273쪽.

정적으로 처리하던 이들에게는 집단학살이 일상적 일과 중 하나가 되었다. 악이 생각 없는 평범한 일상 안에서 활동하고 있었던 것이다.

도덕적 인간과 비도덕적 사회

생각이 없으면 도덕조차 무력해지기도 한다. 가령 국제정치학자이자 기독교 윤리학자인 라인홀드 니버(Reinhold Niebhur)가 주저 『도덕적 인간과 비도덕적 사회』(1932)에서 개인적 도덕성과 사회적 비도덕성을 구분했던 적이 있다. 그에 의하면, 개인적으로 도덕적이라고 해서 사회적으로 도덕적이 되는 것은 아니다. 개인은 '본성상' 자신과 비슷한 사람들에게 동류의식·공감·이해심을 갖고 있다. 그래서 종종 다른 이들의 이해관계도 긍정적으로 고려할 줄 안다. 그런 점에서 도덕적이다. 이기심이 발동해 충돌하더라도 타협할 수 있는 여지도 있다.

하지만 집단으로 가면 상황이 달라진다. 니버에 의하면, 집단은 '충동을 올바르게 인도하고 때에 따라 억제할 수 있는 이성과 자기 극복 능력, 그리고 다른 사람들의 욕구를 수용하는 능력이 훨씬 결여되어 있고' '심한 이기주의가 모든 집단에서 나타나기' 때문에 개인에서와 같은 도덕성을 획득하기 어렵다. 개인적으로는 도덕적이라 해도 몇 단계 개인들을 건너가면 이기적 충동이 중층적으로 결합되어 집단화하고, 이 집단이기주의가 합리적 판단을 불가능하게 한다는 것이다.

집단은 왜 비도덕적이 되는가? 그것은 집단의 속성과 연결되어 있기도 하다. 가령 고모리 요이치(小森陽一)가 인종주의가 생겨나고 작동하는 방식을 '아이덴티티'의 확립 과정을 중심으로 잘 설명한 바 있는데, 이것을 다시 우리의 주제와 연결지어 봄 직하다.

'우리'의 출현과 자기중심적 배타주의

정체성 혹은 아이덴티티는 어떻게 형성되는가? 요즘 사용하는 '아이덴티티(Identity)'는 독일에서 나치의 억압을 피해 미국으로 간 심리학자 에릭슨(Erik Homburger Erikson)이 자신의 뿌리를 고민하고 학문화하면서 학계에 알린 낱말이라고 한다. 영어 '아이덴티티'가 우리말로 '정체성'과 '동일성'이라는 뜻을 모두 의미한다는 데에 함축되어 있듯이, 문제는 자기 정체성을 추구하는 것이 지속적 동일성을 추구하는 것으로 나타나고, 그 동일성은 차이를 거부한다는 점이다.

이런 예를 들어 보자. 예를 들어 갓난아이가 똥을 싸면 부모는 똥 색깔이 좋은지 어떤지 관찰하기도 하고 때로는 "똥 색깔 좋다."며 칭찬하기도 하지만, 시간이 흐르면 똥을 쌌다는 이유로 어른들로부터 꾸지람을 듣기도 한다. 이러한 혼란스러운 과정을 겪으면서 아이는 어른들의 세계에 스스로를 동화시켜 간다. 아이는 어른들의 꾸지람에 당황스러워하면서도 일차집단인 어른들의 말에 어쩔 수 없이 동의하게 되고, 그럼으로써 그에 동의하는 이들을 중심으로 '우리' 개념이 형성된다. '우리'라는 아이덴티티는 우리 밖의 존재를 배타한다. 그럼으로써 자신의 정체성은 더 강화된다.

비슷한 방식으로 미국 백인의 정체성/동일성은 흑인을 거부해 왔고, 남성의 정체성/동일성은 여성을 소외시켜 왔다. 가령 아메리카 대륙으로 건너간 이주민들이 한동안 영국의 지배를 받다가 자신의 정체성/동일성을 찾는 과정에 영국과 차별화하면서 영국과의 관계를 단절한 것이 이른바 미국의 독립이다.

정체성은 타자의 억압으로부터 독립하도록 추동하기도 하고, 타자에 대한 억압을 정당화하기도 하는 두 가지 의미를 모두 담고 있다. 종교적 정체성도 마찬가지인데, 가령 기독교의 정체성을 확립하려는 행위는 자연스럽게 비기독교를 배타하는 행위로 연결되기도 한다.

'국민국가'의 폭력성

마찬가지로 권력의 영향력 안에 있는 '공범자들'이 '우리' 의식을 범주화하고, 폭력을 은밀하고 공고하게 구조화시킨다. 공범 의식이 정당화되는 과정과 주권 의식이 강화되는 과정은 상통한다. 부정적인 차원에서 보면, 주권 의식과 공범 의식은 동전의 양면이다. 권력의 범위 밖에 있는 이들을 차별하면서 공범 의식은 정당성을 얻고, 주권 의식은 강화된다. 차별이 정체성을 확립하는 동력이 된다. 이런 과정에서 이른바 '국민국가(nation state)'가 성립되고 강화되며, 이것은 민족적인 주권 의식의 영향력이나 구조 밖에 있는 이들을 차별하는 기제가 된다.

이른바 '국민국가'가 형성되는 데에는 이러한 자기중심적, 타자배제적 심리 장치가 들어 있다. 국민국가 체제 안에 있는 주권자들은 이주민이나 난민과 같이, 체제 밖에 있는 이들을 차별한다. 차별이 정당화되면서 공범자들로서의 '우리'라는 정체성도 강화된다. 나아가 같은 '우리' 안에서도 이런 도식은 마찬가지로 성립된다. 공유 의식이 어느 정도 확립되고 나면 자기들 내부에서도 항상 적을 필요로 한다. 새로운 적을 찾아 배제하면서 새로운 동료 의식이 생겨나기 때문이다.

동일성의 확장, 전체주의

한나 아렌트는 『전체주의의 기원』의 '반유대주의'를 다루는 부분에서 유럽의 국민국가가 찾아낸 친근한 적 또는 자기편 안에 섞여 있는 적이 유대인이었다고 말한다. 자와 타, 배제와 포함의 논리가 작동하는 경계선에는 늘 '적'이 있다. 그 '적'을 만들면서 민족의식이 강화된다. 프랑스에서 유대인이라는 이유만으로 유대인계 장교를 처벌한

드레퓌스 사건도 같은 구조다.

아렌트에 의하면, 유대인을 적으로 삼으며 형성된 민족의식이 제국주의에 의해 강화되고 확장되었다. 범게르만주의가 나치즘의 팽창주의와 전체주의로 귀결되었고, 범슬라브주의에 담긴 종족적 민족주의가 소비에트 러시아의 전체주의와 제국주의의 기반이 되었다. 제국주의는 민족주의 경쟁이 세계적으로 퍼져 나간 현상이라는 것이다.

그 근거에는 정체성(identity)의 문제가 들어 있다. 정체성은 동일성을 기반으로 한다. 동일성은 차이를 용납하지 못한다. 그런 동일성은 다름에 대한 적대행위로 나타나고 억압의 기제로 작용한다. 국민국가는 늘 국민적 정체성을 확립하기 위해 골몰하지만, 이러한 '정체성의 정치'가 '다름'을 배제하는 형태로 나타나면서 폭압적 전체주의로도 이어지는 것이다. 정체성의 정치가 다름을 수용하는 '차이의 정치'로 전환하지 않으면, 그것은 공통의 적을 만드는 방식으로 폭력에 기여한다. 소수자가 생존하기 힘든 이유도 여기에 있다. 개인이 타자와 공범 관계를 맺으며 그 관계 안에 소수자를 포용해내지 못하기 때문이다. 그래서 공범의 확대판인 사회는 계속 비도덕적으로 남는 것이다.

비도덕적 국가

실제로 우리는 '세월호 사건(2014.04.16.~)'과 같은 거대한 재난에 대해 개인적으로는 발을 동동 구르며 안타까워하는데도 사회적으로는 해결은커녕 그저 우왕좌왕하고 때로는 인간의 집단적 죽음조차 방조하는 엄청난 모순을 여실히 경험한 바 있다. 세월호 사건을 수습하는 사회적 공간은 수습에 책임이 큰 집단들 간의 모략과 타협과 경쟁의 공간으로 작용했다. 개인들의 울부짖음은 넘쳐나지만, 이것을 관리할 국가는 비어 있었다. 집단의 외적 목적은 생명의 확장 혹은 죽음의 최소화에 있다면서도, 정작 내적 목적은 자기 집단이나 자기 자신의 극대화였다. 실종자 수색 작업은 자기 책임을 줄이기 위한 거래, 이익을 극대화하기 위한 거래, 권력을 유지하고 확장하기 위한 거래가 되었다. 한시가 급한 실종자 수습보다 유력 정치인, 대통령 의전에 더 힘을 쏟으며, 대통령은 '의례적' 사과를 했다. 선체 인양을 세월호 운영주체(청해진해운)와 독점 계약한 구난업체(언딘)는 실종자 수색보다 해양경찰 혹은 선사와 맺은 계약관계를 유지하는 것이 더 중요했다. 해양경찰은 특정 업체와 독점 계약을 맺음으로써 사고의 원인과 결론을 가능한 한 자기중심적으로 해석할 여지를 확보하려 했다.

선사(청해진해운)는 탑승객의 생명과 안전보다 과적과 불법으로 수익을 극대화하고 사고의 책임은 회피하거나 축소하려는 꼼수에 우선순위를 두었다. '거대한 죽음'에 대해 최고 권력(청와대)은 사실상 책임을 회피하고, 도리어 죽음을 이용하려 했다. 해경, 정부, 선사는 고통스러워하는 목소리들을 자의적으로 해석하며, 서로 다른 행보를 보였다. 엄청난 죽음 앞에 안타까워하는 개인들의 '도덕성'에도 불구하고 사회는 '비도덕성'을 여지없이 드러내고 있었던 것이다. 개인들의 울부짖음을 연결 지을 사회적 장치가 확보되어 있지 못했던 것이다.

사회의 결핍

이것은 그저 과거형이 아니다. 가령 한국은 전 세계 최고의 자살국가이다. 자살자가 많다는 것은 자살자가 기댈 사회가 결핍되어 있다는 것을 의미한다. 참사에서 가족을 잃고 울부짖는 개인들의 희망과는 달리 국가는 '거대한 빈 틈'이다. 사회는 다원화되었지만, 슬라보예 지젝이 비판했듯이, 다원화된 사회가 도리어 타자를 계산에서 제외한다. 다원화한 개인의 방 안에 들어가는 순간 더 이상 타자를 묻지 않는다. 인류를 사랑해야 한다는 보편적인 주장도 현실에서는 아무도 형제자매가 아닐 수 있다는 역설을 품고 있다. 이웃에 대한 언사 속에 이웃이 들어 있지 않다. 지젝의 말마따나 '이웃은 사물'이다. 타자의 타자화, 즉 타자를 다시 타자화해서, 타자를 실종시켜 버리는 것이다. 그렇게 국가는 거대한 틈새, '공(空)-간(間)'으로 남으며, 참사가 벌어져도 제대로 수습되지 않는다. 개인들의 아픔은 있어도 수습

* 지젝, 앞의 책, 80쪽.

제II부 세상[世]을 어떻게 넘을까[越]
85

하고 위로하고 책임지는 국가는 없다. 여전히 사람들은 버려진다. 참
사를 수습하는 것은 시간이고 망각이다. 그것이 근본적인 의미에서
의 재난일지 모른다.

10. 예외가 일상이 되다
: 일상의 속살

"아우슈비츠는 바로 예외 상태가 상시(常時)와 완벽하게 일치하고,

극한상황이 바로 일상생활의 범례가 되는 장소이다."

(조르조 아감벤, 『아우슈비츠의 남은 자들』, 새물결, 2012, 61쪽)

걸어다니는 시체

아감벤에 의하면, 아우슈비츠에서는 '이슬람교도'를 의미하는 은어로 '무젤만'이라는 용어가 쓰였다고 한다. '무젤만'은 단순히 종교인으로서의 무슬림을 뜻하는 것이 아니라, 주변의 철저한 무관심으로 인해 살아 있는 존재로서의 특징을 더 이상 갖지 못한 이들을 의미하는 은어였다. 아우슈비츠에서는 인간이 처절하게 죽어 나가는 일도 낯선 풍경이 아니었다. 비인간적인 죽음과 죽임은 예외적인 일이어야

하지만, 아우슈비츠에서는 일상이었다. '무젤만'은 마치 '걸어다니는 시체'와 같아서, 비록 실상을 증언할 수 있는 의지와 의식은 없지만, 역설적으로 아우슈비츠의 진정한 증언자들이라는 것이다. 아감벤에 의하면, "아우슈비츠는 바로 예외 상태가 상시(常時)와 완벽하게 일치하고, 극한상황이 바로 일상생활의 범례가 되는 장소이다."

'아우슈비츠'의 자리에 '세월호'를 넣어 보면 어떨까? 세월호 참사 역시 예외적이어야 할 사건이지만, 실상은 우리 사회의 본질을 적나라하게 드러내는 일상의 속살과 같다. 결과론적으로 보건대 참사가 날만 하니까 났다고 해도 과언이 아니다. 예외가 일상을 지배해 왔기 때문이다. 그러니 참사가 벌어지고 여러 해가 지나도록 제대로 된 책임을 묻기는커녕 책임을 회피하고 파장을 줄이려는 시도만 난무하게 된 것 아니겠는가.

안전보다 이익

2011년 9월 22일 부산지방해양항만청에서 서울특별시교육청에 학생들을 수학여행 보낼 때 제주뱃길을 이용해 달라는 협조공문을 보

---

* 조르조 아감벤, 정문영 옮김, 『아우슈비츠의 남은 자들』, 서울: 새물결, 2012, 61쪽.

사회는 왜 아픈가
88

낸 적이 있다고 한다.* 2009년을 정점으로 국내 연안 여객선 수송이 줄어들자 수학여행이라는 교육 행위를 이용해서라도 국내 여객선 이용을 활성화시키려는 정책의 일환이었던 것이다. 2009년에는 이미 국토해양부가 해운법 시행규칙을 개정해 여객선 사용 연한을 기존 25년에서 30년으로 늘린 상태였다. 국회에서는 2013년에 '크루즈 산업 지원 및 육성에 관한 법률'이 제출되어 통과를 기다리고 있었다. 그 과정에 일본에서 18년 동안 운행되었던 중고선을 수입해 수리와 증축을 거쳐 7년 더 운행할 수 있도록 허가 받은 배가 세월호였다. 여객선의 사용 연한을 25년으로 조정한 현재의 관련 법률은 2016년 12월부터 시행 중이다.

　이 과정에서 추측할 수 있는 것은 여객선 사업자에게나 여객선 사업을 회생시키려는 당국에게나 '안전'보다는 '성과'나 '수익'이 더 중요했다는 사실이다. 안전은 당장의 이익을 가져다주지 않을 이차적 관심사였다. 관련 행정이 공적으로 작동되는지 감시하는 부서도 배의 안전과 관련한 현안들을 제대로 감사하지 못했다. 일본에서는 배의 운용 기간을 줄이는 방식으로 공적 안전을 도모했다면, 한국은 중고선을 수입해 운용 기간을 늘이는 술수로 상업성만을 내세운 것이다.**

---

*　우석훈, 『내릴 수 없는 배』, 파주: 웅진지식하우스, 2014, 105~106쪽.
**　우석훈, 앞의 책, 105~129쪽.

부산지방해양항만청의 공문이 세월호 침몰의 직접 원인이라고 할 수는 없지만, 그런 공문이 작성되고 유통되는 과정이야말로 학생들을 포함하여 수많은 희생자를 낳은 참사의 복잡한 원인을 잘 보여준다. 세월호 사건은 사실상 필연에 가까운 사건이었던 것이다.

권력을 유지하기 위한 시도들

이러한 참사에 국가의 책임은 막대했다. 참사 자체는 물론 수습 과정에서 드러난 무능함에 대해서도 국가는 책임을 면할 길이 없다. 국가는 304명의 죽음에 대한 사실상의 가해자라고 해도 과언이 아니었다. 온 국민이 너무도 명백하게 보지 않았던가. 실종자 수습조차 제대로 되지 않던 상황을, 사태에 책임이 큰 개인이나 집단들이 책임을 줄이거나 없애려 모략과 타협이 난무하던 모습을, 이익을 극대화하거나 권력을 유지하기 위해 각종 술수를 부리는 모습을, 거의 전 국민이 눈물과 분노를 멈출 수 없었던 비통한 상황을, 참사에 대해 청와대조차 '재난의 컨트롤타워가 아니라'며 책임을 회피하는 모습을, '국가안전처'를 총리실 산하에 신설하겠다는 말로 사실상 청와대는 국가적 재난에 대해 법적 책임을 지지 않겠다는 전략을 노골화하는 모습을…. 참사의 원인을 밝히기 위해 '세월호특별법'을 제정하는 과정에서도 국민이 확인한 것은 책임을 줄이거나 회피하기 위한, 그리고 권력을 유지하고 확대하기 위한 전략들뿐이었다.

가해자가 가해자를 수사하는 모순

사태의 수습에 책임이 막대한 당시 정부 여당은 유가족의 목소리를 반영하는 진상조사위원회에 수사권과 기소권을 부여하자는 주장에 대해 사실상 피해자가 직접 수사하는 것은 기존 법질서를 그르친다며 끝까지 반대했다. 물론 정부 여당의 주장대로 특별검사만이 수사할 수 있고, 책임자를 가려 기소할 수 있다는 주장이 일리는 있었다.

그렇지만 과연 사태의 원인 제공자 혹은 가해자가 수사할 자격이 있는지에 대해서도 명쾌한 답을 할 수 있을 때에만 일리가 있다. 분명히 국가는, 설령 일부라고 할지라도, 이 참사의 원인 제공자였다. 그러면서도 수습하는 데 무능했다. 사실상 원인 제공자에 의해 구성된 이들이 과연 원인 제공자를 온전히 수사할 수 있었을까? 아니 조사는 제대로 할 수 있었을까? 예외적인 일들이 쌓여 참사를 낳고, 수습 과정에도 예외적이어야 할 일들이 연속되는 마당에, 조사와 수사는 일상의 합리적 원칙을 유지할 수 있었을까? 원인 제공자에 의해 구성된 이들이 원인 제공자를 밝힌다는, 그런 예외적인 일이 관례나 질서라는 이름으로 정당화되고 말았다. 권력에 가까울수록 책임도 커진다는 사실을 국민은 다 알고 있는데, 어떤 수를 써서라도 그 책임에서 벗어나려고 몸부림을 치는 권력의 모습은 애처롭기 그지없었다. 세월호 사건은 예외여야 할 것이 사실은 예외가 아니라 일상의 본질이 폭로된 것이었다는 사실을 너무나도 적나라하게 보여주었다.

11. 권력의 목적은 권력이다
: 호모 사케르

"민주주의와 전체주의는 내적으로 결탁되어 있다."

"주권자는 법질서의 외부와 내부에 동시에 존재한다."

(조르조 아감벤, 『호모 사케르』, 새물결, 2008, 49쪽, 55쪽)

호모 사케르

아감벤의 책 『호모 사케르』는 읽기 쉽지 않지만, 우리 사회에 왜 그렇게 모순적인 일들이 벌어지는지 답답해하는 이들이 느끼는 바가 적지 않다. '호모 사케르'란 무엇인가? 우리말로 정확히 번역하기는 힘들다. 라틴어 '사케르(sacer)'에는 '신에게 바친', '신성한', '축성한', '엄숙한' 등의 의미가 있는가 하면, '저주할', '가증스러운', '저주받은', '흉악한', '금지된' 등의 상반되는 의미도 동시에 있다. 이 상반되는 의미를 적절히 엮으면 우리말로 '가까이할 수 없는', '범접하기 힘든' 등으로 번역이 가능하다. '사케르'는 어떻게 해서 모순되는 의미를 동시에 지니게 되었을까?

아감벤은 고대 로마법에 등장하는 '호모 사케르'의 논리와 의미를 따라가며, 근대 권력의 본질과 폭력의 구조를 읽어 내려고 했다. 요지를 풀어 정리하면 다음과 같다.

2~3세기경의 라틴어 문법학자인 페스투스(Sextus Pompeius Festus)는 '호모 사케르'를 이렇게 규정했다. "호모 사케르란 사람들이 범죄자로 판정한 자를 말한다. 그를 희생물로 바치는 것은 허용되지 않지만 그를 죽이더라도 살인죄로 처벌받지 않는다. 사실 최초의 호민관법은 '만약 누군가 평민 의결을 통해 신성한 자로 공표된 사람을 죽여도 이는 살인이 되지 않는다.'는 점을 명기하고 있다. 이로부터 나쁘거나 불량한 자를 신성한 자라 부르는 풍습이 유래한다."*

권력의 속살, 예외의 정상화

호모 사케르는 제물로 바쳐질 수 없다는 점에서 종교 질서로부터 배제된 존재이면서, 누군가에게 죽임을 당해도 죽인 자가 죄를 받지

---

* 조르조 아감벤, 박진우 옮김, 『호모 사케르』, 서울: 새물결, 2008, 156쪽.

않는다는 점에서 법질서로부터도 배제된 존재이다. 아감벤에 의하면, 어떤 사람을 '호모 사케르로 만들어 가는 행위(사크라시오)'는 "살인죄에 대한 면책과 희생제의로부터의 배제라고 하는 두 가지 특성이 결합되어 나타난다."* 아감벤은 이것을 이중적인 예외 상태라고 부르면서, 근대 권력에서는 예외의 정상화가 본질처럼 되어 있다고 분석했다. 즉, 호모 사케르는 권력이 인간을 배제하는 방식으로 인간을 포획하는, 다시 말해 권력이 인간을 위해 있는 것 같지만 사실은 인간을 배제하고 자신을 위해 있는 모습을 잘 보여준다는 것이다. 아감벤은 '무언가를 배제시킴으로써만 그것을 포함하는 이러한 극단적인 형태의 관계를 예외관계'라고 했다.** 단순화시켜 말하면, 예외여야 할 것을 정상이 되도록 하는 곳에 권력이 있다는 것이다.

호모 사케르는 법으로부터 배제되었기에 예외적 존재이다. 하지만 역설적이게도 법으로부터 배제된 존재로 인해 법의 정체성이 확인된다. 호모 사케르는 법으로부터 배제하는 방식으로 법을 유지하고, 제물로 바치지 못하게 하는 방식으로 신성을 유지하는 방식을 잘 보여준다는 것이다. "법은 주권적 예외 상태에서 더 이상 자신을 적용시키지 않고 그것으로부터 물러남으로써 예외 상태에 적용되듯이, 호

---

* 아감벤, 앞의 책, 173쪽.
** 아감벤, 앞의 책, 61쪽.

모 사케르 역시 희생물로 바쳐질 수 없음의 형태로 신에게 바쳐지며 또한 죽여도 괜찮다는 형태로 공동체에 포함된다. 희생물로 바칠 수는 없지만 죽여도 되는 생명이 바로 신성한 생명이다."

예외는 더 이상 예외가 아니다. 도리어 법의 한복판으로 들어온다. 아감벤은 이 지점에서 폭력적인 근대 권력의 본질을 밝혀내고자 했다. 그에 의하면, 누군가에게 죽임을 당해도 죽인 자가 벌을 받지 않는, 그렇게 법적으로 배제된 존재야말로 법이 배제를 통해 자신을 유지해 가는 모습을 잘 보여준다. 호모 사케르는 타자를 재타자화시켜 사실상 실종시키는 방식으로 존재하는 우리 사회의 실상을 잘 드러내 준다는 것이다. 호모 사케르는 그저 고대 로마법에만 등장하는 옛 사례가 아닌 것이 분명해진다.

권력의 목적은 권력이다

오늘날은 다원화된 시대이다. 다원화된 개인의 방 속에 들어가면 더 이상 타자를 묻지 않을 정도로 다원화되어 있다. 타자를 재타자화시켜 결정적인 순간에는 실종시켜 버리는 모습이 호모 사케르를 떠올리게 한다. 타자가 사실상 실종되었기에 누군가에 의해 살해를 당

* 아감벤, 앞의 책, 175쪽.

한다 해도 책임을 물을 근거도 찾지 못한다. 세월호 사건이 벌어진 지 여러 해가 지나도록, 아니 여러 해가 지나면서 희생과 혼란을 수습할 주체는 더 희미해진다. 개인들의 아픔은 난무해도 전체를 수습하는 국가는 없기 때문이다.

당시 청와대의 '인사 참사'도 계속되었다. 대통령은 한편에서는 일본의 역사적 과오에 대한 사과를 요구하면서도, 다른 한편에서는 자학적 일제 식민 사관을 가진 이를 총리로 임명하려 했다. 표를 의식해 이 종교 저 종교 찾아다니며 통합을 외치면서도, 개신교 근본주의 시각을 가진 이를 총리로 내세워 이념적 분열도 불사했다. 곡절 끝에 총리가 된 또 다른 사람은 금품을 부정하게 수수한 혐의로 낙마했다. 왜 이런 상황이 지속되는 것이었을까? 권력이라는 것이 인간을 배제시키는 방식으로 스스로를 위해 존재하는 것이기 때문이다. 많은 사람이 추구하는 권력 자체가 타자를 실종시키는 방식으로 존재하는 '사케르한' 것이기 때문이다.

절망에 맞서다

세월호 참사는 분명히 예외적 사건이어야 했지만, 이제는 거의 전 국민이 알게 되었다. 그것은 더 이상 예외가 아니라 사회의 실상이고 속살이고 핵심이라는 것을 말이다. 권력은 자신을 위해서 존재하지 타자를 위해서 존재하지 않는다. 권력은 인간을 버림으로써 존재하는, 인간에 대해 폭력적인 성향을 보인다. 권력의 집합체로서의 국가도 인간을 인간으로 대하기 힘들도록 되어 있다. 국가는 거대한 틈, '공(空)-간(間)'이다. 참사를 수습시키는 것이 그저 시간이고 망각이라면 너무 절망적일까. 개인들이 연대해 그 틈새를 메워야 하는 과제를 잊어버린다면 그럴 것이다. 속절없이 흐르는 시간과 무뎌지는 기억에 맞서야 하는 것이다. 그런데 그것은 과연 가능한 일일까. 개인의 도덕성을 사회적으로 구체화시킬 수 있는 것일까. 개인적 도덕성의 근원부터 성찰해보자.

12. 왜 배가 바닷속으로 들어갔는가

: 그들이 세상[世]을 넘는[越] 방식

"사람은 모두 사람(의 불행)에 대해 차마
그대로 있지 못하는 마음을 가지고 있다."

(『맹자』「공손추」)

거저 주어졌다

신학적으로 '은총'은 아무런 대가나 조건 없이 인간과 세계 안에 내어 주신 신적 세계를 의미하는 말이다. 인간, 그리고 존재하는 모든 것들의 근원을 물으면서 모든 것은 인간의 창작품이 아니라 그냥 그렇게 주어져 있는 어떤 선물과 같다는 사실을 깨달은 이의 종교적 표현이다. 굳이 기독교적 언어를 쓰지 않더라도 사실상 인간이 만들어 낸 것은 없다. 내 세포 하나도 내가 만들지 않았다. 나무 한 그루, 공기 한 줌, 물 한 방울 그 어떤 것도 인간이 창조해 낸 것은 없다. 인간은 모든 것을 거저 받았다. 하이데거의 표현을 살짝 빌려오면 인간은 세계 안에 그저 던져졌다. 인간은 이미 있던 세계 안에 던져지듯 태어난 것이지 세계를 창조해낸 것이 아니다. 내가 먹는 쌀 한 톨도, 그 쌀 한 톨을 먹고 소화시키는 우리의 위장이나 창자도 그냥 그렇게 주어진 것이다. 다 거저 받았다. 지구도, 우주의 원리도 본래부터 그렇게 되어 있었고, 지금도 그렇다. 이런 원천적 사태를 은총이라 부르는 것이다. '은총'이라는 말에는 이러한 사실을 아는 인간은 타자에 대해 겸손해야 한다는 뜻이 담겨 있다.

그 의미를 소극적으로 표현하면, 사람이 사람을 차별해서는 안 된다는 뜻이고, 적극적으로 표현하면, "네 이웃을 네 몸처럼 사랑해야 한다."는 뜻이다. 이런 내용을 『하디스』에서는 이렇게 전한다. "최고의 종교는 이것이다. 네가 좋아하는 것을 다른 이에게도 행해야 한다. 네가 고통스럽게 느끼는 것은 다른 이에게도 고통스럽다." 단순한 듯 자명한 이 사실이 종교의 기본 원리이자 윤리이다.

투쟁의 산물

그런데 모든 것은 거저 주어졌지만, 그러한 사실을 인식하고 구현해 내는 일은 거저 주어지지 않았다. 거기에는 은총의 세계를 깨닫고 그 깨달음대로 살려고 애쓴 선각자들의 희생이 들어 있다. 먼저 깨달은 이들이 희생을 무릅쓰고 기존 흐름에 저항하면서 은총이라는 놀라운 가치를 더 많은 사람들이 알아 가게 된 것이다.

가령 예수는 아버지께서 악한 사람에게나 선한 사람에게나 똑같이 햇빛을 주시고 옳은 사람에게나 옳지 못한 사람에게나 똑같이 비를 주신다고 가르쳤다.(「마태복음」 5:45) 하느님의 눈으로 보면, 선악과 정오가 없다는 뜻이다. 그렇게 가르치다가 생래적 차별을 당연시하는 기성 종교인들에 의해 희생당했지만, 예수의 저항적 가르침은 한 줄기 새로운 희망을 발생시켰다. 그렇게 생겨난 것이 기독교이다. 은총이라는 말이 지닌 아름다운 뉘앙스와는 달리 실제로 은총에 대한 인식은 모진 저항의 산물인 것이다.

자유, 평등, 박애라는 프랑스혁명의 가치 역시 저항의 산물이었다. 인간이 하늘이라는 인내천(人乃天) 사상도 희생을 담보하며 성취해 낸 인간의 존엄성에 대한 깨달음의 결과였다. 모든 이가 출가해 열반에 들 수 있도록 허락한 붓다는 당시 기성 사제들에 의해 삿된 가르침(외도)을 편다고 비난받았고, 무함마드가 '알라는 한 분이시며 알라 앞에서 모든 이가 평등하다'고 하자, 자신들의 최고신을 농락했다며 기성세력은 무함마드를 죽이려 했다. 그런 식으로 남과 나를 같이 보는 경지에 대한 인식은 목숨을 건 저항의 결과이다. 그런데 오늘날 같은 자본주의 시대에 은총을 구체화한다는 것은 무슨 뜻일까?

그들이 세상을 넘는 방식

전술했듯이, 21세기 한국사회와 역사의 분수령은 '세월호 사건'에서 찾을 수 있다. 이 사건은 304명의 목숨이 희생된 안타까운 선박침몰 사고라는 무덤덤한 정의로는 다 설명할 수 없다. 한국 사회의 비인간적 속살을 고스란히 드러내는 상징과도 같다는 점에서 하나의 엄청난 '사건'이다. 무슨 뜻인가. '세월호'의 한자상 의미는 '세상[世]을 넘는[越] 배[號]'라는 뜻이었다고 한다. 이때 '세(世)'는 어원상 공간적 세계가 아니라 시간적 세계를 의미하는 말이다. '세월호'의 작명자가 그런 뜻까지 알고 지었을 것 같지는 않지만, 어떻든 '세월'은 세상의 파고를 넘어선다는 뜻으로 붙여진 이름이라고 한다. 세상의 파고를 넘어선다니, 언뜻 대단히 종교적인 이름 같은 느낌도 든다.

그런데 세월호 참사를 수습하는 과정에 드러나는 속내를 보면, 그 작명자가 보는 '세상[世]'이란 사실상 종교와 사업이 일체가 되어버린 세상이나 다름없었다. 세월호를 운영하던 선사는 종교와 연결되어 있었고, 그 선사는 신앙을 '수단'으로 사업을 벌이고 자본을 재축적하는 방식으로 세상의 파고를 넘어서려[越] 했음이 빤히 보이기 때문이다. 법철학자 로베르토 웅거(Roberto M. Unger)가 정치, 철학, 종교, 심리 등을 통합시키는 학문적 작업을 하며 이렇게 말한 바 있다. '우리의 가장 타고난 능력'은 '맥락을 보존하는 활동과 맥락을 변혁하는 활동 사이의 거리를 좁혀 '모든 구조를 초월하고 혁신'하는 것이다.* 법의 정신은 구조 안에서 구조를 넘어서고 맥락을 형성시켜 가는 데(formative context) 있다는 것이다.** 하지만 이들은 기존 구조를 넘어서기는커녕 본래 초월성에서 비롯된 종교를 자기중심적으로 고착시켜 가는데 더 익숙했다. 세상을[世] 넘는다는[越] 미명하에 그들끼리 자본을 모아 그들 중 일부만이 자본을 향유하도록 구조화시키려는 꼼수가 감춰져 있었다고 해도 과언이 아니다.

이들은 종교 지도자나 다름없었지만, 세상을 넘어서기는커녕 자본주의에 입각한 맘몬(Mammon, 富, 돈, 재물, 소유라는 뜻으로, 신과 대립되는 우상의 하나)의 축적을 사실상의 목표로 삼았다는 뜻이다. 그들이 세상의 파도를 뛰어넘는 방식은 보편적 은총의 구체화나 사회화가 아니라, 그저 자기중심적 자본의 확장이었다는 말이다. 그렇지 않고서야 '세(世)월(越)호(號)' 선원의 70% 이상이 단기적 비정규직일 수 없고, 수백 명이 차가운 바다에서 죽어 가는데 해운사의 안위부터 챙길리 없으며, 사람을 살리기 위한 매뉴얼에 이렇게 총체적으로 둔감할리 없겠기 때문이다. 해운사와 종단 간에 법률적 관련성은 없을지 모르지만, 기업의 실소유주가 교회를 세우고 그곳에서 설교를 하던 사

---

* 로베르토 웅거, 이재승 옮김, 『주체의 각성』, 서울: 앨피, 2012, 258쪽.
** 로베르토 웅거, 김정오 옮김, 『정치: 운명을 거스르는 이론』, 파주: 창비, 2015, 148~159쪽.

실상의 종교 지도자라는 점에서, 내면적 관련성마저 피할 수는 없는 것이다. 그렇다면 세상을 형성하고 초월해 나간다는 것은 무엇인가?

불쌍히 여기고 근심하는 마음

맹자에 의하면, 인간에게는 다른 사람의 고통을 불쌍히 여기고 근심하는 마음, 즉 측은지심(惻隱之心)이 있다. 어린아이가 우물에 빠지려고 하면 본능적으로 아이를 구하려는 마음이 생기는 것이 그 예이다. 차마 참지 못하고 어린아이를 구하려고 뛰어드는 마음이다. 사람의 고통에 둔감하고서는 인간을 자처할 수 없다는 뜻이라고도 할 수 있다. 맹자는 이렇게 말했다.

> 사람들은 모두 남(의 불행)에 대해 차마 참지 못하는 마음을 가지고 있다[人皆有不忍人之心]. 선왕(先王)은 차마 참지 못하는 마음을 가지고 있기에 차마 참지 못하는 정치를 하게 되는 것이다. 차마 참지 못하는 마음으로 차마 참지 못하는 정치를 하면 천하의 다스림이 손바닥 위에서 움직이는 것과 같다.(『맹자』「공손추」)

차마 참지 못하는 마음, 즉 남의 불행이나 고통을 접하고서 차마 지금 그대로 머물러 있지 못하고 그 아픔을 함께하려는 마음이 인간

관계와 정치의 기본이라는 것이다.

차마 참지 못하는 마음을 요즘 언어로 하면 공감(empathy)이다. 타자의 입장에서 그 아픔을 함께하는 마음이다. 그 공감 속에서 자신과 타자는 하나가 된다. 물론 그저 마음에 머무는 감정만을 말하지 않는다. 측은지심은 실제로 달려가 우물에 빠지려는 어린아이를 급히 구해 내는 행위도 포함한다. 행위로 이어질 때, 아이를 구해 낼 수 있다. 그리고 그럴 때 구해 내는 이도 인간다운 인간이 된다.

그렇게 하다 보면 자기가 하려던 일을 못 하거나 늦어질지도 모른다. 그럼에도 불구하고 그렇게 함께 갈 때 그것이 인간됨의 기본을 구체화한다는 것이 유교적 메시지의 핵심이다. 웅거의 표현대로 하면, '탈고착화(disentrenchment)' 혹은 '부정의 능력(negative capability)'이라고 할 수 있겠다.* 인간을 고통스럽게 하는 위계적 현실을 넘어 그 고통으로 나아가려는 의지와 실제로 그렇게 할 수 있는 능력이라고도 해석할 수 있겠다. 종교인들이 세상을 넘는 방식도, 설령 다 같이 조금씩 가난해지더라도, 이웃과 자신 사이에 차별을 두지 않는 방식이어야 한다. 인간의 존엄성을 확보해 가는 방식이어야 한다. 어디 종교인뿐이겠는가. 그것은 원칙적으로 모든 이의 자세여야 한다.

---

* 로베르토 웅거, 앞의 책, 155~157쪽.

법적 법정과 양심의 법정

하지만 현실은 대체로 그 반대이다. 세월호 참사의 주범은 도처에 널려 있다. 해양경찰청은 물론 행정안전부, 해양수산부도 주범이고, 자신들은 '재난의 컨트롤타워가 아니라'고 강조하던 청와대도 예외일 수 없다. 차마 지금 그대로 머물러 있지 못하고 불행과 고통을 함께 하려는 마음이 왕이 따라야 할 정치의 기본이라고 맹자는 진작에 말했지만, 국민의 고통에 대해 책임 회피부터 하려는 정치인들의 자세는 공자의 언어로 하면 소인배(小人輩)의 전형이다. 이것이 참사를 만든다. 더 나아간다면 세월호 사건은 개인적으로는 눈물을 흘리며 도덕성을 추구하지만, 사회적으로까지 도덕성을 만들어 내지 못한 모든 이의 책임이기도 하다.

법적 책임은 특정인에게 물어야 하겠지만, 양심적 책임은 모든 이가 져야 한다. 특히 종교의 이름을 내세우고서도 사회적 불평등에 눈감아 온 이들의 양심적 책임은 비할 바 없이 더 크다. 인간이 양산하고 있는 각종 재난의 시대에 종교와 비종교인의 기준은 아픔에 대한 책임감의 크기와 실천력의 세기에 비례한다. 종교시설에서 정기 의례에 참여하는 것만으로는 더 이상 종교적 정체성을 확보하기 힘들어져 가는 세상이다. 진짜로 세상을 넘는[世越] 방식이 무엇인지 더 고민해야 하는 것이다.

13. 폭력이 왜 권력이 되는가

: 국가와 주권

"국가란 정당한 물리적 폭력 행사의 독점을

실효적으로 요구하는 인간 공동체이다."

(막스 베버, 『직업으로서의 정치』, 나남, 2007, 9쪽)

주권이라는 모호한 말

'세월호 사건'은 물론 더 거슬러 올라가면 만나는 '사대강 사업'과 같은 것을 보며 자꾸 생각하게 하는 주제 가운데 하나는 "국가란 무엇인가?", 좀 더 좁혀 "주권이란 무엇인가?"이다. 근대국가라는 것이 영토와 국민과 주권으로 구성된다고 할 때, 특히 '주권(sovereignty)' 개념이 중요하다. 이것을 잘 파악해야 국가도 이해되겠기 때문이다.

국어사전에서는 정치학적 해설을 반영하여 '주권(主權)'을 '국가의 의사를 최종적으로 결정하는 권력'이라고 해설하고 있다. 그런데 이러한 권력은 어디서 어떻게 생겨나 성립된 것일까? 이러한 질문에 대답하고자 할 때 가장 진지하게 맞닥뜨리게 되는 주제는 '폭력'이다. 국가와 주권을 묻기 전에 먼저 물어야 할 것은 폭력의 문제이다. 폭력을 물어야 국가의 본질이 좀 더 분명해진다는 것이다. 압도적 폭력이 다른 폭력을 이기고 그 폭력이 정당화되는 과정에 국가가 성립된 것이기 때문이다. 위에서 보았듯이, 막스 베버(Max Weber)도 국가를 '정당한 물리적 폭력 행사의 독점을 실효적으로 요구하는 인간 공동체'라고 규정했다.

폭력이 권력이 되다

물론 폭력의 독점을 요구한다지만, 아무 때나 누구에게나 주먹질을 한다는 뜻은 아니다. 좀 더 엄밀하게 이야기하건대, 폭력 자체가 아니라 폭력이 행사될 '가능성'의 영역 안에 있는 이들이 그 폭력에 대해 묵인, 동의, 복종하면서 폭력이 정당해지고, 그 폭력의 가능성이 조직적이고 집단적으로 적용되면서 국가가 형성된다는 것이다.

그리고 그때부터 폭력은 권력으로 작동한다. 푸코(M. Foucault)는 폭력을 행사할지도 모른다는 협박만으로도 그 대상을 복종시킬 수 있는 능력을 '권력'이라고 규정했다. 국민이 폭력의 가능성을 내면화하고 그에 동의하면서 권력이 성립된다는 말이다. 폭력은 그렇게 권력이 되면서 더 은밀하고 공고하게 구조화된다. 하지만 그 행사 가능성에 대해 국민이 동의했기에, 폭력은 구조적으로 작동하면서도 외형적으로는 베일에 가려진다. 울리히 벡은 이렇게 말했다. "강력한 국가는 궁극적으로 폭력을 독점했기 때문이 아니라 시민들이 '자발적으로 복종'했기 때문에 강력한 것이다. 국가가 강한 것은 시민들이 애초부터 국가의 권력 질서에 동의하여 그 권력 질서에 갇히는 길을 자초했기 때문이다."*

세금이라는 포획 장치

이러한 권력은 자신 안에 법을 끌어들인다. 법이 법으로 규정되면서 다시 권력이 정당화된다. 그러면서 법 자신도 정당화된다. 발터 벤야민이 폭력을 '법규정적 폭력'과 '법유지적 폭력'으로 구분한 바 있는데, 법을 만들고 법을 유지시켜 나가는 것도 폭력이라는 말이다. 그러나 국민이 승인한 폭력, 즉 권력이다. 그래서 합법적이다.

여기서 도출되는 자연스러운 결론은 권력의 목적이 권력 자신에

---

* 울리히 벡, 홍찬숙 옮김, 『자기만의 신: 우리에게 아직 신이 존재할 수 있는가』, 서울: 길, 2013, 201쪽.

있다는 것이다. 권력이 스스로를 유지하기 위해 스스로의 힘을 강화해 나간다. 그 최상의 방법은 자신의 부를 축적하는 것이다. 권력은 합법적으로 부를 축적하기 위해 세금을 징수한다. 동의를 통해 폭력을 권력으로 바꾸어 준 국민은 권력이 요구하는 세금을 낸다. 만일 세금을 내지 않으면 처벌을 받는다. 내기 싫더라도 처벌을 피하려면 세금을 내야 한다.

물론 세금의 일부는 국민에게 돌아온다. 권력은 세금을 징수해 국민에게 재분배한다. 하지만 세금의 재분배 자체가 권력의 목적은 아니다. 더 근본적인 목적은 재분배를 통해 권력이 자기를 유지하는 것이다. 권력을 유지시키고 강화시키려면 더 많은 세금을 징수해야 한다. 그러려면 국민이 더 많은 세금을 낼 수 있도록 소득을 높여 주어야 한다. 국가는 국민의 소득을 증대시키기 위해 경제정책을 입안한다. 그렇게 해서 국민의 수입이 늘면 국가의 세수도 는다. 세수가 늘면 그만큼 권력이 강화된다. 그래서 권력은 자신을 위해 국민에게 끝없이 경제성장을 주문한다. 치열한 경쟁으로 더 많은 자본을 확보하게 하려는 신자유주의 정책의 배경에도 그 정책을 통해 사실상 권력을 확보하고 확장시키려는 깊은 의도가 전제되어 있다. 축구 선수가 열심히 축구 경기를 하면 할수록 축구의 규칙이 더욱 정당화되듯이, 국민이 세금을 내면서 자연스럽게 강화되는 것은 권력이다. 들뢰즈는 국가의 이러한 세금 징수 시스템을 '포획 장치'라고 명명한 바 있다. 국가는 그러한 포획 장치를 폭력이 아니라 정당한 권리로 여기고 선전하면서 출현하고 성립되기 때문이다.

가장 차디찬 괴물

권력이 국민의 안전을 약속하는 궁극 목적도 권력 자신에 있다. '행정안전부'를 '안전행정부'로 바꾸고 '국민안전처'를 신설＊하는 이유는 오롯이 국민의 안전을 확보하기 위해서라기보다는—그런 의도를 완전히 부정할 수는 없겠다—권력이 국민의 안전을 위해 움직이고 있다는 사실을 보여주려는 속셈이 더 크다. 어떻든 안전을 보장해 준다는 사실이 가능한 한 확실해야 국민이 동의하고 세금을 납부하며, 그래야 최종적으로는 자신이 정당해지기 때문이다. 국민의 안전은 사실상 부차적이다. 내적 목적은 권력의 자기 유지이다. '조폭'이 상권을 보호해 준다며 대가를 요구하지만, 그 목적은 결국 조폭의 생존과 유지에 있는 것과 구조상 과히 다르지 않다.

이렇게 권력의 목적은 권력 자신에 있다. 권력이 스스로를 삭제해 가며 국민을 위하는 것을 본 적이 있는가? 국민을 위해서라도 권력은

＊ 2013년 3월23일 행정안전부를 안전행정부로 개편했다가 세월호 사건이 발생한 뒤 2014년 11월 19일에 행정자치부, 국민안전처, 인사혁신처로 분리하면서 안전을 내세웠다. 그러다가 2017년 7월 25일 다시 행정안전부로 통합되었다.

유지되어야 한다고 보는 것이 권력이다. 세월호 사건에서 보듯이, 목적이 국민에 있지 않기에 정말로 국민을 위한 국민적인 일에는 서툴 수밖에 없는 것이 권력의 속성이다. 니체(F. Nietzsche)가 "차디찬 괴물 중에서도 가장 찬 것을 국가라고 부른다. 그것은 또한 차디차게 거짓 말을 한다."고 비유적으로 말한 것은 과장만은 아니다.

국가를 넘어

그러니 어쩌란 말인가. 결론은 명백하다. 국가 없이도 안전할 수 있고 평화로울 수 있는 힘을 키워 가야 한다. 무엇보다 어려워도 흔들리지 않을 내면의 힘을 키워야 한다. 그 방향을 잘 잡기 위해서라도 국가라는 것을 다시 물어야 한다. 이른바 대의민주주의를 통해 상향적으로 집중해 낸 중심의 거대 권력을 다시 하향적으로 분산시켜 주변의 여러 작은 권력들로 분화시켜야 한다. 그러면서 더 작은 권력들의 유기적 연결 고리를 확보해야 한다. 거대한 주권을 작은 주권들의 관계망으로 재구성해 내야 한다. 니체는 말했다. "국가가 소멸하는 그곳을 형제들이여 바라보라! 그대들은 무지개와 초인의 다리를

---

* 니이체, 정경석 옮김, 『짜라투스트라는 이렇게 말했다』, 서울: 삼성출판사, 1985, 69쪽.

바라보지 않겠느냐?"

물론 대번에 분권(分權)이 이루어질 수는 없을 것이다. 대의민주주의를 갑자기 바꿀 수도 없는 노릇일 것이다. 국가가 갑자기 소멸할수도 없을 것이다. 그럼에도 불구하고 웅거(Roberto M. Unger)가 강조하였듯이, 인간에게는 '부정의 능력(negative capability)'이 있다. 고정된관점이나 사전에 형성된 체계 혹은 맥락에 안주하지 않고, 그것을 거부하고 초월하는 능력이 있다는 것이다. 부정의 능력이란 기존 흐름을 거부하고 새로운 흐름을 만들어가는 능력이다. 그러려면 역사를하나의 단계적 법칙처럼 이해하는 마르크스주의에 머물러서도 안 되고, 기존 질서에 대한 저항력을 간과하는 실증적 사회과학의 한계도넘어서야 한다.

이런 맥락에서 웅거는 구조 안에서 구조를 개혁하는 제도를 만들어 내고, 시민의 자원과 능력을 고양시키며, 사회민주주의를 분권화한 형태로 다변화할 수 있다고 주장했다. 소유 개념도 바꿔서, 신자유주의와 사회민주주의에 대한 경제적이고 정치적인 대안으로서 '강화된 민주주의(empowered democracy)'를 이룰 수 있다는 것이다. 이것은 자유 안에서 자유를 넘어서는 '초자유주의'이기도 하다. 사회주의적이되, 국가 안에 함몰되는 사회주의가 아닌, '비국가적 사회주의'를

---

* 니이체, 앞의 책, 71~72쪽.

이루어야 한다는 것이다.* 물론 말처럼 쉽사리 될 수 있는 일은 아닐 것이다. 그럼에도 불구하고 그런 희망마저 포기해서는 안 될 것이다. 이런 희망을 가지고 국가라는 구조화된 폭력, 원치 않게 긍정된 권력의 본질을 성찰하고, 작은 권력들의 유기체를 만들어 가야 한다. '초인의 다리'를 건너는 상상을 계속 해야 하는 것이다.

---

* 로베르토 웅거, 김정오 옮김, 『정치: 운명을 거스르는 이론』, 파주: 창비, 2015의 서문(19-39쪽)과 역자해제(702-718쪽)의 요약이다.

14. 왜 정치인은 국민을 파는가
: 정치와 종교의 모순들

"진실은 외부에, 우리가 하는 행동 속에 있다."

(슬라보예 지젝, 『폭력이란 무엇인가』, 난장이, 2011, 83쪽)

국민은 나의 욕망

정치인과 종교인 사이에는 공통점이 있다. 그것은 정치인은 국민의 뜻을 받든다 하고, 종교인은 하늘의 뜻에 따른다고 하는 '형식'이 유사하다는 것이다. 자신보다는 국민과 하늘을 앞세우는 듯한 모습에서 이들은 참 닮았다.

그러면 그 받들고 따르는 '내용'은 어떨까? 국민과 하늘이란 서로 다른 개념인 것 같지만, 실상 그렇지만은 않다. 국가론과 종교론을 나름 세심하게 들여다보고 내린 결론 중의 하나는 국민의 뜻과 하늘의 뜻 운운하는 언어는 외견상 다른 듯해도, 정말로 받들고 따르는 것은 사실상 자기의 '욕망'인 경우가 허다하다는 것이다. '받든다'는 미명하에 사실상 그 이름을 '팔아' 자신의 욕망을 채우고자 할 때가 많다면 그저 억측일까? 행여 '욕망'이라는 원초적인 표현이 거슬린다면, 그저 '자신의 뜻'이라고 해도 좋다. 국민/하늘의 뜻이라지만, 그 내용으로 들어가면, 사실상 자신의 뜻일 때가 태반이다. 흔히 자신의 뜻을 정당화하기 위해, 자기 뜻의 보편성을 확보하기 위해 자신 아닌 것을 가져오는데, 그것이 자신을 자신 되게 해 주는 근거, 정치와 종교의 용어로 말하면, 국민과 하늘인 것이다.

물론 이것이 모든 이에게 해당되는 사실은 아닐 테고, 모든 이가 의도적으로 그렇게 하는 것만도 아닐 것이다. 그러나 비록 의도적으로는 아니더라도, 적어도 자신의 뜻과 하늘의 뜻을 혼동하고 있다는 사실만큼은 부정할 수 없다. 그렇지 않고서야 받들어져야 할 국민이 무시되는 일은 왜 벌어지며, 저마다 하늘의 뜻을 따른다면서 종교인들의 아집과 종교 간 갈등이 어찌 이리 끝없을 수 있겠는가.

나의 뜻이 국민의 뜻인가

자기의 뜻과 국민/하늘의 뜻은 구별될 수 있을까? 있다. 국민의 뜻을 '받드는' 것인지, 하늘의 이름을 '파는' 것인지 구별할 수 있는 기준과 증거가 있다. 정말 국민의 뜻을 받들려면, 정말 하늘의 뜻을 받들려면, 그렇게 받드는 주체의 뜻은 스스로 발아래 내려놓고, 욕망은 깨끗이 비워야 한다. 물론 국민의 입장과 기대치도 다양하니, 정치가 모든 국민을 만족시킨다는 것은 불가능한 일이다. 당연히 국민의 삶이 가능한 한 평등해질 수 있는 정책을 시도해야 할 것이다.

하지만 국민의 이름을 팔되, 결국 정치적 권력을 유지시키거나 강화시켜 줄 수단으로 이용하려 한다면 어느 틈에 국민이 먼저 안다. 그런 정책은 별 효과를 내지 못한다. 국회의원이 자신의 기득권을 내려놓지 않으면서 국민의 권리를 제한하는 법을 만들려 한다면, 설령 그것이 사회 질서를 명분으로 내세운 것이라 해도 국민의 저항을 받게 된다. 국민에게 책임과 의무를 더 지우려면 대통령과 장관의 책임과 의무도 그 이상으로 부과해야 한다.

'하늘'이라는 거대한 뜻을 따르려는 사람은 더욱더 자신의 욕망이나 이기주의, 자기 집단 중심주의 같은 것을 내려놓아야 한다. 그것이 하늘의 뜻을 따르는 가장 솔직한 길이다. 물론 그렇게 내려놓고 비운다면, 실제로 자기 삶에 손해가 생길 가능성도 그만큼 커질 것이다. 그렇지만 정말 내려놓고 비운 사람이라면 그러한 손해는 기꺼이 감수할 수 있을 것이다. 설령 손해가 발생하더라도 기꺼이 자연스런 일로 받아들이게 되는 것이다. 그것이 국민의 뜻을 받들고, 하늘의 뜻에 따르는 길이다.

국민과 하늘의 뜻을 받든다면서, 그 실제 목적과 결과가 자기 이익의 확대 쪽으로 나타난다면 그것은 분명 욕망의 증거이다. 물론 의도하지 않았던 권력이 주어질 수도 있고, 뜻밖에 재물이 생길 수도 있다. 그런 의외의 가능성을 원천적으로 배제할 수는 없다. 하지만 국민의 뜻을 받든다면서 결국 자신의 권력을 강화하려 하고, 하늘의 뜻에 따른다면서도 금력도 유지하고자 한다면, 그것은 단연코 국민/하늘의 뜻을 받드는 것이 아니다. 이것은 단순한 듯 분명한 사실이자 원리이다.

물론 정치인이 국민의 뜻을 실제로 받들 수 있다. 하지만 그때의 국민은 극히 일부이거나, 자신의 뜻이나 욕망을 정당화하도록 자의적으로 해석된 국민일 때가 더 많다는 사실을 우리는 지속적으로 경험해 왔다. 2008년 9월 개정된 국가정보원의 원훈은 '자유와 진리를 향한 무명(無名)의 헌신'이었다. 말만으로는 참 멋지지만, 이때의 자유와 진리도 누구의 자유이고 어떤 진리인지 생각해 보면, 결국 헌신하겠다는 이들을 위한 자유이고 진리이다. 모든 이를 위한 자유와 진리가 아니다. 2016년 6월에는 "소리 없는 헌신, 오직 대한민국 수호와 영광을 위하여"라고 원훈을 변경했다. 변경해도 마찬가지이다. 수호하고자 하는 대한민국이 무엇인지는 결국 해석하기 나름이기 때문이다. 나아가 '소리 없음'이라는 은밀성 안에 폭력성이라는 발톱을 감추고 있을 때도 많다. 1961년 중앙정보부라는 이름으로 시작하면서는 '우리는 음지에서 일하고 양지를 지향한다'는 모토를 내세웠는데, 이 '음지에서 일한다'는 말의 폭력성을 우리가 얼마나 많이 경험했던가.

종교인이 하늘의 뜻을 따를 수 있지만, 그때의 하늘 역시 자신의 욕망을 정당화해 주도록 투사된 하늘일 때가 더 많다. 하늘 자체가 아닌, 자신의 뜻에 맞게 해석된 하늘이라는 사실을 더 많은 사람들이 경험적으로 느낀다.

양심도 거짓일 수 있다

자신의 욕망에 맞음 직한 일부 국민의 뜻을 전체 국민의 뜻이 되도록 조작하기 위해 정치인이 손대고 싶어 하는 분야가 언론이다. 정치인은 자신의 이익을 위해 기본적으로 언론을 통제하고 싶어 한다. 그래서 실제로 세계적 추세 운운하며 이른바 코드가 맞는 미디어 재벌을 탄생시켜서 결국은 자신의 권력을 유지하고 확대하려는 시도를 벌이기도 한다. 2009년 7월 국회의 법 제정에 따라 이른바 '종합편성채널'이 등장하게 된 배경도 이런 정치적 속내로부터 자유롭지 못하다.

종교인은 자신의 욕망을 하늘의 뜻이라며 정당화하기 위해 자신의 욕망에 어울리는 경전의 구절을 본래 맥락과 관계없이 뽑아 내세운다. 경전에 그렇게 쓰여 있다고 주장함으로써 하늘의 뜻을 자신 안에 가두고, 결국은 자신을 정당화한다. 하늘의 이름으로 다른 종교와 문화권 사람들을 배타하고 정죄하면서 스스로 하늘의 자리에 오르려고 시도하는 것이다.

그런 식으로 국민의 이름을 팔아 자신의 자리를 정당화하고, 하늘의 이름으로 전쟁까지 벌인다. 이러한 엄청난 착각도 오래 습관이 되다 보니, 양심의 가책도 받지 않는다. 가책을 받을 양심조차 실종되었달까. 아니면 두터운 무지로 인해 전혀 볼 수 없게 된 것이랄까.

슬라보예 지젝이 양심조차 거짓일 수 있다고 한 적이 있는데, 이것은 국민의 이름을 내세우고 하늘의 이름을 팔아 자신의 위치를 공고히 하려는 데서 잘 볼 수 있다. 설령 의도적으로 파는 것은 아니더라도, 그 결과가 자신의 기득권을 유지하는 것으로 나타난다면 국민을 내세우는 행위가 거짓이라는 증거이다.

물론 모든 정치인과 종교인이 다 그러는 것은 아닐 것이다. '이름 없이 빛도 없이' 사람과 하늘을 받드는 이들도 도처에 많겠기 때문이다. 그나마 사회와 세계가 이 정도로 돌아가는 것은 이런 이들 때문일 것이다. 입으로 내세우는 진리가 아니라 몸으로 만들고 느껴 가는 평화가 인류를 구원할 것이다. 그런 점에서 "평화가 진리를 얼마나 대신할 수 있느냐에 따라서 인류의 존속이 결정된다."는 울리히 벡의

---

* 울리히 벡, 홍찬숙 옮김, 『자기만의 신: 우리에게 아직 신이 존재할 수 있는가』, 서울: 길, 2013, 225쪽.

표현은 정당하다.

자기만의 유지와 확장을 위해 애쓰는 그런 정치와 종교는 언제쯤 우리 삶의 무대에서 퇴장할 수 있을까? 국민의 이름으로 국민을 소외시키고, 하늘의 이름으로 하늘을 가리는 모순이 언제쯤 사라질 수 있을까? 평화를 방해하는 주범이 평화를 내세우는 곳에 있을 수 있다는 역설을 두 눈 부릅뜨고 인식하고 비판하면서 아래로부터 연대하는 세력이 확장될 때, 정치와 종교의 이름으로 행해지는 비종교적, 반정치적 모순도 폭로되고 신기루처럼 점차 사라져 가게 될 것이다.

15. 권위는 누가 주는가
: 대통령이라는 거대한 호칭

폭력은 공간을 장악할 수는 있지만, 공간을 창출해낼 수는 없는 것이다.

(한병철, 『권력이란 무엇인가』, 문학과 지성사, 2016, 132쪽)

한국 정치의 최고 책임자를 대통령(大統領)이라고 부른다. 이 말을 듣고 쓸 때마다 불편하다. 침이 튈 만큼 발음도 세지만, 무엇보다 위계적이고 권위적인 언어기에 그렇다. 같은 한자문화권인 중국도 일본도 쓰지 않고 한국에서만 통용되는 이상한 언어다. 어쩌다 한국에서는 '크게(大) 거느리고(統) 다스린다(領)'는 의미를 지닌 어마어마한 호칭을 사용하게 되었을까.

크게 거느리고 다스린다?

이 말은 본래 19세기 중반 에도시대 말기에 일본에 통상을 요구했던 미국이라는 나라의 President, 즉 '아메리카 연합국가(the United States of America)'의 지도자를 일컫는 말로 일본에서 위압감을 가지고 조어해냈던 말이다. 가령 "일미수호통상조약(日米修好通商条約, 1858)"에 "아메리카합중국대통령(亞米利加合衆國大統領)"이라는 용어가 등장하는데, 이때 大統領(다이토료)은 서양식 행정부 최고 지도자에 붙여진 President의 일본식 번역어인 것이다.

당시 신사유람단의 일원이었던 이헌영의 여행보고서 「일사집략」(日槎集略, 1881)에 "신문을 보니 국왕을 지칭하는 미국의 대통령이 총에 맞아 상해를 입었다더라(新聞紙見 米國大統領卽國王之稱被銃見害云)"는 표현이 나온다. 미국의 大統領을 국왕에 해당하는 지도자로 인식하고 있었다는 뜻이다.

물론 당시 한국에서 大統領은 익숙한 용어가 전혀 아니었다. 가령 "조미수호통상조약(朝美修好通商條約, 1882)"에서는 '프레지던트'를 중국에서 음역한대로 "伯理璽天德(백리새천덕)"이라 표기하고 있다. "伯理璽天德"이 미국의 President는 물론 서양식 국왕의 의미로 한동안 쓰였던 것이다. 그러다가 점차 미국이나 서양의 최고 지도자를 일본식 번역을 따라 大統領이라 표기하게 되었다. 大統領이라는 표현은 『조선왕조실록』에도 등장하고, 고종이 미국의 최고 지도사를 大統領으로 인식했다는 『승정원일기』의 기록도 몇 차례 나온다. 그러다가 3.1운동 이후 大統領이라는 말이 점차 세간에서 사용되기 시작했다.

이승만이 '대통령'을 선호하다

1919년 3.1운동 직후 국내외에서 노령임시정부, 상해임시정부, 한성임시정부 등 7개 정도의 임시정부가 설립되었다.* 이 가운데 이른바 '한성임시정부'에서는 미국에서 활동하던 이승만을 집단지도체제의 지도자인 '집정관총재(執政官總裁)'로 선출했다. 이승만은 한성정부의 국호를 '대한공화국'으로 명명하고, 미국에서 활동하면서 자신의 직함을 대한공화국의 President로 소개하며 여러 나라에 알렸다.

여러 임시정부들 간 통합의 필요성이 커지자, 안창호가 나서서 상해의 '대한민국임시정부', 노령(연해주)의 '대한국민의회', 한성의 '대한공화국 임시정부' 등의 통합을 시도했다. 그 과정에 직제상 실질적 대표성을 인정받을만 했고 당시 해외에도 더 알려진 '대한공화국 임시정부'의 직제를 중심으로 하되, 지역은 상해로 하는 통합 임시정부가

---

* 1919년 3월 17일 노령(러시아 원동 지역과 시베리아 일대)에서 공포된 '대한국민의회'가 3.1운동 직후 출범한 최초의 임시정부이다. 의장은 문창범, 부의장 김철훈, 서기 오창환, 선전부장(군무부장) 이동휘, 외교부장 최재형, 재무부장은 한명세였다. 그리고 4월 13일에는 상해에서 이승만을 국무총리로 하는 다른 임시정부(대한민국임시정부)가 출범했고, 4월 23일에는 한성에서 또다른 임시정부가 출범하였다. 이른바 한성정부이다. 여기서는 이승만을 집정관총재로, 이동휘를 국무총리총재로 선출했다. 로마공화정 당시 행정과 군사를 맡아보던 직책에서 연원한 '집정관'은 정권[政]을 잡은[執] 관리[官]라는 뜻이고, '총재'는 전체[總]를 헤아려 판단한다[裁]는 뜻이다. 국무총리총재가 오늘날의 국무총리에 해당한다면, 집정관총재는 그 밖의 여러 부서까지 총괄한다는 의미에서 오늘날의 대통령에 해당한다고 할 수 있다.

1919년 9월 11일 상해에서 출범했다. 우리가 흔히 말하는 상해임시정부이다.[*]

초기 상해임시정부에서는 '국무총리'였고, 한성정부에서는 '집정관총재'였던 이승만은 해외에서 자신을 소개할 때 영어 President를 사용했는데, 그는 통합 임시정부 출범과 함께 이에 대한 한국어 표기로 '대통령'을 선호했다. 그의 영향력 아래에서 '대통령'이 통합 상해임시정부 수반의 공식 이름이 되었다. 이승만은 임시정부의 정치체제를 미국식 대통령제로 몰아갔고, 이런 분위기에서 남한 단독정부 체제도 대통령 중심제로 굳어졌다.

의장 또는 주석

문제는 우리말 '대통령'이라는 말이 President의 의미와 취지와는 잘 어울리지 않는다는 데 있다. 본래 President는 영국 옥스퍼드나 케임브리지대학 위원회의 위원장인 presiding officer에 기원을 두는 말이라고 한다. 케임브리지 출신으로서 하버드 대학의 head였던 헨리 던스터(Henry Dunster)가 자신을 하버드의 President로 규정하면

---

[*] 통합 상해임시정부는 9월 11일에 출범했지만, '대한민국'이 1919년 4월 13일에 출범했다고 보는 것은 초기 상해임시정부가 '대한민국'이라는 국호를 처음 사용했기 때문이다.

서 이 용어가 미국 대학가에서 쓰이기 시작했고, 그 뒤에는 아메리카대륙의 13개 영국 식민지역 대표 55인이 결성한 대륙의회 대표를 President라고 부르면서 미국의 정치적 언어가 되었다. President는 일종의 회의체 구성원들이 의회 대표를 아래로부터 선출해 만든 자리에 붙여진 이름이라고 할 수 있다. 일종의 '의장(議長)'이었던 셈이다.

그런데 President의 번역어로 일본에서 최초로 조어된 大統領은 수직적 위계질서가 담긴 하향적 언어이다. 일본에서 무사의 우두머리를 의미하는 '統領(토료)'라는 군사용어가 있기도 했지만, 어쩌면 일본인의 눈에 여러 나라 넓은 지역을 다스리는 큰 지도자라는 위압감이 더 크게 작용했을지도 모를 일이다. 어떻든 大統領은 위에서 아래를 다스린다는 의미와 행위가 중첩된 권력적 언어인 것이다.

그렇지만 미국과 정치제도가 달랐던 일본 정치에서는 적용된 적이 없던 직함이다. 중국에서도 19세기 중반 President의 번역어로 '총통(總統)', '총통령(總統領)' 등이 쓰였지만, 이 역시 중국 정치에는 적용되지 않았다. 현재 대만에서 '총통(總統, 총괄하여 다스림)'이라는 직제와 명칭을 이어가고 있기는 하지만 말이다.

사회주의 국가인 중국이나 북한에서 쓰는 '주석(主席)'이 용어상으로는 민주적이다. 영어 President에도 더 잘 어울린다. 이들 명칭에 비해 '대'통령은 통치의 양적인 측면이 더 부각된 언어이자, 아래로부터의 민주적 정신에는 어울리지 않는 권위적인 호칭이다. 더 비판적으로 보면, 큰 나라에 대한 일종의 자발적 사대(事大)가 반영되었다고 해도 틀리지 않을 말, 정작 그 말을 만든 나라에서는 사용한 적이 없는데, 누군가의 권력욕을 반영하며 한국에서만 두고두고 사용되는 대단히 권위적인 말이다. 언제까지 이런 호칭을 사용해야 할까.

너무나 권위적인 호칭

과연 대통령이라는 호칭을 바꿀 수 있을까. 요사이 직접민주주의의 일환으로 민회(民會) 운동이 점차 활발해지고 있다. 민회는 시민이 개인들의 주권을 확보하고 정치 사회적 문제를 스스로 해결하기 위한 자발적 결사체라고 할 수 있다. 주권을 특정인에게 몰아주어 권력을 확대하고 정당화시키는 대의정치(代議政治) 체제가 아니라, 분권과 자치에 기반한 민간 주도의 사회 개조 운동이기도 하다. 만일 민회가 거국적으로 이루어질 경우 거기에도 최고 책임자(권력자가 아니라!)가 있기는 해야 할 텐데, 그 책임자를 민회의 장, 그런 의미의 민장(民長)이라 불러볼 수 있지 않을까. 이때의 '민장'은 개인의 주권을 온전히 보장한 직접민주주의 체제의 유지에 책임이 큰 사람일 것이다. '장'(長)에 담긴 권위성이 부담스럽다면 더 민주적이고 민중적인 명칭도 생각해 볼 일이다. 한자 그대로 그저 '대표(代表)'라고 불러도 좋을 일이다.

그저 대표하는 호칭일 수 없을까

앞으로 시민이나 민중 위에 군림하지 않고 말 그대로 그저 '대표(代表)'할 수 있는 대통령이 나올 수 있을까. '대통령'이라는 명칭이 사라지고, '민장'처럼 비교적 소박하고 진솔한 직함이 통용되는 날이 올까. 오늘날 느끼는 '大統領'과 같은 험한 언어를 진솔하고 민주적인 직책과 연결짓는 상상 자체가 도리어 시민과 민중의 대표에 대한 모독이 되는 것은 아닐까. 그렇더라도 최소한 이름이라도 달리 쓰게 되면, 권위적인 언어로 인해 무의식적으로 갖게 되는 권력욕이라도 줄일 수 있게 되지는 않을까.

참고문헌
송민, "대통령의 출현", 『새국어생활』(제10권 제4호), 2000년 겨울.
정병준, 『우남 이승만 연구』, 역사비평사, 2005.

16. 서로 주면 무슨 일이 벌어질까
: 증여론

> "국가를 형성한다는 것은 단순한 폭력이 아니다.
> 그것은 복종하면 보호해준다는 형태의 '교환'이다."
>
> (가라타니 고진, 『유동론』, 도서출판b, 2019, 191쪽)

교환에서 증여로

정치경제학에서 '교환가치(exchange value)'니 '사용가치(use value)'니 하는 말을 한다. 교환가치는 일정한 비율로 교환되는 상품들 간의 속성이다. 배추 한 포기와 과자 한 봉지를 바꾼다면, 배추 한 포기의 교환가치는 과자 한 봉지 정도에 해당한다. 한 시간 노동한 대가로 만 원을 받는다면 노동의 '사용가치'가 만 원이라는 뜻이다. '교환가치'는 대등하게 계량화한 주고받기로 나타나고, '사용가치'는 내심 더 많은 것을 받으려는 전략적 시도로 이어진다. 가치를 더 많이 확보할수록 부를 더 축적하게 된다.

인류학자 마르셀 모스는 여기서 한 걸음 더 나아가는 상상을 하게 해주었다. 그는 원시 부족사회의 포틀래치(증여행위)를 연구한 『증여론』이라는 명작을 남겼다. 이 책에 의하면 교환은 증여(gift)로부터 이루어진다. 누군가 증여하면, 받은 만큼, 아니 받은 것 이상으로 내어줌으로써 자신의 사회적 위치가 규정된다. 모든 교환행위는 증여로부터 시작되고 성립된다는 것이다.

이때 주고받기는 단순히 물질적 관계에만 머물지 않는다. 그것은 사회적 명예와 지위의 문제이기도 하다. 나아가 영적(spiritual) 차원까지 교감하는 행위이다. 누군가로부터 무언가를 받았다면 받은 것 이상으로 상대방에게 갚는 행위가 상호 순환하면서 사회가 운영된다. 받기와 갚기가 순환할 때 차별과 불평등은 줄어들거나 사라진다. 증여가 한 사회를 운영하는 근본 조건이 된다는 것이다.

유목적 유동성

가라타니 고진은 모스의 증여론을 '호수성'(互酬性, 서로 갚음)이라는 말로 표현했다. 그는 최근작 『유동론』에서 호수성이 특정인의 과도한 축적과 그로 인한 차별을 극복하는 동력이라고 말한다. 프로이트의 생각을 빌려오면서, 호수성은 재물과 힘의 불균형을 정당화하는 '국가라는 원부(元父)'를 살해하는 과정이라고 본다. 증여와 수중이라는 교환양식은 물건을 축적하며 사는 인간의 정주 생활에서 생겨났지만, 정주 생활이 낳은 계급과 차별로부터 벗어나게 해주는 삶의 방식이기도 하다. 호수성은 그저 계량화된 계약 관계에 따라서만 살지 않는 인간의 원초적 지향성을 보여준다. 가라타니는 이것을 '유목적 유동성'이라고 말한다.

다소 종교적 언어로 하면, 증여는 '초월'의 세계, 특정 권력을 넘어서는 '보편종교'를 열어주는 동력이다. 가라타니에 의하면 주고, 받고, 갚는 관계의 지속은 근대 국민국가 체계를 극복할 뿐만 아니라, 신자유주의가 낳은 자본 중심의 '세계제국'을 넘어 자유와 평등이라는 원천 관계를 고차원적으로 회복시킨다. 증여론에 담긴 호수성은 과거의 원시 부족에게만 나타나는 특정 사례가 아니라 앞으로 도래할, 아니 도래시켜야 할 '오래된 미래'이다.

오래된 새로움

그런데 이런 사유가 딱히 새로운 것은 아니다. 선입견 없이 보면, 수천 년 이상 된 불교나 기독교 같은 종교의 메시지도 이런 사실을 잘 보여준다. 세상은 인간이 만든 것이 아니라 그냥 그렇게 주어져 있다. 누구든 거저 받은 데서 삶이 시작된다. 기독교에서는 이것을 신의 은총 혹은 선물이라 말한다. 그렇기에 인간도 주면서 살아야 한다는 것이 종교 윤리이다. 거저 받았으니 거저 주기, 이것이 자연 혹은 신적 원리에 어울리는 삶이라는 것이다. 졸저 『인간은 신의 암호』에서 이러한 은총의 원리와 윤리를 신학적으로 정리한 바 있다.

인류의 문제는 주어져 있는 것을 저마다 소유하려고만 하는 데서 발생한다. 사용가치를 높이기 위한 부의 축적 경쟁에서 승패가 나뉘고 차별과 아픔으로 이어진다. 이를 극복하는 길은 먼저 '주기'이다. 그리고 그만큼, 아니 그 이상 '갚기'이다. 주기와 그 이상의 갚기가 순환하는 곳에서는 재물이 특정인이나 세력에 쏠리지 않는다. 모스의 '증여론'이 이것을 생생하게 보여주고 있다.

북한에게 먼저 주면 안 될까? 난민을 더 수용하면 안 될까? 검찰은 수사권을 내려놓으면 안 될까? 서울 '광역시' 정도로 바꾸면 안 될까? 증여론, 호수성과 같은 언어를 접하다 보면 갖은 생각이 다 떠오른다. 현실이라는 이유로 체념하고, 종교의 이름으로 배제하고, 외연을 확장한다며 내면을 파괴하고, 나를 위해 남을 몰아내고, 온갖 차별, 소외, 억압, 갈등이 지속되고... 이런 폭력을 언제까지 지속시켜야 할까. 주고, 받고, 갚고, 주고, 받고, 갚는... '서로 갚기'의 순환 고리를 만들 수는 없는 것일까. 누구든지 원래 받은 데서 시작하는 데 말이다.

17. 나도 때론 정치하고 싶다
: 함께 느리게

"종교란 수백 년 동안 거대한 초국적 장벽 쌓기 또는 허물기를

전문적으로 수행한 건설 재벌이다."

(울리히 벡, 『자기만의 신』, 길, 2013, 224쪽)

생명이 종(宗)이고 평화가 교(敎)이다

내가 학문의 길로 들어선 이래 가장 오랫동안 해온 공부는 종교학
이다. 종교 공부를 해 오면서 확신하게 된 것 중 하나는 종교의 핵심
은 결국 생명과 평화라는 사실이었다. 다양한 종교, 무수한 교리들이
있지만, 결국 종교는 생명과 평화로 수렴된다는 것이고 또 수렴되어
야 한다는 것이었다. 종교는 몸으로 생명을 살리느냐 죽이느냐의 문
제이지, 머리로 교리를 아느냐 모르느냐의 문제가 아니다. 종교의 핵

심은 평화를 이루느냐 폭력을 방조하느냐의 문제이지, 특정 시설에서 벌어지는 의례에 참석하느냐 아니냐의 차원이 아니다. 생명이 근본[宗]이라면 평화가 그 구체화[敎]이다.

물론 종교계 현실은 이러한 기준과 다르게 돌아간다. 처음에는 제아무리 생명과 평화를 중시하는 이들이 종교적 흐름을 형성하였더라도, 그 흐름이 제도화하고 나면, 제도를 유지하기 위해 사람으로 하여금 제도에 맞추도록 유도하게 된다. 종교들이 넘쳐나는데 죽임도 넘쳐나는 이유는 제도를 앞세우는 이러한 모순에서 비롯된다.

초국적 장벽 쌓기

종교의 제도를 종교 자체로 착각하는 이들은 자신의 제도를 중심으로 편을 가르기 일쑤이다. 구원의 교리를 말하는 사람은 많지만, 자기 제도 안에서 주장하다 보니, 비구원적 현실이 줄어들지 않는다. 그것은 제도를 유지하는 핵심에 그 제도에서 무언가 자기를 유지하고 확장하는 힘을 확보하는 이들이 있기 때문이다. 역사적으로 보더라도 교리라는 것이 실상은 권력의 소산이기 때문이다.

가령 생명을 살리는 일이 다급한 곳에 새삼 교리는 필요치 않다. 종교의 교리라는 것은 생명을 직접 살리고 살기보다는, 그저 저 멀리 있는 대상처럼 간주하는 힘과 여유 있는 곳에서 만들어진다. 그러다 보니 교리의 특성은 그 내용보다, 그 교리를 낳은 곳에 대한 충성과 헌신을 요구한다. 교리를 지킨다는 것은 교리를 산출한 힘에 동의하거나 종속되는 것일 때가 많다.

여기서는 교리의 근본정신은 사라지고, 교리를 지탱하는 권력 '안'에 있는가 '밖'에 있는가 하는 위치성 또는 공간성이 부각된다. 권력밖에 있는 자는 진리 밖에 있는 자로, 비생명적인 것으로 간주된다. 권력에 동의하며 권력 안으로 들어가는 이들을 중심으로 초국적 장벽을 쌓는다. 벡(Ulrich Beck)이 "신의 계시는 '교회로부터의 해방'과 '개혁적 공식 교회로 재통합'이라는 두 가지 과정을 동시에 설명해 주는 양날의 칼이다."라고 규정한 바 있는데,* 이것을 현실의 언어로 번역하면 계시라는 이름으로 권력에 동의하며 자기 집단 중심적 통합을 추구하는 경우가 많다는 뜻이다. 전술한 인용문의 표현을 살리면, 교리적 종교는 '초국적 장벽 쌓기'의 달인이라는 뜻이기도 하다. 이 장벽 너머의 세계에 대해서는 신의 이름으로 문을 닫아 둔다. 여기서 종교의 이름으로, 교리의 이름으로 억압과 죽임을 당연시하는 풍조도 생겨나는 것이다.

---

* 울리히 벡, 홍찬숙 옮김, 『자기만의 신』, 서울: 길, 2013, 150쪽.

욕망의 포장

죽임과 억압 속에 감추어져 있는 것은 인간의 욕망이다. 무한히 소유하고 싶은 욕망, 무한히 확장하고 싶은 욕망, 그것도 가능하다면 내가 먼저…. 그것이 교리의 이름으로, 종교의 이름으로 포장된다.

언어화된 교리는 진리의 형식이다. 때로 이러한 형식은 내용의 구체화이기보다는 의도적 포장일 때가 많다. 그런데 그렇게 포장되고 나면 포장만 남고 정작 내용은 망각되곤 한다. 포장은 내용을 위해 있는 것이라는 사실을 잊고 내용과 동일시하기도 한다. 그 내용이란 것은 무엇인가? 그것은 생명이고 평화이며, 사랑이다. 생명의 존재 방식은 사랑의 원리에 따른다. 네 이웃을 네 몸처럼 사랑하라는 것은 결국 네 것을 나누어 생명을 살리라는 요구인 것이다.

그런데 흔히들 포장된 교리 자체에 안주하며, 제 소유를 정당화시키는 수단으로 둔갑시킨다. 교리와 소유가, 욕망과 종교가 혼동되거나 동일시된다. 재물이 종교의 대상으로 둔갑한다.

그런데 인간은 사실상 그 둔갑의 과정을 안다. 알면서도 스스로 속는 것이다. 엄밀하게 이야기하면 '속는다'기보다는 '속아 준다'. 속는 것은 자기도 모르는 사이에 벌어지는 일이지만, 속아 주는 것은 알고서 하는 행위이다. 사실은 속는 척하며 속아 주는 것이다. 자기도 모르는 사이에, 그러니까 자기와 상관없이 벌어진 일이라며 책임에서 회피하기 위해서이다. 그리고 그렇게 포장된 교리 자체를 정당화한다. 그래야 자신의 깊은 욕망이 자신과 비슷한 사람들의 욕망과 함께 최소한 외형적으로는 정당화되기 때문이다.

알고도 속아 주기

가령 '세월호'의 진실이 규명되어야 한다는 사실을 알면서도 "죽은 사람들만 안됐지." 하며 그냥 그것으로 끝낸다. 시간이 제법 흘렀으니 이제는 적당히 묻어 두어도 되지 않겠느냐며 자신의 비정함을 바쁜 현실이라는 이름과 타협한다. 알면서도 냉소적으로 대하는 시대에 살아가고 있는 것이다.

이런 비슷한 사람들끼리 모이면, 속으로는 알면서도 이른바 '뉴타운' 건설이라는 이름으로 속이고, 또 알면서도 '뉴타운'이 이익을 가져다줄 것 같은 기대감에 스스로 속는다. 국민의 주권을 강화하고 시민을 힘을 키워 주는 정치인이 아니라, 동네를 개발해 자기 집값이나 땅값을 올려 줄 정치인에게 표를 준다.

종교에서도 자신의 욕망을 신의 이름으로 정당화해 주는 지도자 주변에 사람이 몰린다. 욕망의 정당화가 옳은 것만은 아니라는 것은 알면서도 그러한 타협의 원리에 따라 대형 종교시설이 운영되어 돌아간다. 차라리 몰랐다면 깨우치기라도 하겠건만, 알면서도 스스로 속는 실상은 더 고치기 힘든 중병이다.

내가 정치를 한다면

이런 고민을 하다 보면 나는 때로 정치를 하고 싶어진다. 그렇지만 실제로는 정치를 할 수 없다는 것을 잘 안다. 가령 내가 대통령과 같은 책임 있는 정치가가 된다면 국민은 지금보다 가난해질 것이 뻔하기 때문이다. 가난이 저주라고 배워 온 그간의 자기 최면적 둔갑술로 인해 나는 가장 무능한 정치가로 낙인찍혀 탄핵될 것이다. 아니 애당초 이런 낌새를 영리한 이들 대다수가 눈치챌 테니 나는 정치의 현장으로 들어설 기회조차 누려 보지 못하게 될 것이다.

그래도 그동안 공부해 온 종교학·신학·철학·평화학의 요지에 따르건대, 나는 더디 가더라도 함께 가는 것이 정치라고 여전히 생각한다. 장기적으로는 그것이 인류를 살리는 길이라고 믿는다. 그것이 진짜 종교의 길이라고도 생각한다. 순진한 헛된 공상이겠지만, 인류의 종교적 천재들은 한결같이 그 헛된 공상을 하며 살았던 사람들인 것도 분명하다. 한때 품었던 그런 마음의 기운을 느끼며, 실제로는 제대로 살지도 못하면서 나는 마치 습관처럼 여전히 그런 꿈을 꾼다. 한낱 꿈으로 끝날 공산이 확실할 터인데도…. 그래도 그런 꿈에 동의하는 이들이 있다면, 설령 지금보다 가난해지더라도 그런 데서 행복을 찾는 것이 정치라고 생각하는 사람들이 있다면, 그들과 '함께 정치'하고 싶은 생각은 여전하다. 그저 공상이지만, 아마도 예수나 붓다가 정치를 했다 해도, 그런 공상적인 정치를 했을 거라고 보기 때문이다.

기대하지 않으며 기대한다

이미 경험했지만, 그런 예수를 믿고 따른다는 장로가 대통령이 되어서도 정치는 하나도 달라지지 않았다. 사대강 사업이니 해외자원개발이니 하며 천문학적 규모의 예산을 평화롭지 못한 데에 쏟아 붓지 않았던가. 생명이나 평화는커녕 자신의 정치적 치적을 위해 자원을 낭비하고 환경을 파괴하지 않았던가. 권력 지향적 정치인은 이렇게 비생명적인 일에 생명을 거는 이들이라고 할 만하다.

대통령 후보 시절에는 경제민주화를 외치다가, 정작 대통령이 되고 나면 언제 그랬느냐는 듯이 그런 말은 입 밖에 내지도 않는다. 선거 전에는 보편적 복지를 시행하겠다고 하지만 당선된 이후에는 현실이라는 미명하에 복지 공약을 수정하거나 폐기한다. 부유층을 대상으로 좀 더 증세하고 대기업의 법인세도 재조정해 모자란 세수를 확보해야 한다는 정책적 요청에 대해서는 혼란을 부추긴다며 슬쩍 외면한다. 어떤 식으로든 이런 식의 증세가 결국은 자신에게까지 파장을 미칠 것을 우려해 몸을 사리고, 여론이 잠잠해질 때까지 시간을 끈다. 그렇게 권력을 유지하면서, 불평등과 양극화는 심화된다.

지금까지 함께 가고 더디 가는 정책을 펼쳤다는 말은 들어 본 적이 없다. 예수를 따르는 교회가 그렇게 많아도, 그 교회에서 더디 가는 정치를 원한다는 말을 들어 본 적이 없다. 많은 사찰들도 중창불사에 열을 쏟을 뿐, 붓다의 가르침인 무아적(無我的) 삶은 사실상 뒷전이다. 부처님이 휘황찬란한 부자들의 형식적 등(燈) 보다는 가난한 자의 진심어린 등 하나[一燈]를 더 칭찬했다는 법문이 오가던 시절이 있었지만, 지금은 사찰에서도 '빈자의 일등' 관련 이야기는 별로 나오지 않는다. 부자들의 통 큰 시주가 실질적인 관심이다. 이 모순을 어찌할 것인가? 전 세계가 그리 가려고 애쓰는 마당에 어찌 어느 특정인 탓만을 할 수 있겠는가만, 그래도 아쉽고 답답하다. 포장과 내용을 혼동하지 말고, 생명이라는 내용이 구체화되고 현실화되는 모습을 보고 싶은 마음은 늘 가슴 한편에 남아 있기 때문이다.

물론 아무도 정치하겠다고 나설 필요가 없어진 시대가 '하느님 나라'일 테니, 그때까지 이 '모(矛)순(盾)'은 지속될 것이다. 그런 때가 올 거라는 기대도 사실 별로 없다. 그래도 그 모순이 없는 시대를 보고 싶은 마음이 있는 것도 사실이다. 그것도 나의 모순이라면 모순이다. 선구자들을 이용하며 욕망을 충족시키려는 종교, 국민을 수단으로 삼는 권력은 싫다. 교리를 지킨다며 사람을 죽이는 종교는 싫다. 빨리 간다며 여러 사람 버리고 가는 그런 정치는 싫다.

제 **III** 부

무엇을
내려놓아야
할까

인간은 자연법칙을 대상화하면서 핵분열에 따른 에너지 발생 방식도 통제의 대상
으로 간주한다. 핵분열 원리에 따라 만든 핵발전소도 인간이 그 핵분열의 수준과
원리에 맞출 때에만 예상되는 기능을 한다. 하지만 문명사적으로 보건대 인간은
역설적이게도 문명의 주체가 되지 못한다. 문명의 법칙에 종속될 때에만 문명은
인간에게 효용성을 내어 줄 뿐이다. 핵발전 역시 인간이 핵분열에 의한 열에너지
의 발생을 완벽히 통제할 수 있을 때에만 인간에게 유용한 에너지가 된다. 그렇다
면 핵발전 관련 산업을 인간이 완벽하게 통제할 수 있을 것인가에 문제의 핵심이
있다.(본문 중에서) 사진은 2011년 3월 11일 일본 후쿠시마 앞바다에서 발생한 지
진이 쓰나미를 일으키고 쓰나미로 인해 후쿠시마 핵발전소가 폭발한 뒤의 처참한
장면.

18. 누구를 위한 자유인가
: 자유무역협정

"세상에는 돈으로 살 수 없는 것들이 있다. 하지만 요즘에는 그리 많이
남아 있지 않다. 모든 것이 거래 대상이 되고 있기 때문이다."

(마이클 샌델, 『돈으로 살 수 없는 것들』, 와이즈베리, 2012, 19쪽)

자유로운 무역을 위한 협정(FTA)

2017년 기준으로 한국은 전 세계 52개국과 자유무역협정(FTA)을
맺고 있다. 2007년 미국과 FTA를 타결하고 2011년 국회의 최종 비준
을 받을 때까지만 해도 전국적으로 FTA 반대 열풍도 거셌고 뜨거운
관심사였다. 미국과의 FTA는 삼성이나 현대 등 특정 재벌에는 유
리할 수 있겠지만, 대부분의 일차산업에는 막대한 피해를 가져오리
라고 생각했기 때문이었다. 하지만 이른바 '낙수효과'가 클 것이라는

신자유주의의 성장 논리를 내세워 당시 정부 여당은 몰아붙였다. 실제로 한국은 그 뒤 대미 수출액이 수입액보다 커서 일정 부분 흑자를 내고 있다. 2020년 2분기의 경우 한국은 전 세계 FTA 체결국을 대상으로 거의 200억불 정도의 흑자를 냈다. 그래서인지 이제 자유무역협정은 당연한 일처럼 여겨지고 있다.

그렇다고 해서 문제가 없는 것은 아니다. 무엇보다 자유의 주체가 과연 누구이고 무엇인지, 그리고 정말 '자유로운 무역'이 가능한지 생각해 볼수록, 자유무역협정(FTA) 자체에 심각한 문젯거리들이 담겨 있기 때문이다. 무엇보다 국내의 불균형적인 산업구조를 개선하지 못한 채 '자유롭게 무역하자'는 협정은 그 자체로 모순을 내재하고 있었다. 자유무역협정을 체결하는 과정에 대부분의 산업 종사자들은 자유를 저당 잡혀야 했다. 신자유주의가 내세우는 자유무역협정의 '자유'라는 말이 강자의 논리를 반영하며 사실상 '속박'의 근거가 되었지만, 많은 이들이 자유롭게 그 속박 안으로 들어갔다. 이런 모순을 어찌 설명해야 할 것인가. 도대체 자유란 무엇이던가.

두 가지 자유

자유는 '스스로[自] 말미암음[由]'이다. 아리스토텔레스는 자기 행위의 원리와 원인을 자신 안에 두는 상태를 자유로 규정했다. 자유는 타자에 의한 속박에서 벗어난 상태이다. 자신 안에 있는 원리에 따라 자기 행위를 하기 때문이다. 이런 상태, 즉 타자의 의존성으로부터 벗어난 '~으로부터의 자유(freedom from)'가 우리가 흔히 상상하는 자유이다.

물론 다른 차원의 자유도 있다. 하나는 속박으로부터 벗어났음에도 불구하고 타자와의 관계 안에 스스로를 구속시킬 줄 아는 자유, 즉 '~으로의 자유(freedom to)'이다. 전자가 소극적, 개인 중심의 자유라면, 후자는 적극적, 타자 지향의 자유이다. '~으로의 자유'란 타자를 억압하는 자유가 아니라, 자신의 자유에 기초하면서 타자의 자유를 신장하기 위한 자유이다. 대단히 성숙한 자유이다.

사실 이 두 자유는 별개의 것이 아니다. 적극적 자유의 차원에서 보면 이 둘은 단계적 혹은 연속적이다. 인간이 어떤 것으로부터 자유로운 한, 도리어 그 어떤 것과 관계를 맺고 그 관계 안에 자신을 구속시킬 수 있는 능력도 동시에 지니기 때문이다. '~으로부터 자유'롭지 못하면 '~으로의 자유'도 불가능하다. 당연히 오늘날 성숙한 인간이 추구해야 할 것은 소극적 자유를 소화하고 그것을 넘어 적극적 자유를 구현하는 것이다. 철학자 하이데거도 "적극적 자유는 '무엇으로부터의 떠남'이 아니라 '무엇으로의 향함'"이라고 말했다. '적극적 자유는 무엇을 위해 자유로움, 무엇을 위해 열려 있음, 따라서 무엇을 위해 자기를 열어 놓음, 무엇을 통해 자기 자신이 규정되도록 함, 스스로 무엇에 헌신함'이라는 것이다.

그렇다면 소극적 자유를 발판으로 하되, 타자를 위해 스스로의 자유를 제한할 줄 아는 적극적 자유의 능력을 배양하는 것은 오늘날 시민사회의 기본이자 목표이어야 할 것이다.

하지만 불행하게도 상황은 늘 반대로 움직였다. 얼핏 보면 자유가 확대되어 가고 있는 것 같지만, 그때의 자유라는 것이 주로 개인적, 자기 집단 중심적 자유이다 보니, 그것은 늘 그리고 결국은 누군가의 보이지 않는 희생을 전제로 한다. 희생은 숨기고 자유라는 이름으로 사실상 자기중심적 욕망을 확대 재생산시킨다. 그것이 여전한 현실이다. 이런 분위기가 확장되고 있는 것은 어쩌면 근대사회적 시스템의 필연성이기도 하다.

'자유무역'을 반기는 이들

중세 계급사회가 타파되고 근대 시민사회로 진입하게 된 것은 시민계급(부르주아)이 탄생하고, 그 자유가 확대되어 간 과정이자 결과이다. 하지만 그 자유를 추동하는 힘이 대량생산을 통해 자본을 축적한 결과였다는 점에서, 그런 자유의 확대가 그저 환영해야만 할 일은 아니다. 근대 문명의 기초는 자본의 확대가 다지고 만들어 놓았다. 이런 기초 위에서 자유라는 이름으로 세상을 추동하는 그 엄청난 힘은 자본이다. 그리고 자본을 소비하려는 욕망이다. 자본을 좌우하는 권력이 개인적 혹은 자기 집단 중심적 욕망으로서의 자유를 추동하는 힘이 되었다. 자유라는 이름의 억압이 거의 모든 곳에서 횡행하게 된 것이다.

이런 상황을 반기는 이들도 많다. '자유무역'을 환영하는 이들도 제법 있다. 주로 '자유경쟁'을 통해 이윤을 확보하기에 유리하거나 물질적이든 심정적이든 거기서 '떡고물'이라도 챙길 가능성이 큰 이들일 것이다. 그런 이들일수록 '~으로의 자유'를 곱씹을 수 있는 기회가 잦았으면 좋겠지만, 그것은 사실상 공연한 희망이다. 애당초 들리지 않는 구조 속에 안주해 있겠기 때문이다. 자유도 자본으로 소유할 수 있다는 생각에 익숙해 있겠기 때문이다. 마이클 샌델은 『돈으로 살 수 없는 것들』이라는 책을 통해 신자유주의 혹은 시장만능주의가 해결할 수 없는 것들에 대해 치밀하게 논하기도 했으나, 그럼에도 불구하고 우리 사회에는 여전히 돈으로 살 수 있는 것들이 너무 많다. 아니 돈으로 살 수 없는 것들이 과연 있기나 할까 의심스러울 정도이다. 다음 장에서처럼, 감옥에 가느냐 마느냐도 돈이 결정하기도 하니 말이다.

19. 자유도 돈으로 사는가
: 우리 시대의 장발장

"죄인은 죄를 지은 자가 아니다. 누군가로부터 영혼 속에
그늘을 선사받은 이들이다."

(빅토르 위고, 『레미제라블』, 더클래식, 2012, 제1권 25쪽)

자연적 악과 도덕적 악

인간이 극복해야 할 악이란 어떤 것일까? 철학자 칸트는 자연적 악
과 도덕적 악을 구분해, 인간이 극복해야 할 악은 자연적 악이 아니라
도덕적 악이라고 설명했다. 불평등은 어떻게 극복해야 할까? 루소도
칸트처럼 자연적·신체적 불평등과 정치적·도덕적 불평등을 구분
해, 자연적·신체적 불평등은 어쩔 수 없지만, 정치적·도덕적 불평
등은 극복해야 한다고 보았다.

하지만 사회적 불평등이 해소된 적은 없었고, 정치적·도덕적 불평등은 정당화되거나 외면되어 왔다. 자연적·신체적 불평등에 대해서는 전생의 죄, 신의 섭리 운운하며 종교적 세계관으로 뒷받침하기까지 했다. 그런 의미의 도덕적 악은 여전히 지속되고 있다.

선천적 불평등과 사회적 불평등

물론 인간이 공장에서 생산된 물건이 아닌 다음에야 최소한의 불평등은 불가피한 것일 수 있다. 누구는 키가 크고 누구는 작고, 힘이 세거나 약하고, 지능이 높거나 낮고, 잘생기거나 그렇지 않고, 부잣집에 태어나거나 가난한 집에 태어나는 등, 우리는 구체적 행위와 관계없는 선천적 불평등을 경험한다. 이때 선천적 불평등, 특히 신체적 불평등과 같은 것은 틀림이나 차별이 아니라 다름이나 차이의 차원에서 긍정하고 조화의 대상으로 삼아야 한다. 하지만 사회적 불평등은 완전히 다른 문제이다.

'평등하지 않음'이라는 말에 이미 함축되어 있듯이, 불평등은 극복의 대상이다. 그래서 불평등을 방치하거나 정당화시켜서는 안 된다는 외침도 곳곳에서 들려왔다. 외적 혹은 사회적 불평등이 인간의 본질일 수 없다는 목소리도 늘 있어 왔다. 가령, 자유·평등·박애를 내세웠던 프랑스혁명(1787-1799)은 평등 사회를 만들기 위한 도전의 결과였다.

한국에서는 모든 이가 하늘을 모시고 있고[侍天主] 인간이 하늘[人乃天]이라며 남녀노소의 동권을 선포한 동학혁명(1894-1895)이 인간의 평등을 실현하고자 했던 근대적인 도전이었다. 인도에서는 붓다가 힌두교의 계급 차별에 도전하며 평등사상을 꿈꾸었고, 이스라엘에서는 예수가 그랬다. 자연적 불평등이 사회적 불평등으로 이어져서는 안 된다는 것이 선각자들의 비전이었고, 자연적 불평등을 사회적 평등으로 만들어 가는 일이 그들의 사명이었다. 태생적인 이유로 불평등한 구조 속에서 희생당하며 사는 일이야말로 정말 불평등하다는 것이 이 스승들의 한결같은 입장이었다. 그리고 우리는 그렇게 사는 것이 옳다며 교과서에서 배우며 자랐다.

신분, 성별, 신체의 크기, 피부색 등 그 어떤 것도 자신이 만들었거나 스스로로부터 온 것이 아니다. 선천적 불평등으로 인한 사회적 불평등은 정말이지 최소한의 것이어야 하고 또 최소화해야 한다. 선천적인 불평등의 사회적 최소화가 오늘날 인류애의 기본이다. 분명한 것은 그 최소화를 위한 장치를 만들어 내는 일에 최대한의 노력을 기울일 수밖에 없다는 것이다. 목숨 걸고 그 최대한의 노력을 다한 이들 덕분에 오늘날 그나마 평등이니 하는 용어를 입에 담을 수 있게 된 것이다.

예수 같은 이는 신에게는 차별이 없으니 사회적으로도 차별 없는 세상을 만들어야 한다고 생각했다. 신은 악한 사람에게나 선한 사람에게나 똑같이 햇빛을 주시고 옳은 사람에게나 옳지 못한 사람에게나 똑같이 비를 주신다고 믿었다.(「마태복음」 5:45) 햇빛과 비의 입장에서는, 즉 신의 눈으로 보면, 인간에게 선·악, 정·오, 우·열이 없다는 것이다. 그것이 예수가 보는 평등한 은총의 세계였다.

평등도 저항의 결과

하지만 이 단순하고 자명한 사실을 구현하기 위해 목숨까지 바쳐야 했으니, 평등세상에 대한 희망은 저절로 구체화되는 것이 아니었다. 오늘날 평등에 대한 상상이라도 하게 된 이면에는 누군가의 목숨 건 저항이 있었던 것이다. 앞에서 본 대로, 신의 보편적 은총 개념도 그에 반대하는 이들에 저항하는 행위를 통해서 점차 수긍하게 되었다. 평등도 저항을 통해 겨우 희미한 모습을 드러내 왔다. 인권이라는 것도 인간을 억압하는 상황에 대한 저항의 산물이었다.

이렇게 인류의 보편적 가치로 여겨지는 대부분의 것들이 알고 보면 누군가의 저항의 결과였다. 모든 이가 출가해 열반에 들 수 있도록 허락한 붓다는 당시 힌두교 사제들에 의해 삿된 가르침(외도)을 편다고 비난받았다. 무함마드가 알라는 한 분이시며 알라 앞에서 모든 이가 평등하다고 하자, 자신들의 최고신을 농락했다며 당시 기성세력은 무함마드를 죽이려 했고 전쟁을 선포해 왔다. 그런 식으로 선구자의 삶은 쉽지 않기 마련이다. 그럼에도 불구하고 인류의 역사는 자명하고 단순한 사실을 제대로 느끼는 이들의 저항을 통해 그나마 이정도로 굴러 왔다.

장발장들을 위한 저항

'인권연대'에서 벌금제도를 개혁하기 위해 '43,199'라는 캠페인을 벌여 왔다. 벌금을 내지 못해 감옥에 갇히는 이가 2009년의 경우에는 43,199명이었는데, 그 숫자에서 따온 캠페인 이름이다. 넓게 보면 사회적 불평등을 최소화하기 위한 사회경제적 운동이고, 좁게 보면 단지 돈이 없다는 이유로 옥살이를 해야 하는 이들을 위한 인권운동이다. 인권연대에서 재소자들의 자존감을 세우고 인권을 확보하기 위해 여러 해 동안 지속해 나가고 있는 '평화인문학' 강의도 그런 노력의 일환이다. 도덕적 악, 사회적 불평등을 타파하기 위한 노력이라할 만하다.

무엇이 악이던가? 불평등이 개선될 수 있다는 걸 알면서도 회피하거나 모른 채 유지시키는 행위가 도덕적 혹은 정치적 악이다. 자연적 악은 차치하고라도, 이러한 악은 극복되어야 한다. 경미한 죄를 지어 벌금형에 처해졌지만, 몇십만 원, 많아야 몇백만 원이 없어 감옥에 가야 하는 이들이 한 해 대체로 4만여 명에 이른다. 제도만 좀 고쳐도

전과자라는 낙인을 면할 수 있는데, 몇십만 원 때문에 인생 전체를 불행하게 만드는 일이 벌어지고 있는 것이다.

심각한 문제였다. 사실상 답도 나와 있었다. 그러나 정부와 국회는 짐짓 모른 척 일관했다. 이, 삼백여만 원 돈이 없어서 매년 교도소에 갇히는 이들은 가난 때문에는 물론 잘못된 법과 제도 때문에 이중 삼중의 고통을 당하고 있다. 벌금형에 처해진 이들은 벌금을 한 달 내에, 그것도 현찰로만 내야 했다. 분할 납부나 카드 납부만 허용해도 경미한 죄를 지은 수감자를 상당히 줄일 수 있겠고, 건강보험이나 국민연금처럼 소득이나 재산에 따라 벌금을 달리 내면 그나마 공평해질 수 있었다. 교도소에 가두지 말고 사회에서 노역 활동을 시켜도 될 일이었다. 이렇게 답은 쉬운데, 정부도 국회도 법을 고칠 생각이 없다보니, 가난한 이들의 불행은 계속되었다.*

물론 수감 생활 대신 벌금을 납부할 수 있도록 하는 제도는 한편에서 보면 인간에 대한 배려일 수 있다. 그러나 돈이 없는 이에게는 이러한 배려도 바로 절망이 된다. 돈이 없어서 감옥에 갇혀야 하다니, 참으로 비인간적인 구조이다. 그리고 '구속'이냐 '자유'냐를 선택하는 기준으로 돈을 내세웠다는 점에서 불평등한 사회 구조의 연장이기도 하다. '돈'으로 '자유'를 제약하거나 획득하도록 방조하는 사회는 비도

* 오창익, 〈장발장은행〉, 《경향신문》, 2015.03.03.

덕적 사회이며, 극복해야 할 대상이다. 도덕적 악을 극복하고 정치적 불평등을 개선하기 위해 저항은 계속되어야 하는 것이다.

장발장은행

이런 상황을 개선하기 위해 인권연대가 주도하여 2015년 2월 '장발장은행'을 출범시켰다. 빵 한 조각을 훔쳐 19년을 감옥에서 살았던 『레미제라블』의 주인공 장발장에서 이름을 따왔다. 도로교통법 위반과 같은 단순 벌금형을 선고받았지만 돈이 없어서 수감될 이들을 대상으로 무담보, 무이자로 최대 300만원까지 대출해주는 은행이다. 시민들로부터 받은 후원금을 기반으로 소년소녀가장이나 차상위 계층을 우선 선정하여 지원한다. 때로는 대출금을 돌려받지 못할 것도 각오하고 대출해준다. 이런 취지에 공감하여 익명의 시민들이 적지 않은 후원금을 보냈다. 2020년 9월 말 기준으로 874명에게 1,537,907,000원을 대출했다. 874명에게 '감옥으로부터의 자유'를 선사한 것이다. 감옥 대신 자유를 가져다준 돈은 단순한 화폐가 아니었다. 따뜻한 심장을 가진 이들의 공감, 연민이었다.

은행 관계자는 이렇게 말한다: "장발장은행이 얼마나 많은 사람을 구할지는 알 수 없다. 다만 분명한 건, 약자에게 한없이 강하고 가난한 사람들에게 군림하는 국가와, 엄한 얼굴로 기초질서 확립을 외치

는 차가움에서 벗어나 사회적 모성으로 문제를 해결하는 하나의 모
델이 되리라는 것이다."

* 오창익, 위의 글.

20. 나는 두통을 소유한다
: 소유와 존재

> "존재양식의 지고의 목표는 보다 깊이 아는 것인 반면,
>
> 소유양식의 지고의 목표는 보다 많이 아는 것이다."
>
> (에리히 프롬, 『소유냐 존재냐』, 까치, 1996, 68쪽)

두통을 가지고 지식도 소유한다

사람이 무언가를 소유하지 않고 사는 길은 없다. 문제는 뭐든 다 소유하려는 데 있다. 쌀, 돈, 집, 땅을 소유할뿐더러, 가치, 신념, 권위, 심지어 자신의 행위마저도 소유한다. 가치 있게 살기보다는 가치를 소유하고, 권위로 존재하기보다는 권위를 소유한다. 많이 소유하고 크게 소유할수록 이익도 큰 시대다. 에리히 프롬(Erich Fromm)의 『소유냐 존재냐』에서는 인간의 언어 관습조차 소유 양식으로 변해가고 있다

고 말한다.

프롬의 정리에 따르면, 지난 여러 세기 동안 명사의 사용은 늘고 동사의 사용은 줄었다고 한다. 인간의 직접 경험을 반영하는 동사는 단순해지고, 소유의 대상이 되는 명사는 세분화되는 중이라는 것이다. 가령 구미인들은 흔히 "머리가 아프다"가 아니라 "두통을 가지고 있다"는 식의 표현을 한다. 아픔은 체험되는 것이지 소유되는 것이 아닌데도, 아픔을 사물화시켜 소유의 대상으로 삼는 언어를 구사한다. 내가 아픈 것이 아니라 '내가 아픔을 가지고 있다'는 식의 표현은 자기도 모르게 나를 아픔으로부터 소외시킨다. 나와 아픔이 별개처럼 작동하는 것이다.

"나는 안다"가 아니라 "나는 ~지식을 가지고 있다"는 식의 표현은 지식의 소유를 인간의 척도로 삼는 소유적 실존양식의 증거들이다. 인간 자체가 아니라 인간의 업적이나 결과로 인간을 평가하고 판단하는 신자유주의 경쟁사회의 전형을 보여준다. 인간이 지식이라는 소유물을 활용해 더 많은 이익을 취하는 과정에 인간의 삶은 그 지식과는 무관한 것이 되어버리고 만다. 아는 대로 살기보다는 그저 알 뿐이다. 깊이 알기 보다는 많이 알 뿐이다. 너도나도 그 길에 나서다보니 지식이라는 추상적 명사들만이 재생산되고 대단한 성과인 냥 체계화되어 떠다닌다. 세상에 지식은 넘쳐나지만 인간은 그 지식과 하나가 되지 못한다. 그 지식을 낳기 위해 명사적 지식의 생산에 '올인'하고 그 지식 체계로 사회는 작동하지만, 그렇게 작동되는 사회에서 인간은 도리어 소외되고 사물화 되는 현상이 벌어지고 있는 것이다.

신도 소유의 수단이다

어디 그뿐이던가. 원래 신(神)은 인간이 내적으로 경험하는 지고한 가치의 상징이다. 그런데 종교에서는 신도 하나의 사물로, 즉 '우상'으로 만들어 나의 소유를 정당화시키고 확대시키는 수단으로 삼는다. 자신의 힘을 그 사물에 투영함으로써 자신을 약화시키고, 자신이 만든 그 사물에 굴종한다. 그렇게 인간은 자신이 만든 우상의 소유물로 전락한다. 우상은 한낱 사물이기에 인간이 소유할 수는 있지만, 인간이 우상의 소유를 위해 우상에 굴종하는 형태로 우상이 인간을 소유하는 것이다. 결혼으로 사랑도 소유하고 독점하면서 더 이상 자신을 내어주지 않는다. 사랑조차 내가 소유하는 그 무엇이 되기 때문이다.

내가 언젠가 "자기중심적 평화주의"(ego-centric pacificism)라는 말을 쓴 적이 있다.* 인간, 사회, 종교, 국가가 이른바 소유양식에 휘둘리다가 평화마저 자기의 이익을 도모하는 수단으로 만든다는 의미에서

---

* 이찬수, 『평화와 평화들』, 모시는사람들, 2016, 1부 2장.

였다. 평화를 자신에 유리하게 '소유'하고 자신을 위한 사물로 만드는 현실을 폭로하기 위해서였다. 미국과 중국이 저마다 평화를 내세우며 아시아에서 갈등을 촉발시키고, 미국이 자유와 평화의 이름으로 이스라엘 편에서 팔레스타인인들을 희생시키는 일들이 다반사로 벌어지고 있다. 평화를 자신의 소유로 여기다가 평화라는 이름으로 폭력을 조장하고 정당화하는 사례들인 것이다.

세상은 평화로워질 수 있을까. 인간은 인간다워질 수 있을까. 문제의 근본 원인을 주로 인간 내면에서 찾는 에리히 프롬 식의 진단이 아쉽기는 하지만, 그럼에도 불구하고 '소유형 인간'의 실상을 비판적으로 분석하는 그의 연구는 여전히 통찰적이다. 인간다워진다는 것이 무엇인지 그 근본 이유와 인간다워지기 위한 일차적 동력은 어때야 하는지 잘 보여주고 있기 때문이다. 분명한 사실은 내가 인간적 가치를 '소유'하고 있는 것이 아니라 나는 그저 인간으로 존재해야 할 뿐이라는 것이다.

소유 이전의 소유

물론 「세계인권선언」이 선언하듯이, 인간은 인권을 가진다. "모든 사람은 생명과 신체의 자유와 안전에 대한 권리를 가진다."(3조) "모든 사람은 어디에서나 법 앞에 인간으로서 인정받을 권리를 가진다."

(6조) 소유형 양식에 더 익숙한 영어를 우리말로 직역하는 데서 오는 불가피성을 감안하더라도, 인간이 인권을 '소유'하고 있다는 선언은 당연하다. 그러나 그 소유는 인간됨을 억압하고 제한하는 온갖 장애에 저항하게 하는 소유이다. 그 저항이 인간의 주체성을 살리고 인간다움의 기초를 다져다주기 때문이다. 인권의 소유는 인간이 인간마저 사물화시키는 소유양식에서 벗어나야 한다는, 소유 이전의 소유에 대한 요청이다. 이론과는 달리 세상은 더 강력하게 비인간의 얼굴로 인간을 소외시키고 있지만, 그럼에도 불구하고, 아니 세상이 그렇기에 더욱더 소유양식 이전의 모습, 인간의 원천적 존재양식을 회복하려 애쓸 도리 밖에 없는 것이다.

21. 오리는 아플 권리도 없는가
: 생매장과 살처분

"식품은 부(富)이다. 식품은 예술이고 종교이며 정부이고 전쟁이다.

그리고 영향력을 갖는 모든 것이다."

(에번 D. G. 프레이저 외, 『음식의 제국』, RHK, 2012, 9쪽)

생명을 위해 생명을 조작한다

인간은 먹어야 한다. 먹지 않고 살 길은 없다. 먹는 행위가, 먹히는 음식이 생명의 원리를 구성한다. 제대로 먹어야 한다. 제대로 먹기 위해서라도 음식의 원리를 알아야 한다. 이 음식은 어디서 어떻게 오는가?

음식은 생명을 유지하는 근간이고, 먹기 위해 산다고 해도 과언이 아닐 정도로 긴요하지만, 대단히 유감스럽게도 현대인들 상당수에게 음식은 그저 상품이다. 음식이 식탁에 오르기까지의 생산과정에는 둔감한 채 그저 소비하기만 한다. 자연 또는 생명 원리는 성찰하지 못한 채 음식을 돈으로 바꿀 수 있는 물질로 생각한다. 음식 소비자는 적은 돈으로 많은 음식을 사려 하고, 음식 생산자는 적은 돈으로 많은 음식을 팔려 한다.

이런 두 가지 욕망이 만나서 음식의 대량생산 체제가 이루어진다. 음식을 공장에서 대량 생산하려면 음식을 표준화해야 하고 그러기 위해 원료가 되는 농축산물도 균일해진다. 식물 종자의 다양성도 급격히 사라져 간다. 생산성이 높은 감자, 큰 옥수수, 달콤한 토마토를 생산하는 종자만 살아남고, 지역에 따라 다양하게 진화해 온 토종 종자들은 사라진다. 돈이 되지 않기 때문이다. 전 세계인이 비슷한 음식을 먹을 수밖에 없는 환경으로 바뀌면서, 음식이 무기화될 가능성도 커진다. 아니 이미 시작되었다. 음식을 돈으로 치환하기 위해 논밭에서, 목장에서, 공장에서 적은 돈으로 많이 생산하기 위한 각종 조작이 가해진다.

유전자조작생명체

겉보기에는 파릇파릇한 채소도 실상은 유해하게 키워지는 경우가 많다. 속성재배, 대량생산을 위해 인체에 치명적인 화학비료와 농약이 사용된다. 식물의 종자 자체를 유전적으로 조작하기도 한다. GMO(Genetically Modified Organism, 유전자조작생명체)가 우리 식탁을 점령한 지 오래되었다. 가령 한국에서는 2002년에 GM 옥수수(NK603)가 식용으로 승인되었고, 2011년 기준으로 한국에서 소비되는 식용 옥수수 중 GM 옥수수의 비율이 49%에 이른다. 게다가 사료용으로 도입된 GM 옥수수의 종자가 운송 과정에서 유출되어 우리 땅 곳곳에서 자라나 자연산 옥수수로 둔갑되는 경우도 많다고 한다. 2009년도에는 GMO(주로 옥수수, 그리고 면화, 유채 등)가 전국 26곳에서 자라고 있다는 사실이 밝혀지기도 했다.

무엇보다 큰 문제는 GM 식품이 생명체에 유해하다는 사실이다. 이에 대해서는 이미 다각도로 연구되어 왔다. 물론 GM 옥수수가 인체에 무해하다는 연구 결과도 있지만, 이런 결과는 대체로 권력과 이해관계에 얽힌 연구자들을 거쳐 나왔다는 것이 문제이다. 실제로 당장은 무해할 수도 있을 것이다. 그렇지만 상식적으로 생각해보아도 수억 년 이상 진화해 온 유전적 질서를, 강력한 제초제를 견디면서 대량으로 생산될 수 있도록 단박에 조작해 낸 식물이 과연 얼마나 생명적일 것인지는 의심스럽다. 유전자조작에 의한 대량생산이 당장의 배고픔은 해결해 주지 않느냐고만 말하기에는 대지에서 나는 식물과 음식조차 기업가의 이익을 창출하는 대상으로 전락하고 만 현실이 더 슬프고 두렵다.

닭의 수명은 3개월

어디 채소뿐이던가. 옥수수뿐이던가. 이익을 위해서는 초식동물인 소에게 동물 사료를 먹이기까지 한다. 속성으로 체중을 키워 더 많이 팔기 위해서다. 소는 자연 상태에서 5년여 성장한 뒤 25년 정도를 살지만, 실제로는 각종 성장촉진제로 인해 1년 안에 '성장되고' 3년 이내에 '도축당한다'. 수유 기간이 긴 젖소는 거의 평생을 우리에 갇혀 강제 임신과 출산을 반복당하면서 오로지 젖을 생산하다가 임신이 불가능한 시기가 오면 도축된다. 우유를 먹기도 정말 미안하고 민망할 지경이다.

자연 수명이 14~15년 정도인 돼지는 5~6개월 정도면 삶을 마감하고, 자연 수명이 20년을 넘는 닭의 실제 수명은 3개월 미만이다. 오로지 인간이 만든 사료를 먹고 알을 생산하고 고기로 키워지기 위해 A4 종이 한 장만도 못한 공간 안에 갇혀 산다. 돼지와 닭들에게 정말 미안하기 짝이 없다.

어디선가 AI(고병원성 조류인플루엔자)가 발병했다 싶으면, 주변에 있는 멀쩡한 수백만 마리의 닭과 오리 등이 하다못해 아파 볼 권리조차 가지지 못한 채 생매장 형식으로 살처분된다. 2003년 528만 5000마리, 2008년 1020만 4000마리, 2010년 647만 7000마리가 발병하지도 않았는데 살처분당했다. AI가 한창 발흥하던 2014년에는 2월 6일 기준으로 실제로 AI에 감염된 가금류는 121마리뿐인데도, AI의 확산을 예방한다며 같은 해 3월 24일까지 모두 1157만 4000마리를 땅속에 생매장했다. 2019년에는 이른바 '아프리카돼지열병'이 돌자 더 큰 전염을 예방한다며 멀쩡한 돼지 40여만 마리를 '살처분'했다. 생명을 매장하기 급급한 마당에 윤리가 지켜질 리 만무했다. 인간에게 과연 짐승을 사실상 생매장하는 그런 권리라도 있는 것일까?

싸고 좋은 음식은 없다

이 모든 일은 생산자나 소비자나 저비용 고효율의 경제 논리에만 따르다 보니 벌어지는 반생명적 폭력이다. 음식을 이윤의 수단으로 생각하고 생명현상을 돈으로 치환하려는 폭력적 욕망에서 반생명적 조작이 가해지는 것이다. 이것은 음식 속에 얼마나 많은 정치적 권력과 경제적 이해관계가 얽혀 있는지를 적나라하게 보여준다. 역으로 음식의 사회적 생명성을 회복해 내야 하는 개인적 행동과 국가적 정책이 얼마나 중요한 일인지도 돌아보게 해 준다.

닭과 오리에게는 아플 권리도 없다는 말인가? 생명체의 아플 권리조차 빼앗을 권리가 인간에게 있다는 말인가? 어떻게 먹고 살아야 하는지 근본부터 되돌아볼 일이다.

22. 사람이 사람을 죽일 수 있는가
: 사형제도

"법이 만인의 이름으로 만인을 위해 만들어진다고 믿는 것은
위선이거나 순진한 생각이다."

(미셸 푸코, 『감시와 처벌』, 나남출판, 2003, 420쪽)

가끔 육식이 불편해

나는 식성이 좋은 편이다. 채식, 육식 가리지 않지만, 가끔 육식이
불편할 때가 있다. 여러 해 전 잠깐 육류를 자제한 적이 있는데 왠지
입이 허전한데다가 가끔 고기 몇 점 생각도 나곤 해서, 몇 주 지나지
도 않아 어설픈 채식 생활이 유야무야된 적이 있다. 채식주의자가 된
아내 덕에 전보다는 고기 섭취량이 많이 줄었다. 고기를 먹다가 불현
듯 찜찜한 마음이 들 때가 더 많아졌다. 살점이 붙어 있는 갈비를 먹

다가 문득 내 뼈와 살이 연상되기도 한다. 살아 있는 낙지를 냄비 속에 넣고 부글부글 끓이는 해물탕 같은 음식을 보면 콧등과 미간 사이가 일그러진다. 마음속에서는 얼굴 전체가 일그러진다. 비록 음식이지만 내 앞에서 죽어 가는 모습을 보는 일은 편치 않다.

그러면 먹지 않으면 그만이지만, 그래도 정작 조리되고 나면 또 맛있게 먹는다. 맛있게 먹고는 네 덕에 내가 산다며 아전인수적 해석까지 한다. 그것이 현재 나의 모순이다. 그러면서 "하늘로 하늘을 먹는다[以天食天, '하늘로 하늘을 먹인다'는 해석도 가능하다]."는 해월 최시형의 가르침을 나를 위해 죽어 주는 낙지에 대한 변명으로 삼고, 나의 모순을 은근히 합리화한다. 그러고는 가끔 밥상머리 앞에서 종종 생명이란 무엇인가, 누가 왜 무엇을 희생시켜야 하는가 하는 상념을 속으로 슬쩍 떠올리곤 한다.

낱생명과 온생명

생물학자 로위(G.W.Rowe)에 의하면, 생명이 가능하기 위해서는 "첫째, 주변으로부터 에너지를 흡입하여 이를 자체를 유지하는 데 사용하고(대사), 둘째, 개체의 유한성을 극복하기 위해 자기 복제하는 능력을 가지며(생식), 셋째, 변화하는 환경에 맞서는 세대를 거쳐 가며 변이와 선택을 통해 적응을 해 나가야 한다(진화). 생명에 대한 유용한 정의라고 할 수 있다.

하지만 어디까지나 개별 생명체에만 적용되는 정의이다. 이런 정의로는 내 음식이 되기 위해 죽어 가는 낙지와 그로 인해 일그러지는 내 마음과의 '관계'가 잘 설명되지 못한다. 낙지라는 생명을 먹고 나라는 생명이 살아가는 그런 관계성은 이 정의의 안중에는 별로 들어 있지 않다.

이런 문제의식을 가지고 물리학자 장회익은 로위의 정의에 '관계성'을 보태 새로운 우주적 생명 개념을 만들어 냈다. 즉, 생명이 가능하기 위해서는 '대사', '생식', '진화' 외에 개체 간의 '협동'이 있어야 한다는 것이다. 개체들 간의 긴밀한 협동 체계 속에서만 개별 생명체들의 생명이 가능해진다는 것이다.

그러면서 이 협동 체계 전체를 '온생명'이라고 표현하면서 각 '개체생명' 혹은 '낱생명'과 구분했다. 그리고 온생명에서 낱생명을 제외한 나머지 부분을 낱생명의 '보생명'이라고 명명했다. 보생명은 이른바 '환경'에 해당되는 개념이다. 장회익의 요지는, 어떤 생명이든 온생명적 구조 속에서 보생명과의 협동을 통해 성립된다는 것이다. 온생명 안에서 낱생명이 유지되어 갈 뿐만 아니라 낱생명은 온생명적 구조를 반영해 준다는 것이다. 탁월한 정리가 아닐 수 없다.

인간과 짐승의 차이

그런데 이것만으로 끝내기에도 좀 찜찜한 데가 있다. 그것은 짐승과 인간의 생명 간의 차이가 무엇이냐 하는 점 때문이다. 온생명의 논리와 차원에서 보면, 모두가 서로에 대해 보생명이며, 낱생명은 그것이 무엇이든 온생명의 주체이다. 여기서는 원칙적으로 인간과 짐승 간 차이가 전혀 없다. 낱생명들 간의 우열성을 찾을 길이 없다. 심지어 모기 한 마리의 생명과 인간의 생명 사이에도 본질적인 차이가 없다. 일본 철학자 니시타니의 얘기를 한 번 들어 보자.

여름밤에 밖에서 모기가 한 마리 날아든다. 마치 사냥감을 발견하고 환호라도 하듯이 쾌활하고 힘찬 소리를 내면서 달려온다. 그러나 잡혀서 손바닥 안에서 짓눌리는 순간 그 미물은 세찬 비명과 같은 소리를 지른다. 그것은 비명이라고 할 수밖에 없다. 그 소리는 분명 개의 비명이나 인간의 비명과는 다르다. 그러나 비명이라는 '본질'에 있어서는 같은 소리다. 그와 같은 소리는 모두 공기의 진동에 의해 생기는 것으로서, 각각 파장이 다를지는 몰라도 우리로서는 그것을 비명으로 이해할 수밖에 없는 같은 질, 혹은 같은 '본질'을 가지고 있다. 우리는 그러한 소리에 슬픔을 직접 느낀다. 그것은 바로 감응의 장에서 성립하는 현상이 아닐까?[*]

짐승의 생명과 인간의 생명에는 적어도 평면적으로 보면, 별 차이가 없다. 모기 한 마리의 비명이나 인간의 비명은 물리학적으로 보면 공기의 울림 정도에서 차이가 날뿐, 개체적 생명의 소멸이라는 점에서는 모기와 인간의 죽음은 매일반이다. 원자나 전자 단위로 해체시켜 놓고 보면 더욱이나 그렇다.

인간은 자신의 손가락 하나로 까딱 꺾여 스러지고 마는 코스모스 한 송이를 보면서도 연민이나 안타까움이라는 마음의 파장을 느낀다. 모기의 비명에서도 자신의 비명을 연상하기도 한다. 아무리 침실을 방해했기로서니 나의 파리채에 맞아 압사당한 파리의 최후를 보는 일도 유쾌한 것은 아니다. 그것은 파리의 죽음에서조차 크든 작든 나의 죽임을 보기 때문이다.

연민과 감응

이런 연민이나 감응을 경험할 줄 아는 이가 바로 인간이다. 짐승들에게 그런 감응이나 연민이 있는지 없는지, 있다면 어느 정도 있는

---

[*] 니시타니 케이지, 정병조 옮김, 『종교란 무엇인가』, 서울: 대원정사, 1993, 36~37쪽.

지 지금으로서는 살 알 수 없다. 물론 짐승에게도 자신의 새끼를 보호하려는 본능 같은 것은 있지만, 다른 생명체의 죽음에 대한 연민까지 있는지는 잘 모르겠다. 그러나 분명한 것은 정상적 인간이라면 남의 죽음을, 심지어 미물의 죽음도 자신의 죽음과 연결시킬 줄 안다는 것이다.

간혹 그런 연민이 전혀 없어 보이는 희대의 살인범들이 등장하기도 하지만, 그런 경우는 분명 치유의 대상이다. 연민과 감응의 능력을 최소한이라도 회복시킬 수 있는 기회를 주어야 하는 것이다. 더욱이 누군가에게 벌어진 억울하고 무참한 희생도 사실은 내가 포함된 보생명과의 관계성 속에서 형성된 것이라는 점에서, 나도 그 사건에 대한 책임으로부터 완전히 자유로울 수는 없다. 내 책임을 통감하는 차원에서라도, 살인마에게조차 치유의 기회는 부여되어야 한다. 그리고 치유되고 회복될 수 있다는 희망을 품어야 한다. 그런 희망이 없이 어찌 교육을 하고 종교 생활을 하며 의료 행위를 하겠는가. 몸의 치유든 마음의 치유든, 치유를 통해 더 인간다워질 수 있다고 믿기에, 종교도 추구하고 교육도 도모하며 사람을 치료하겠다는 의사들도 나오는 것 아닌가. 그런 희망을 가질 때 사라져야 할 것이 있는데 바로 사형제도이다.

순수한 범죄는 없다

사형은 사적인 살인에 대응하는 공적인 살인이다. 사형의 논리에는, 연민도 동정도 없는 인간에게는 똑같이 연민도 동정도 필요 없다는, 고대의 동태복수법적 발상이 들어 있다. 하지만 그러한 연민을 무시하고서 어떻게 인간이기를 바라고 보장받을 수 있겠는가. 억울한 희생을 당한 당사자나 유가족의 분노도 한편에서는 존중해야겠지만, 살인을 살인으로 갚는 것은 결코 연민이라는 인간의 깊은 본성의 목소리가 아니다. 그 깊은 본성을 외면하고 무시하면서 어찌 짐승과의 차이를 말할 수 있겠는가. 연민과 감응이 무너지는 곳에서는 인간도 무너진다. 미물의 죽음에서조차 연민을 느낄 수 있는 것이 인간의 능력이자 짐승과의 차이라면, 하물며 사람의 죽음에 대해서는 얼마나 연민이 크겠는가. 사형은 인간의 본성을 억지로 거스르는 행위이다.

나아가 사형선고가 범죄에 대한 공식적 판결이라 하지만, 범죄가 그저 개인의 문제이기만 한 것이 아닌 이상 그런 범죄가 왜 발생하는지를 고민해야 한다. 미셸 푸코가 치밀하고 독창적으로 '감옥의 역사'를 정리한 바 있듯이, 범죄는 사람을 감시하고 통제하는 권력의 정체성과 전략에 관련되어 있다. 권력이 자기를 유지하기 위해 정한 법 규정에 따라 범죄가 되기도 하고 되지 않기도 한다. "법이 만인의 이름으로 만인을 위해 만들어진다고 믿는 것은 위선이거나 순진한 생각이다. … 원칙적으로 법은 모든 시민들에게 의무를 부과하지만, 가장 수가 많고 가장 배운 것 없는 계층에 주로 관계된다."* 범죄가 그 자체로 범죄라는 생각은 순진하거나 지나치게 개체 중심적 사유이다.

판사가 사형 집행까지 한다면

다시 연민과 감응이라는 앞선 주제로 돌아가 보자. 사형 판결이 이루어지고 집행되는 과정 속에서 인간의 근본적인 연민을 의도적으로 외면한다. 재판장이 법적 검토를 끝내고 범죄자에게 사형을 선고하지만, 그가 기꺼이 사형을 선고할 수 있는 이유는 자신이 사형을 직접 집행하지는 않아도 되는 공간 안에 있기 때문이기도 하다. 인간의 죽음, 공식적 살인이 자신과 상관없이 저 너머에서 이루어지는 일인 양 외면해도 될 법한 장소에 있기 때문이다. 만일 재판장이 직접 사형을 집행까지 해야 한다면, 사형선고 자체가 없어지거나 현저하게 줄어들 것이다. 사형당하는 이의 죽음에 대한 연민을 근본적으로 거부하기는 힘들기 때문이다.

사형집행인인들 어찌 마음이 편안하겠는가. 사형수를 눈앞에서 보고 죽음을 확인해야 하는 집행인은 죽음이라는 사건에 대한 기본적

---

* 미셸 푸코, 오생근 옮김, 『감시와 처벌: 감옥의 역사』, 파주: 나남출판, 2003, 420쪽.

인 연민에도 불구하고 자본과 직업이라는 일종의 권력 구조 속에 있기에 피치 못하게 사형을 집행한다. 그럼에도 불구하고 그 연민의 목소리는 늘 가슴속 깊은 곳에 남아서 꿈틀댄다. 오랫동안 사형수 담당 교도관으로 일했던 고중렬 씨가 '살인을 방조했다는 원죄 의식은 영영 사라지지 않을 것'이고, '사형제가 폐지되면 그나마 편안히 눈감고 떠날 수 있을 것'이라며 과거의 아픈 상처를 고백하는 이유도 여기에 있다.*

그이의 고백은 직업이라는 이유로 인간에 대한 연민을 애써 외면하고자 했으나 결코 외면할 수 없었던 인간적 본성을 잘 보여준다. 사형제도는 폐지하고, 연민의 마음은 보존하여 키워 나가야 한다. 사형제도가 폐지되고 치료가 확대될 때 사형해야 할 일 자체가 줄어들 것이다. 다행스럽게도 한국은 1997년 12월 이래 사형 집행이 없었다. 사실상의 사형폐지국이다. 사형제 자체가 폐지되기까지는 좀 더 시간이 걸릴 것이다. 그렇더라도 사형제 폐지는 인간이 인간으로 사는 한 가장 중요한 가치로 추구하지 않을 수 없는 일이다. 사형제도가 권력의 정체성을 유지하기 위한 전략이기도 하다는 사실을 생각하면 더욱이나 그렇다.

* 이남희, 〈사형폐지운동 나선 전직 교도관 고중렬〉, 『신동아』 통권 545호, 2005.02, 269쪽.

사형은 결코 죗값을 치르는 처벌이 될 수 없다. 밧줄에 걸려 숨이 끊어지는 시간까지는 불과 5분이다. 종신형이든 무기징역이든 범죄자가 자신의 죄를 알고 진정으로 죗값을 치르도록 하는 다른 처벌 방법을 국민적 합의로 얼마든지 찾을 수 있다.(고중렬)*

*   김소희, 〈공인된 살인을 그만두라〉, 『한겨레21』362호, 2001.06.07.

23. 핵발전은 필연인가
: 통제 불능의 문명

"우리의 미래는 엔진이 곧 고장 날 것을 모른 채 나이아가라 폭포 위를
조용히 나아가는 작은 유람선에 탄 승객들의 미래와 같다."

(제임스 러브록, 『가이아의 복수』, 세종서적, 2008, 27-28쪽)

통제된 자연법칙, 방법과 기술

세상은 자연법칙에 따라 돌아간다. 인간이든 생물이든 자연법칙에
따라 살 수밖에 없도록 되어 있다. 그런데 인간은 그 법칙을 지적으
로 '대상화'할 줄 안다. 여기에는 중요한 사실이 들어 있다. 가령 고대
인이 돌을 쪼개거나 날카롭게 갈면 좋은 무기나 사냥 도구가 될 수 있
다는 사실을 알았을 때, 또는 마른 나무를 비벼 불을 일으키는 방법을
알았을 때, 그 고대인은 돌이 날카로워지고 불이 붙는 자연의 법칙을

'대상화하며' 알게 된 것이다. 법칙을 대상화할 줄 아는 인간은 그 법칙을 하나의 '방법'으로 정리해 다른 이에게 전수한다. 이렇게 전수되는 자연법칙이 '기술'이다.

불을 피우는 기술 안에는 자연법칙이 들어 있다. 그러나 그 기술은 단순히 자연법칙이 드러난 데 그치는 것이 아니라, 인간에 의해 '통제'되고 '조작'된 것이다. 번개에 의해 불이 나든, 인간이 나무를 비벼 불을 일으키든, 모두 자연법칙에 따르는 것이고, 그 자연법칙이 생생하게 구체화되는 것이다. 그렇지만 벼락을 맞아 산불이 일어나는 경우보다 인간이 나무를 비벼 불을 일으킬 때, 자연법칙은 인간 안에 한층 더 분명하게 스스로를 드러낸다. 자연법칙이 인간 안에 하나의 지식으로 갇히는 것이다.

인간은 지식이 된 자연법칙, 전수된 자연법칙을 자신의 목적에 맞게 통제한다. 불도 인간의 목적에 맞추어진다. 제사를 드리기 위해 불을 지피고, 고기를 굽기 위해 불을 피우고, 집을 따뜻하게 하기 위해 불을 일으킨다. 인간이 자연법칙을 하나의 대상으로 삼아 자신의 목적에 어울리도록 조작하는 것이다.

물론 나무에 벼락이 떨어져 불이 붙든, 인간이 나무를 비벼 불을 일으키든, 그것은 자연법칙의 반영이다. 인간이 땅 위를 걷는 단순한 행동 속에도 자연법칙이 들어 있다. 그럴 때의 자연법칙은 나무 안에, 인간 안에 그만큼 내면화되어 있으며, 따라서 별도로 떼어서 볼 수 있는 것이 아니다. 그때 인간은 자연법칙과 철저하게 하나가 되어 있다.

하지만 인간이 자신의 목적을 위해 만든 불은 인간이 객체화하여 이용한 불이다. 인간은 불을 이용하면서, 자신이 일으킨 불의 힘을 더 강하게 느끼고, 스스로를 자연의 통제자나 조절자로 인식하기 시작한다. 인간의 문명이라는 것은 이런 방법과 기술의 산물이다.

종속된 주체

자연을 이용하는 방법과 기술을 체득할 때 인간은 자연법칙에 따르면서 동시에 그 법칙으로부터 벗어난다. 자연법칙으로부터 벗어난다는 말은 역설적이게도 인간이 객체화한 자연법칙을 따를 때에만 그 자연의 효용성을 누릴 수 있다는 뜻이다. 인간이 찾아내고 만든 자연법칙이 다시 인간에게 자신의 법칙을 따르라며 요구하는 셈이다. 인간이 스스로를 자연을 통제하는 방법과 관리하는 기술의 주체로 간주하는 사이, 자신도 모르게 그 방법과 기술에 종속되어 버리고만 것이다. 이것은 자연법칙에 의해 인간이 다시 대상화된다는 뜻이기도 하다. 인간이 만들어 낸 온갖 물질문명이 인간을 소외시킨다는 말이기도 하다. 자연법칙을 추상화해서 기술과 기계를 만들어 냈으나, 이제는 인간이 만들어 낸 기술과 기계에 따르지 않으면 살 수 없는 지경에 이르게 되었다.

기계는 인간으로 하여금 기계 법칙에 맞출 것을 강요한다. 물건을 생산하기 위해 기계를 만들었지만, 물건을 생산하려면 그 기계 법칙에 따라야 한다. 인간에 의해 조작되고 탄생되었으면서도 인간에 의해 속박되지 않는 '추상화한 자연법칙' 앞에서 인간이 다시 객체화되는 것이다. 그 법칙 자체가 주체가 되어서 인간에게 자신의 법칙에 따르라며 요구한다. 지배하는 자가 지배되는 상황으로 역전된 것이다.

자연 앞의 어설픈 전문가들

2011년 3월 11일, 일본 후쿠시마 앞바다에서 대지진이 있었고, 대지진의 여파로 쓰나미가 발생했고, 쓰나미로 인해 후쿠시마 핵발전소가 폭발하는 참사가 있었다. 일본에서는 핵발전소 폭발의 후유증을 십년이 지나도록 여전히 수습하지 못하고 있다. 문제는 대지진과 그에 따른 쓰나미는 어디까지나 자연 재난이었던 데 비해, 그로 인한 원전 폭발 사고는 인위적인 재난이었다는 데에 두 재앙의 근본적인 차이와 사태의 심각성이 있다.

인간은 자연법칙을 대상화하면서 핵분열에 따른 에너지 발생 방식도 통제의 대상으로 간주했다. 핵분열 원리에 따라 만든 핵발전소도 인간이 그 핵분열의 수준과 원리에 맞출 때에만 예상되는 기능을 한다. 하지만 문명사적으로 보건대 인간은 역설적이게도 문명의 주체가 되지 못한다. 문명의 법칙에 종속될 때에만 문명은 인간에게 효용성을 내어 줄 뿐이다. 문명은 인간의 편의대로 생겨난 것 같지만, 인간이 그 법칙에 맞출 때에만 문명은 인간 편을 든다.

핵발전 역시 인간이 핵분열에 의한 열에너지의 발생을 완벽히 통제할 수 있을 때에만 인간에게 유용한 에너지가 된다. 그렇다면 핵발전 관련 산업을 인간이 완벽하게 통제할 수 있을 것인가에 문제의 핵심이 있다. 이에 대해서는 여러 전문가와 그들이 처한 상황에 따라 다른 답을 낼 수 있겠지만, 이 글에서 말하려는 것은 핵발전 기술이 인간이 통제한 자연법칙 치고는 그 법칙의 농도가 지나치게 높다는 것이다. 자연법칙을 급격하게 객체화시킬수록 인간의 통제 기술에도 한계가 커지기 마련이다. 더욱이 핵발전 기술이 모든 이의 손에 맡겨져 있는 것이 아니라 소수 전문 기술자의 손에 맡겨져 있다는 점도 걱정스럽다. 인류의 미래가 달린 일을 과연 극소수전문가의 손에 맡겨 두어도 되는 것일까?

완벽한 통제의 불가능성

핵발전은 급증하는 에너지 수요에 대응하면서 화력발전이나 수력발전보다 경제성이 높다고 보았기에 시작된 산업이다. 하지만 핵발전 산업은 인간이 자연을 객체화하는 수준과 농도가 지나치게 높은 만큼 인간이 다시 자연에 의해 급격히 객체화될 가능성도 높다. 그래서 위험하다. 그리고 반자연적이다. 자연법칙을 완벽하게 조절하는 것은 애당초 불가능하다. 아무리 해도 자연의 힘은 인간의 힘과는 비교할 수 없을 정도로 크기 때문이다. 자연법칙에 따를 수밖에 없는 인간이 자연법칙을 지배하다가 그 극한에 이르러 자연법칙이 다시 인간의 목을 죄어 오는 지경에 처해 버리고 말았다. 그런데도 전반적으로 이에 대한 문제의식이 크지 않으니, 답답할 따름이다.

2009년 말 한국 정부는 아랍에미리트(UAE)에 핵발전소를 수출하기로 합의했고, 당시 언론도 이런 결정을 대서특필했다. 경제 효과를 따져가며 환호하는 이들도 많았다. 그리고 2020년에는 아랍에미리트의 핵발전소가 발전을 시작했다. 아랍에미리트도 당분간은 발전의 효과를 누릴 것이다.

문제는 어느 나라에서나 자연은 인간에 의해 온전한 수단이 되지 않는다는 사실에 있다. 누구든 자연을 억지로 통제하는 일에는 한계가 있게 마련이다. 인간이 자연법칙을 통제하며 인간을 위한 수단 안에 가두려는 행위는 사실상 장기적으로는 불가능하다. 이 가운데 핵발전의 경우는 지나치게 위험할 뿐더러, 지구에게 부담을 주고 대대손손 처치곤란의 핵폐기물을 남겨놓으니 근시안적 발상이 아닐 수 없다.

물론 단기적으로는 효과가 적지 않다. 가령 2012년 기준으로 한국에서 쓰는 에너지의 31% 가량을, 2015년에는 27% 가량을, 2018년에는 22% 가량을 핵발전에서 충당하고 있다. 태양광 등 대체에너지가 꾸준히 증가하면서 핵발전의 비율이 점차 줄어드는 추세이다. 그렇더라도 당장 없앨 수는 없는 노릇이다. 신재생에너지를 개발하는 비용에 비해 원자력 발전의 경제적 효율성이 높다며 원전을 줄이기는커녕 더 늘려야 한다는 목소리도 만만찮고, 핵발전으로 생계를 이어가는 이들도 많다.

그렇다고 해서 더 큰 문제를 간과해서는 안 된다. 자연법칙을 급격히 통제해 가며 얻는 에너지는 어떤 형식으로든 그 효용성 이상의 댓가를 당대 또는 후대에 요구한다. 핵발전의 경제적 효율성이 높다는 주장에는 후대가 떠맡아야 할 비용은 계산되지 않았다. 사실 그 비용은 가늠조차 되지 않는다. 단순히 돈의 문제이기 이전에 자연을 정면으로 거스르는 데서 오는 비용을 구체화하기는 힘들다.

비근한 예로 2011년의 동일본 대지진으로 사망 또는 실종된 이가 20,852명이고, 이재민이 315,000명이 넘는다. 핵발전소가 폭발하는 바람에 789명의 직접 사망자가 나왔고, 주변의 생태계는 파괴되었다. 설령 그것 자체는 자연재해라 하더라도, 인간이 만든 핵발전소가 폭발하여 누출된 방사능은 일본은 물론 주변국, 나아가 전 세계를 공포로 몰아넣었다. 4년이 지나자 후쿠시마의 방사능이 캐나다에서도 검출되고 있다는 보고도 나왔다. 후쿠시마 제1원전을 폐로하는 데만 삼, 사십년이 걸린다고 한다. 폭발 이후 핵연료 냉각수에 빗물과 지하수 등이 유입되어 오염된 물의 양이 이제는 한계치를 넘어 후쿠시마 앞바다에 방출할 수 밖에 없게 되었다. 그러면 방사능 덩어리인 오염수의 피해는 일본을 넘어 한국 등 다른 나라에 피해를 줄 수밖에 없게 된다.

전 세계 모든 핵발전소에서 이런 정도의 위험성은 상존하고 있다. 이것을 방지하기 위해 투자되는 비용까지 포함한다면, 핵발전이 정말 경제적인지 의심스럽기 짝이 없다. 한국은 물론 끔찍한 피해의 당사국인 일본에서조차 십년도 지나지 않아 핵발전의 위험성, 반자연성에 대해 둔감해져 가고 있는 현실이 안타깝다.

객체화할수록 위험하다

핵발전소는 효율성만으로 수용할 수 있는 문제가 아니다. 핵발전은 자연에 대한 인간의 통제가 지나치게 급격하고 농도도 짙어서 재앙의 가능성이 잠복해 있는 분야이다. 인류의 미래를 내다보면, 더 유지해서는 안 될 분야이다. 자연을 통제하는 기술이 더욱 발전하면 안전할 것이라는 주장도 있겠지만, 논리적으로 인간은 어디까지나 자연의 일부이다. 인간은 애당초 자연 안에 속해 있는 존재이지, 자연 너머에 있는 존재가 아니다. 인간이 아니라 자연이 주체인 것이다. 인간은 결코 자연을 완벽히 통제하는 주체가 되지 못한다. 자연을 객체화하면 할수록 자연 자체보다도 도리어 자연에 의해 다시 객체화되는 인간이 위험해진다.

핵발전 폐기 로드맵

정부는 설계수명이 다한 원전은 점차 폐기하되, 비용이 더 들더라도 신재생에너지, 자연 친화적 에너지 확보에 힘을 쏟아야 한다. 최근 풍력발전소를 건설한다며 울창한 임야를 황폐화시키는 일도 벌어지고 있는데, 제발 근시안적 탁상 정책은 그만두고 자연 친화적 에너지 확보는 정말 자연 친화적으로 이루어지도록 건설 방법론을 조금 더 고민해야 한다.

한시바삐 원자력 폐기를 위한 로드맵을 내어놓아야 한다. 그리고 그 과정에서 전 국민이 에너지를 줄이는 일에 동참하도록 요청할 도리밖에 없다. 앤서니 기든스가 기후변화에 대응하기 위해 정책을 개발하고 국제적으로 공조해야 한다고 강력하게 요청하고 있듯이, 핵발전을 폐기하기 위해 한국이 국제적 공조에 앞장설 수 있다면 좋겠다. 그것이 결국 인류가 사는 길이겠기 때문이다. 그렇지 않으면, 러브록의 경고마따나 우리 사회는 결국 '나이아가라 폭포' 아래로 떨어지고 말겠기 때문이다.

24. 자연이 공격해온다
: 재난과 인공지진

"예외적이어야 할 재난이 사실은 자연을 타자화하며 건설해 온 문명의 본질이며, 문명을 향유하는 일상의 속살이다."

(이찬수, "자연의 타자화, 인간의 사물화, 그리고 세월호", 『재난과 평화』, 아카넷, 2015, 33쪽)

재난(disaster, 災難)의 한자상 의미는 자연(물巛과 불火)의 힘이 커서 인간이 감당할 수 없게 된 곤란한 상황이다. disaster의 어원적 의미도 '별(aster) 또는 천체(astrum)의 어긋남(dis)'이다. 자연의 질서가 기존과 어긋난다고 느껴지는 현상을 재난이라고 한다. 이때 자연 현상 또는 질서를 곤란한 상황으로 여기는 것은 인간이다. 자연의 힘에서 인간이 곤란을 겪지 않고 피해로 느끼지 않으면 그것은 재난이 되지 않는다.

가령 지진(地震)은 맨틀 위에 떠 있는 지각 판들이 움직이면서 서로 부딪칠 때 나타나는 현상이다. 그 움직임 자체는 자연의 질서이고 조

화이고 끝없는 균형 과정이며, 지각들이 '빈틈'을 향해 움직이는 현상
이다. 폭풍도 태양열로 데워진 대기의 순환 현상과 지구의 자전으로
인한 기압의 변화 과정이다. 그것은 '약한 곳'과 '낮은 곳'을 향해 움직
이는 공기의 이동 과정이다. 대기가 급격하게 움직여 인간에게 피해
가 닥치면, 우리는 그것을 천재(天災)라 하는데, 천재도 원칙적으로는
자연 현상일 뿐이다.

하지만 문명이 시작되면서 자연의 힘이 재난으로 느껴지기 시작했
다. 자연이 인간적 성취의 과정이자 산물인 문명을 파괴하자, 인간은
그것을 재난으로 명명했다. 이것은 인간이 만든 문명이 자연의 흐름
에 비해 대단히 나약하다는 뜻이다. 애당초 자연의 힘에 무너질 수밖
에 없는 문명을 인간의 대단한 성취인 양 여기는 태도에 이미 인간의
오만함이 들어있다. 자연에 의한 문명의 파괴는 천재이기만 한 것이
아니라 인재(人災)이기도 한 것이다. 인간이 만든 문명에 인명이 살상
되고 온갖 성취가 인간을 덮치기 때문이다.

2017년 11월 15일 포항에서 진도 5.4의 지진이 발생했다. 건물이
부서지고, 기울고 사람이 다쳤다. 땅이 흔들려 사람이 다친 것이 아
니라, 사람이 만든 문명에 사람이 다쳤으니 천재이자 인재이기도 한
것이다.

그런데 이번 지진의 경우는 이전과는 다른 상상을 하게 만든다. 진
앙에서 2km 떨어진 곳에 건설 중인 포항지열발전소가 지진의 원인

을 제공했다는 주장이 더 그렇게 만든다. 지열발전소의 원리는 대강 이렇다. 지하 암반과 암반 사이의 틈을 벌려 그곳까지(포항의 경우는 땅속 4.3km 지점까지) 관을 심고 강한 압력으로 물을 주입하면 뜨거운 암반 사이에서 물이 데워지고 그 물과 수증기를 다른 관으로 끌어올려 터빈을 돌리는 일을 반복하면서 전기를 생산한다는 것이다. 그런데 문제는 지상에서 고압으로 물을 주입할 때마다 다음날 포항에서 지진이 발생하는 일이 수십 차례 반복되었다는 것이다. 그래서 이번 지진도 그 영향일 가능성이 크다는 주장이 설득력 있게 들린다. 스위스 바젤 등 해외에서도 지열발전소로 인해 소규모 지진이 계속 발생한 사례가 보고되고 있어서 더욱 그렇다. 물론 발전소 건설사측에서는 지열발전과정과 이번 지진은 무관하다면서 나름 해명 중이다. 게다가 지난 2년 동안 5천8백t 정도의 소량만(?) 주입했기에 지진이 발생할 정도의 양은 아니라는 것이다.

지열발전 전문가가 아닌 마당에 나로서도 무엇이 옳다 그르다 단언할 능력은 없다. 다만 기존 암반 사이를 인공적으로 벌려서 외부에서 엄청난 양의 물을 주입하는 이런 방식과 발상이 그저 놀라울 뿐이다. 어떤 식으로든 땅속 환경에 막대한 영향을 주지 않을 수 없기 때문이다. 지하 10m에서 섭씨 15도로 일정한 온도를 유지하는 땅속 열에너지를 가정용 냉·난방 에너지로 활용한다는 소규모 지열 시스템만 상상해보던 나로서는 땅속 수천m 아래에 있는 암반의 간격을 강제로 벌린다거나, 암반 사이에 적게는 수천t, 많게는 수백만t의 차가운 물을 강제로 넣는다거나 하는 발상과 방식이 자못 두렵기까지 하다. 지진 그 이상의 천재, 아니 인재가 발생하지 않으리라는 보장이 없을 것 같은 느낌이다.

평창올림픽을 대비해 인공강설 실험을 한다거나, 서해에 인공강우 커튼으로 중국발 미세먼지의 유입을 막겠다거나 하는 소식을 기술과 국익이라는 이름으로 아무렇지도 않게 전하는 뉴스를 보면 인간의 무모함에 겁이 나기도 한다. 어딘가에 홍수가 내리면 어딘가는 가물기 마련이다. 북경에 나비가 날자 뉴욕에 폭풍이 인다 하지 않던가. 인위적인 변화는 늘 위험을 초래한다. 자연을 독점할 권리가 특정 국가나 특정인에게 있다는 말인가. 자연은 반드시 빈틈을 따라 흐르면서 인간의 성취에 복수할 준비를 하고 있다. 자연의 힘을 무모하게 강탈하는 행위를 대체에너지라는 이름으로 눈감을 수만은 없을 것 같다. 어렵더라도 개인, 사회, 국가 간 합의를 통해 피차 자연에 대한 좀 더 겸손한 자세를 갖자는 합의를 해나가야 하지 않을까. 북한의 핵실험으로 지진이 발생하고 백두산이 폭발할지도 모른다던 그 비판의 눈길을 인공 지진의 원인에 대해서도 거두면 안 될 것 같다. 인간이 지진도 만들어낼 수 있으리라는 상상을 하다 보니 인류의 미래가 더 불길하게 다가온다.

25. 이자를 금하라
: 금융경제와 이자놀이

"알라께서는 장사를 허용하시고 이자를 취하는 것을 금하셨다. …
알라께서는 이자로 번 것을 무로 돌리시고 베풂음에다 이자를 붙이신다."

(『쿠란』 2,275-276)

　지인 중에 대형 금속 주물을 생산하는 건실한 중소기업을 경영하
는 분이 있다. 이분은 물건을 생산해 내는 제조업이야말로 어느 분야
보다 정직한 직종이라는 지론을 펴곤 한다. 물건을 생산하고 생산한
만큼 돈을 버는 제조업은 돈으로 돈을 버는 금융업에 비할 바 아니라
는 것이다. 정당한 주장이라고 생각된다.

수쿠크에 대하여

　한때 이른바 '이슬람채권(수쿠크)법' 도입을 둘러싸고 국회 내에, 그

리고 정부와 보수 개신교계 사이에 묘한 긴장감이 조성된 적이 있다. 금융 위기에 대응하고 원전 수주 등에 필요한 자금을 이슬람권에서 유치하려고, 이슬람 채권인 수쿠크를 발행하기 위한 법안을 국회에서 통과시키려다가 보수 개신교계의 반발에 부딪혀 유보된 채 유야무야되었다.

이슬람 율법(샤리아)에서는 원칙적으로 물건 없이 이자만 오가는 행위를 금한다. 여느 국가에서는 채권을 발행해 자금을 빌리면 그 자금에 대해 이자를 주도록 되어 있지만, 이슬람 문화권에서는 이자를 금하는 쿠란의 정신을 지키기 위해 독특한 금융상품들이 개발되었다. 그 가운데 기업이 채권을 발행하고 은행으로부터 일정 기간 돈을 빌리면서 기업 소유의 부동산 소유권을 은행으로 이전하면, 특수목적회사에서 그 물건을 활용해 수익을 창출한 뒤 은행에 이익금을 돌려주고, 채권 만기 때 채무자 기업이 원금을 변제하면 기업의 부동산 소유권을 회복시켜 주는 방식이 있다. 이런 방식을 수쿠크 가운데서도 '이자라 수쿠크'라 한다. 수쿠크에도 열네 종류가 있다고 하는데, 어떻든 이자 대신 배당금으로 수익을 배분한다는 점에서는 공통적이다.

만약 '이자라 수쿠크'를 한국에 도입하려면 조세법을 일부 개정해야 한다고 한다. 부동산 소유권이 오가는 사이에 생기는 양도세, 취등록세 등의 세금을 면제해 주어야, 채권에 대한 이자를 지급하지 않고도 금융 차입과 변제 거래를 성사시킬 수 있기 때문이다. 한국에서 수쿠크를 발행해 이슬람 자본을 확보하려면, 취등록세 등 각종 세금을 징수하게 되어 있는 현행 조세법을 일부 개정해야 한다는 것이다.

이런 취지에 따라 국회에서 조세특례법 개정안을 통과시키려다가, '한국기독교총연합회(한기총)' 등 보수 개신교계의 반대에 부딪혀 유보된 것이다. 이슬람채권법을 통과시키는 국회의원에 대해 낙선운동까지 벌이겠다는 개신교권의 강경한 목소리에 '표'를 의식한 정치권이 한껏 움츠러든 셈이다. '이슬람 포비아'가 만연해 있는 한국의 보수 개신교계는, 이슬람채권법은 특정 종교에 대한 특혜인데다가, 관련 법안이 통과되면 그로 인해 발생한 이익이 이슬람 테러단체에 흘러들어 갈 가능성도 있다는 이유를 들어 반대한다. 그리고 이 과정에서 이슬람문화가 한국 내에 급속도로 유입되면 결과적으로 한국에 큰 피해가 올 것이라는 논리를 펴고 있다.

이슬람권에 선교사를 파송하는 행위에 대해서는 적극 지원하거나 동의하면서, 이슬람문화의 유입에 대해서는 결사반대하는 보수 개신교권의 모순된 입장은 자기중심적이고 불공평하다. 이슬람채권법으로 발생한 수익의 일부가 테러단체로 흘러들어 갈 가능성이 있다는 주장도 지나치게 단선적이다. 한국과 무역을 하면 그 수익이 한국 내 '조폭'에게 들어갈 가능성이 있으니 한국과 거래하면 안 된다고 누군가 주장하면 얼마나 황당하겠는가.

돋보이는 무이자 정신

내가 이슬람채권법 그 자체를 찬성한다는 뜻은 아니다. 경제 혹은 채권 전문가가 아닌 탓에, 수쿠크를 경제와 자본의 논리로 정당하고 세밀하게 분석할 역량이 내겐 없다. 이명박 정부에서 시도한 UAE 원자력발전 수주와 관련해 체결한 모종의 이면계약을 해결하려는 숨은 의도로 이 법안을 마련하는 것이라면, 도리어 반대해야 할 것도 같다.

그럼에도 불구하고 종교평화학 연구자의 눈으로 보면, 수쿠크의 기본 정신은 높이 사지 않을 수 없다. 물건이나 노동이 오가지 않은 채 돈으로 돈을 낳는 이자 행위를 금하는 이슬람 정신은, 가지지 못한 이들에 대한 최소한의 배려이기도 하다. "알라께서는 이자로 번 것을 무로 돌리시고 베풂에다 이자를 붙이신다."(『쿠란』2,276) 금융 위기가 상존하거나 고조되고 있는 시대일수록, '돈에 이자를 붙이지 않고' "베풂에 이자를 붙인다."는 쿠란의 경제윤리는 더욱 되새겨야 할 규범으로 다가온다.

한 방에 무너질 수 있다

2008년 미국 월가발 금융 위기는 세계를 휩감고 있는 신자유주의의 허상을 폭로한 사건이었다. 물론 세계는 이미 자본과 시장의 힘에 강력하게 포획되어 있어서, 그런 사건을 겪고도, 그리고 여전히 진행 중인데도, 현 경제 질서나 구조는 거의 바뀌지 않는다. 그 구조의 기초에 거품과 같은 다양한 금융상품들이 거미줄처럼 얽혀 있으며, 그 거품이 현 경제 질서를 떠받치고 있는 것이다. 금융제도의 원리라는 게 무엇이던가. 이런 예를 들어 보자.

농부 甲이 생산한 쌀 값 1만 원을 A은행에 맡기면 A은행은 자기자본율(10%라고 치면)을 지키고 9천원 을 乙에게 대출해 준다. 乙이 대출받은 9천 원을 B은행에 예금하면 B은행은 丙에게 8천100원을 대출해 주고, 丙이 C은행에 8천100원을 맡기면 C은행은 7290원을 丁에게 대출해 줄 수 있게 되어 있는 것이 현 금융제도이다. 이런 식으로 계속 대출을 이어 가면 실질 생산액의 거의 아홉 배에 해당하는 가치가 창출된 것처럼 계산된다는 것이다. 부채를 늘리면서 추상적 자산 가치를 늘리고 그 자산으로 실물을 소비하는 구조이다. 그리고 이 추상적 자산이 유통되면서 경제의 기초를 형성해 간다. 이런 계산법에 근거해 부채를 창출함으로써 추상적 가치를 늘려 가다가 2008년 미국발 금융 위기가 전 세계를 강타했던 것이다. 농부 甲이 1

만 원을 일시에 찾아가면 전체가 무너지게 되어 있는 시스템이었던 것이다. 자연 안에서 실제 생산된 것은 1만 원뿐인데, 부채의 연결 고리를 통해 9만 원이라는 추상적 부를 창출해 내는 계산법은 참으로 기이하다.

이자놀이 금융경제

중요한 것은 이런 금융 시스템이 형성되게 된 기초 중 기초에 '이자' 제도가 있다는 것이다. 예금과 대출을 추동하는 힘은 '이자'이다. 이자는 맡긴 금액보다, 그리고 대출해 준 금액보다 더 돌려받을 수 있게 해 주는 근거이다. 그런 점에서 금융업은 이자 제도에 기반해 모인 자본을 활용해서 자본을 늘려 가는 시스템이다. 문제는 그 '부'라는 것이 숫자상으로 존재하는 추상적 가치인데도 실질 가치 이상의 힘을 발휘한다는 것이다. 일종의 욕망의 산물인 금융제도 속에 있는 한, 그리고 그 제도를 이용하는 한, 투자보다 더 많은 것을 얻으려는 욕망은 계속 확대 재생산될 수밖에 없다. 그 결과 총부채는 늘어나고 빌려 온 가상의 가치를 실제 생산량 이상으로 소비하면서 저도 모르는 사이에 파산의 길로 가는 것이다.

지인의 신념마따나 제조업은 금융업에 비하면 분명히 정직한 사업이다. 농사 같은 일차산업이야말로 가장 정직하다는 평가는 더 말할 나위 없을 것이다. 일차산업은 땀 흘린 만큼 되돌려 주는 자연의 법칙에 가장 부합한다. 자연의 힘을 빌려 생산한 쌀 한 가마니가 숫자적 가치로 환산되고, 그 환산된 추상적 가치가 실질 가치 이상으로 작동하도록 추동하는 금융 시스템은 사실상 인간 욕망의 산물이다. 욕망에 기반해 생산된 것 이상을 보장해 주는 이자 제도이기도 하다. 이것이 금융업의 기초를 다졌고, 현 금융제도는 급기야 부채로 부채를 막으면서도 그 모순을 느끼지 못하도록 인간을 구조적으로 묶어두고 있다.

이런 상황을 곱씹어 보면, 이자를 금하는 이슬람 율법은 인간의 욕망을 제한하면서도 인간성을 피폐하지 않게 잡아 주는 최소한의 끈처럼 생각된다. 빌려준 돈만 돌려받으면 그만이지 이자가 웬 말이냐는 이슬람식 율법은 상대적으로 가난한 이들에게 유리한 정책이기도 하다. 빈자를 보호하면서 인간 평등을 추구하는 제도적 장치인 것이다.

이런 점에서 보자면, '이슬람'이라면 거부부터 하고 보는 보수 개신교권의 자기중심적 발상과 배타적 자세가 도리어 경계의 대상으로 느껴진다. 이런 자기중심적 발상과 배타적 태도가 전 국민을 대상으로 하는 정치권과 만나면 더 위험하겠기 때문이다. 보수적 종교성의 속성상 그런 정치적 욕망은 상존하고 있다. 그렇게 가지 못하도록 주변에서 경고하며 경계해야 한다. 신앙을 협소한 도그마와 동일시하고 있는 이들은 이미 자기 판단력을 잃어버린 경우가 많기 때문이다.

협소한 이념의 유지가 아니라 실제 모든 이의 삶에 얼마나 건강한 영향을 미치는지를 기준으로 건강한 종교성을 판단할 수 있어야 한다. 남에게 이자 없이 현금이나 물품을 빌려줄 수 있으냐 없느냐는 그 한 가지 척도가 될 수 있을 것이다.

26. 아이도 국가를 위해 낳는가
: 저출산 혹은 저출생

"네가 너 자신의 인격에서나 다른 모든 사람의 인격에서
인간(성)을 항상 동시에 목적으로 대하고,
결코 한낱 수단으로 대하지 않도록, 그렇게 행동하라."

(임마누엘 칸트, 『윤리형이상학 정초』, 아카넷, 2005, B66f.; 한글판 147)

저출산 문제의 문제

저출산 상황이 지속되자 정부나 공공기관에서 출산을 장려하는 정책에 골몰하고 있다. 한때 국회에서는 여당 중심의 '저출산대책위원회'를 발족시켜 가동하더니, 이제는 대통령을 위원장으로 하는 '저출산고령사회위원회'까지 만들어 저출산 문제를 해결하기 위한 대책을 마련하느라 부심하고 있다. 대통령이 직접 챙길 정도니, 저출산에 대

한 정부의 인식이 진지하다는 뜻이다.

정부에서 언론을 통해 저출산 관련 논의의 불을 지펴서인지, 실제로 우리 사회에서 저출산과 관련하여 사회적 관심이 커지고 있다. 인터넷상에서는 저출산 관련 리포트가 수천 건, 논문이나 전문 자료도 수백 건씩 검색될 정도로 연구 결과들도 많다. 이들은 대체로 저출산이 지속되면 고령화사회가 급격히 진행되고, 생산 가담 인구, 즉 노동력이 줄어들면서 점점 더 노인인구 부양 부담이 가중될뿐더러, 결국 경제구조가 악화되어 삶이 피폐해질 것이라는 논지를 펴는 것으로 보인다. 그래서 육아에 대한 개개인의 경제적 구조적 부담도 줄일 수 있도록 보육시설도 확충하고 교육체계도 바꾸어야 한다며 여러 정책들을 내어놓는다.

물론 저출산을 문제로 여기는 것은 한국만의 현상이 아니다. 프랑스, 미국 등도 같은 고민을 했다 하고, 그 결과 출산율이 다소 높아졌다고도 한다. 일본 등 다른 나라에서도 국가경쟁력이 떨어지는 것을 우려해 출산장려책을 펼치는 중이라고 한다. 물론 그 이유는 한국과 크게 다르지 않다. 한마디로 경제적인 이유 혹은 국가경쟁력 확보와 같은 현실적 이유에서이다.

물론 이런 정책 자체는 긍정적인 효과를 낳을 수도 있다. 가령 '아이를 낳고 싶어도 낳지 못하는 난임 부부와 고위험 산모 등에 대한 건강보험 보장을 확대해 의료비 부담 없이 출산할 수 있는 환경을 마련'

해보겠다는 정책이 정말 말 그대로 시행될 수 있다면, 복지 차원에서도 유의미한 정책들이다.

그러나 저출산 대책의 목적이나 의도를 좀 더 거시적이고 근본적인 안목에서 다시 보면 우려스럽다. 출산을 장려하는 목적에 담긴 '비인간적' 발상 때문이다. 원초적인 인간 행위에 담긴 인간학적, 철학적 의미를 묻지 않고서 출산을 장려하는 정책을 수립해도 되는 것인지 염려된다. 이때 그저 여성의 역할에만 제한된 듯한 '출산'이라는 언어보다는 '출생'이라는 언어가 더 성평등적이라는 제안은 차라리 사치에 가깝게 여겨진다. 출산을 경제논리로 접근하면서 수치상의 효과를 우선적 추구하는 정책 중심의 관료 사회에서 그러한 철학적 의미까지 중시하라는 요구는 애당초 무리일테니 말이다.

출산이 수단이 되면

그럼에도 불구하고 출산 혹은 출생이라는 것은 얼마나 엄청난 일이던가. 출산은 인간이 할 수 있는 가장 원초적이고 본능적인 사건이다. 다른 목적을 위한 수단으로 삼기에는, 니체의 표현을 빌리면, 인간적인 너무도 인간적인 사건이며, 인간이 살면서 추구할 수 있는 가장 근본적인 목적이라 할 수 있는 행위이다. 생명을 낳는 행위 그 자체를 성스럽게 여기고 중시하기는커녕, 출생을 노동력의 확장으로 여기는 순간, 저도 모르는 사이에 비인간적인 길로 들어서게 될 공산이 대단히 커진다. 인간을 노동력 혹은 생산의 수단으로 간주하면서 여성은 인구 통계에 포함시키지도 않았던 과거와 무엇이 다르단 말인가.

생명이란 무엇인지, 생명을 낳는다는 것은 무엇인지 그 '성스러운' 가치를 끝없이 묻고 답하는 담론을 형성시켜서, 출산 혹은 출생이 수단이 되지 않고 목적이 될 수 있도록 하는 사회를 만들어 나가야 한다. 생명현상을 다른 숨겨진 의도를 위한 수단으로 삼는 일이 벌어진다면, 그것은 인류를 서서히 파국으로 몰아가는 길이 될 것이다.

응당 생명을 생명의 원리에 맞게 키워 가는 일은 그 생명을 낳은 이들, 그리고 그와 관계된 모든 이들의 책임이기도 하다. 그런 점에서 육아를 공동으로 한다는 사회적 책임감도 확산되어야 하고 인간을 인간답게 키울 수 있도록 제도적 뒷받침도 확대되어야 한다. 그 과정에 생명을 낳는 직접 주체인 시각이 충분히 반영되어야 하되, 생명의 탄생을 두고서 국가경쟁력 운운하거나, 기업 논리나 경제 논리로 몰고 가서는 절대로 곤란하다.

'정치적' 의도가 담긴 관료주의적 시각도 늘 경계해야 한다. 인간으로 태어나서 인간에 의해 인간다운 대접을 받으며 사는 일만큼 인간다운 일이 또 어디 있겠는가. 그리고 인간이 비인간적 목적을 위한 수단으로 취급되어서는 안 된다는 것만큼 자명한 일이 또 어디 있겠는가. 칸트의 유명한 명제처럼, 인간은 언제 어디서든 수단이 아니라 목적으로 대해져야 하는 것이다.

인간이 너무 많다

그런데 우리 사회에서 비인간적인 일은 다반사로 벌어진다. 그런 일이 많을뿐더러, 구조 자체가 비인간적이다. 인간 세상이 왜 비인간적 구조 속에 놓이게 되었는가? 더 말할 나위 없이 인간이 너무 많기 때문이다. 지구는 인간으로 넘쳐나고 있다. 그로 인한 생태계 파괴, 각종 갈등과 전쟁, 생존경쟁에 내몰리면서 발생하는 인간소외 등 각종 문제들은 사안별로 거론하기가 불가능한 지경이다. 지구라는 큰 생명을 기준으로 보면 인간은 지구라는 몸에 생겨난 '암세포'에 비유되는 상황이다.

그런데도 아이를 많이 낳으라니. 그렇게 태어난 아이가 참으로 인간답게, 충분히 대접받으며 성장할 수 있는 구조가 아닌데도 아이를 많이 낳으라니. 물론 출산 장려가 생명에 대한 존중감의 표현이라면 그것은 전혀 다른 문제이다. 그와 반대로 생명 문제마저 경제적 척도로 평가하고 장려하는 모양새라 심히 걱정스러운 것이다.

비인간적 현상의 원인은 기본적으로 인간이 너무 많은 데 있다. 많은 문제가 지구상의 인구가 줄어야 해결될 수 있다. 그것은 그저 '기술적으로' 해결할 문제가 아니다. 인구가 줄어들어 걱정인 나라가 있는 반면에 인구가 늘어서 걱정인 나라도 있다. 제대로 된 다문화사회도 이룰 겸, 그들 나라로부터 사람을 받아들이면 된다. 그렇게 지역 간에도 평등의 문화를 가능한 대로 진작시켜 나가야 한다. 유엔에서 적극 나설 필요도 있어 보인다.

인구가 줄어들고 다양한 문화를 접할 기회가 많아지면 괜한 오해에서 오는 갈등과 분쟁도 줄어들 것이고, 인간 평등, 지역 평등에도 기여할 것이다. 자민족중심주의에 기인한 민족이나 지역 간 갈등도 줄어들 것이다. 이런 식으로 적극적인 다문화정책을 펼치면 된다.

그렇게 해서 지구가 가난해진다면 그것은 도리어 인간화의 증거로 보아야 한다. 그리고 추구해야 할 일이자 자세이기도 하다. 다 같이 좀 못살 필요가 있다. 물론 혼자만 못살도록 방관해서는 안 되지만...

그런 식으로 자본이나 시장만능주의에 인간을 내몰고, 자본을 더 생산하는 인간만을 인간 대접해 주는 분위기는 없애야 한다. 너무 순진한 생각인지 모르겠지만, 다함께 좀 더 가난해졌으면 좋겠다. 다함께 가난해지면서도 더 행복해질 수 있는 길을 모색하는 것이 더 인간답지 않은가.

27. 학교는 왜 아픈가
: 대학의 종말

> "기업형 행정관리 체제가 고용인인 교수와, 상품화된 지식과,
>
> 소비자인 학생을 연결하여 대학을 형성하고 있다."
>
> (서보명, 『대학의 종말』, 동연, 2011, 39쪽)

전 국민의 '올인'

사전에서는 '대학(大學)'을 '고등교육을 베푸는 교육기관'이라 규정하고 있다. "국가와 인류 사회 발전에 필요한 학술 이론과 응용 방법을 교수하고 연구하며, 지도적 인격을 도야한다."고도 해설한다. 대번에 알 수 있듯이, 이러한 사전 풀이는 국가 중심적 정의이다. 그런데 요즈음 누가 국가와 인류 사회를 위해 대학에 진학하는가. 실제로는 누구든 자신을 위해 대학에 간다.

물론 사회사적으로 보건대 대학을 비롯한 학교교육은 근대 문화로의 변화를 선도하는 계몽적 역할을 수행해 온 것이 사실이고 여전히 그런 측면이 있다. 교육은 개인과 집안의 신분을 상승시켜 주기도 했고, 산업 현장과 연결되면서 한국 경제발전의 기초를 담당하기도 했다. 그러다 보니 교육이라는 보이지 않는 투자를 통해 격변하는 시대를 경험하며 헤쳐 온 기성세대는, 교육으로 성공한 사람이든 교육의 기회를 놓쳐 안타까워하는 사람이든, 한결같이 교육에 집착하는 성향을 보이고 있다. 그 정점에 대학이 있다.

　　온 사회가 대학에 '올인'하다시피 하는 것은, 사전적 정의와는 달리, 국가나 사회가 아니라 자신의 성장을 위해서이다. 자신을 위해 투자해야 할 영순위에 교육을 두고서, 거의 전 국민이 교육에 몰입해 왔다. 그 결과 대학에 진학하려는 이들의 일차적 의도와는 달리 대학이 국가경쟁력을 강화하는 데 기여하기도 했다. 하지만 대학 진학은 사실상 개인의 성장을 위한 투자였다. 개인의 욕망을 전제한 개인의 전력적 투자들이 얽히고설키면서 이제는 정책으로는 풀 수 없는 난국의 상황에 이르렀다. 교육이 큰 병에 들었다면서도 아무도 해결할 수 없는 난망한 형편에 처하고 말았다.

　　그러니 어쩔 것인가? "땅에서 넘어진 자 땅을 짚고 일어서라."는 고려시대 보조국사 지눌의 교훈마따나, 전 국민이 거의 광적으로 교육에 '올인'하며 생긴 문제는, 분명 난제임에도 불구하고, 여전히 교육으로 풀 수밖에 없는 교육적 과제인 것도 분명하다. 대학이란 무엇이며, 오늘 우리의 대학은 어떤 형편에 처해 있는 것일까? 대학은 과연 큰(大) 배움(學)의 장소인가?

조직과 재산

대학은 본래 교수 또는 학습자들의 모임 또는 조직이었으나, 일제 때 '사립학교령'을 제정해 일정 수준의 재산이 있어야 학교를 설립할 수 있도록 한 뒤에는 설립자가 교수를 고용하고 학생을 선발하는 흐름이 생겼다. '사립학교령'을 제정한 것은 '불온한' 이들이 대학을 설립하는 것을 제한하려는 전략적 의도에서였지만, 그 뒤 한국사회에서 사립대학은 시설로서의 물적 요소와 단체로서의 인적 요소를 함께 가지게 되었다.

국공립대학(국가나 지자체 같은 공법인이 설립자가 되어 시설을 설치, 운영한다)과 달리, 사립대학은 재산을 근거로 구성된 재단법인이 시설을 설치하고 운영하는 주체로 부각된다. 법인 구성원들이 스스로를 학교 운영의 주체이자 소유자로 자리매김해 가면서 교수를 채용하고 학생을 선발해 교육사업을 벌이는 흐름이 커져 간 것이다. 이 점만 놓고 보면 법인 이사나 경영자가 교수나 학생보다 우위에 있는 것처럼 보이기도 한다.

하지만 대학은 그 의미와 속성상 '시설'만이 아니다. 대학은 기본적으로 사람들의 '조직'이기도 하다. 대학은 교사와 학습자가 만나게 하는 조직적 중개자로서의 역할도 한다. '조직'이란 개별적으로 만날 수밖에 없는 요소들을 체계적으로 결합시켜 능률과 합리화를 도모하는 활동 공간을 의미한다. 그런 점에서 대학은 분명히 하나의 '조직'이다. 당연히 조직 구성원 전체가 대학의 주체이기도 하다. 시설 투자를 한 설립자가 주인 의식을 가지는 것도, 학문의 보급자인 전체 교수가 주인 의식을 가지는 것도, 시설을 운영하는 근간인 등록금을 내는 학생이 주인 의식을 가지는 것도 다 정당하다.

때론 이 세 주체가 충돌하곤 한다. 그러나 충돌이 있다는 것은 역설적으로 학교가 건강해질 수 있다는 뜻이기도 하다. 경영자, 교수, 학생이 어떻든 대학 구성원으로서의 주체 의식을 지니고 있다는 증거이기 때문이다.

하지만 현실에서 대학교수들은 자신을 단순 피고용자로 여겨 자신을 선발한 경영자의 경영 방식이나 평가 기준을 있는 그대로 인정하고 때로는 비리도 눈감아 주며 스스로 그에 종속되고 마는 경우가 더 많다. 그저 월급만 받으면 그만이라는 냉소적인 회피 성향이 강하다. 학생도 별 주체 의식 없이 졸업장이라는 자격증만 따면 그만이라는 식의 소극적 처신에 머문다. 한국사회에서 대학, 특별히 사립대학의 온갖 문제가 해결되지 못하는 이유는 주로 여기에 있다.

사적인 영역으로의 도피

　오늘날 사립대학의 문제는 대학 구성원이 자기주장을 하는 데서 생기는 것이 아니라, 사적인 영역으로 도피해 개인의 안일만을 보전하려는 데서 비롯된다. 대학의 주체들이 교육의 공공성에 눈감으면서 소유 의식이 강한 설립자나 경영자의 욕망의 크기에 비례해 문제도 그만큼 커지게 되는 것이다.

　특히 한국의 경우는 교육법상의 행위 주체와 재산상의 행위 등 사법상의 행위 주체를 분리하는 경우가 많다. 그러다 보니 교육철학과는 모순되게도 대학을 설립자의 재산처럼 여기는 사례가 빈번해진다. 대학을 영리법인처럼 만들려는 시도들이 신자유주의 생존경쟁 체제 속에서 정당화된다. 그러면 그럴수록 대학이 점점 더 사설학원 수준으로 전락하지만, 학교 경영자는 늘 이러한 유혹에서 벗어나지 못한다. 유혹에서 벗어나지 못하는 정도가 아니라 더 적극적으로 대학을 영리단체로 몰아간다. 대학에 대한 투자도 수익을 내기 위한 전략일 때가 더 많다. 그나마 교육으로 재투자하기보다는 위기 상황에 처할수록 외적 몸집 불리기로 대응하려 한다.

　외적 규모는 지속적으로 확대시키지만 그에 반비례해 교육의 질적 수준은 그에 미치지 못한다. 이것은 설립자나 경영자가 대학을 '자산'으로 생각하는 데서 비롯되는 당연한 현상이자 결과이다. 설립자가 경영까지 하게 되면, 그에게 대학은 자신의 자산에 가까워진다. 개인적 자산처럼 여기기에 시설에는 투자할지언정 구성원들의 질적 성장에는 투자하지 않으려 한다. 교수나 직원 월급은 가능한 한 동결하거나 깎으려 하지만 학생들 등록금은 가능한 한 올리려 한다. 투자를 하더라도 가능한 한 시설 분야에 투자를 해 두어야 학교의 경제적 가치가 올라가기 때문이다. 이것은 사립학교의 경우 두드러지는 현상이다. 만일 학교를 매매하는 상황이 오게 되면—이런 상황을 일부러 바라는 설립자도 적지 않을 것이다— 시설 매매대금을 자신의 재산으로 챙길 수 있기 때문이다.

대학의 부동산

실제로 대학의 실체는 구체적 유형물로서의 건물과 토지에 확고하게 뿌리박고 있는데, 토지의 항구성이 대학의 존속을 담보한다. 기업은 자산보다 채무가 많을 수도 있고 주주와 같은 사람과 처분 가능한 재산을 핵심으로 하고 있어서 상황에 따라 변동의 폭이 큰데 비해, 대학은 설립 당초 또는 그 이후의 조치에 의해 처분 불가능하도록 대학기본재산으로 정해진 것들을 근거로 한다. 그런 점에서 기업이 30~40년을 못 넘기고 사라져도 대학은 더 오래 유지될 가능성이 크다.*

　이처럼 대학은 부동산을 기본 자산으로 하여 설립된다. 한국의 대다수 대학들이 작게는 수천 평에서 많게는 수백만 평까지 부동산을 소유하고 있다. 4년제 대학의 토지를 합하면 1억 3000만 평가량 된다고 한다. 게다가 대부분 지리적으로 요지에 자리를 잡았고, 또 대학이 자리잡으면 지리적으로 요지가 된다. 대학이 보유한 땅의 가치를 시장가격으로 환산하면 수백조 원이 넘는다고 한다. 한국의 대학은 명실공히 최대의 대지주 집단인 것이다.

　대학들이 보유한 부동산은 교육적 가치가 없지는 않겠지만, 경제적으로 기여하는 바가 거의 없다. 산학 협력을 통해 대학의 부동산이 경제적 차원에서도 활용될 필요가 있겠지만 그렇게 되지 않는다. 거기에는 이유가 있다. 일단 정부가 대학의 부동산을 학생 교육에 제한하여 사용할 수 있게 했고, 대학은 그 핑계로 부동산을 독점 소유하면서, 종종 투기 목적으로 이용하고 확장하곤 한다. 재산 불리기를 하는 것이다. 그러면서 부작용도 생겨난다.

　가장 큰 부작용은 앞에서 본 대로 대학의 재산이 교육에 재투자되기보다는 그저 몸집 불리기에 쓰이거나 경영자 개인의 재산처럼 간주되는 것이다. 교육열이 막강한 사회였던 탓에 대학을 세우기만 하

* 정기오, 『대학이란 무엇인가』, 파주: 한국학술정보, 2006, 43쪽.

면 돈을 벌 수 있었다. 교육은 정말 유익한 사업이 되어 온 것이다. 하지만 고려시대 사찰들이 토지를 대규모로 사유화하다가 고려 말 경제적으로 낙후되는 중요 계기로 작용했던 것처럼, 대학이 부동산을 재산 부풀리기 수단으로 삼는 문제는 향후 여러 가지 차원에서 걸림돌이 될 가능성이 있다.

대학과 국가

한국의 경우 자체적인 교육 역량이 없던 20세기 전반기 때, 거의 모든 교육을 사립학교가 감당했다. 사립학교가 설립되면 정부가 운영(교육)을 위한 재정지원도 한다. 여기서 정부와 사립대학의 공생, 부정적으로 말하면 국가의 사립대학 통제가 시작된다.

1995년 5월 31일 교육개혁안이 발표되기 전까지는 사립대학 설치를 거의 국가의 통제 아래 두었다. 그러다가 대통령령에 따라, 교사(校舍)·교지(校地)·교원(敎員)·수익용 기본재산(財産)이라는 네 가지 기준만 충족시키면 사립대학 설립을 인가하는 '준칙주의'로 전환했다. 이로써 사립대학 설립이 국가의 직접 통제로부터 다소 벗어나게 된 것은 다행이라고도 할 수 있다. 하지만 '아무나' 대학을 설립하면서 대학의 질이 떨어지게 된 것은 불행스러운 일이다. 그 후 대학 졸업생이 과다 배출되면서 한때는 고교 졸업생의 90%에 가까운 수가 대학에 진학하는 '비정상적' 사회가 되었다. 2019년에는 고교 졸업후 국내외 대학 진학률이 76.5%까지 떨어졌지만, 여전히 지나치게 높다. 이런 현상이 새로운 사회문제로 이어지고 있다.

특히 실적을 매개로 하는 교수 연봉제와 업적평가 시스템은 학문적 자유를 보이지 않게 억압한다. 현재 대학교수의 연구역량 평가는 대부분 '한국연구재단'에 등재된 학술지 논문을 중심으로 이루어진다. SCI, SSCI, ANHCI 등 국제적으로 통용되는 학술지들에 게재하면 훨씬 더 우대받는다. 이를 위해 한국연구재단은 적절한 연구 주제를 선정해 거액의 연구비를 지원한다. 그러다 보니, 교수 등 각종 박사급 연구자들은 '필사적으로' 연구비 수혜에 매진한다. 물론 단순하게 생각하면 정부가 연구비를 지원함으로써 연구의 주제가 다양해지고, 기초 학문이 든든해지며 박사급 연구자가 경제적인 도움을 받는 장점도 있다.

하지만 연구비라는 '미끼'로 인해 연구의 순수성은 훼손된다. 순수한 연구가 이루어지기보다는 연구비 수혜 가능성이 높은 주제를 인위적으로 만들다시피 한다. 그런 방식으로 이루어지는 연구이다 보니, 결국 교수 사회는 연구비를 둘러싸고 국가의 정책이나 이념 또는 사회적 분위기에 동조하는 연구를 주로 하게 되며, 그럼으로써 자신도 모르는 사이에 자본을 중심으로 국가에 통제되는 시스템 속으로 들어가게 된다.

자본과 권력에의 감염

이러한 시스템은 교수의 역량 평가를 결국 연구의 '질'의 문제가 아니라 '양'의 문제로 만든다. 이전에 비해 몇 배, 몇십 배나 되는 논문들이 쏟아져 나오고 연구의 주제도 다양해졌지만, 그렇다고 천재적이거나 독창적인 연구 결과가 나오지는 않는다. 대학에서는 연구 결과도 다분히 양적으로 평가함으로써 교외 연구비 수주를 승진의 주요 기준으로 삼는다. 결국은 연구의 질적 내용을 기준으로 하기보다는, 연구비 수주의 규모로 교수의 능력을 평가하는 식으로 바뀌어 가고 있다.

대학에서 교수들의 사회봉사 영역을 평가할 때도 정부 기관에 참여하는 경우의 점수와 시민단체에 참여하는 경우의 점수가 다르다. 정부 기관을 중심으로 하는 사회 활동 점수는 높은 데 비해 시민단체를 중심으로 하는 사회 활동 점수는 낮다. 학문적 양심을 정부 이념이나 정책 등과 연결 짓도록 만드는 보이지 않는 손이 작용하는 것이다. 구조적으로 교수들 자신도 의식하지 못하는 사이에, 스스로 권력 지향적, 자본 지향적, 시장경쟁적 분위기에 휩싸이게 되는 것이다. 사회봉사라는 미명하에 결국 연구와 교육보다 친자본형 인간과 권력형 인간을 양산하며, 교내적으로는 대학 경영자에게 종속되는 구조가 공고해질 가능성이 높아지는 것이다.

현재 대학에서 시행하고 있는 '학부제' 또한 대학의 다양한 순수 학문의 세계를 자본 논리에 입각한 무한 경쟁의 장으로 내몰면서 수익구조 개선에 공헌하지 않는 학문은 도태시키는 구조를 공고히 하고 있다. '성스러운 학문'을 통해 '성직자'를 양성한다며 세운 신학대학이나 여러 종립 대학들도 경제 논리를 내세워 신학과나 종교관련 학과부터 폐과하는 경향이 두드러지고 있다. 지원하는 학생이 없다는 이유에서이다.

하지만 그런 논리는 종립 대학에서 내세우던 성스러운 소명이라는 것도 사실상 명분에 지나지 않는다는 증거라고도 할 수 있다. 성스러움의 척도도 자본의 크기에 비례해 판단할 정도로 종교단체나 종립 대학도 수익구조에 집착하고 있다. 학생은 학생대로 무한 경쟁 체제하에서 주로 자본의 크기로 진리의 척도를 삼는다. 지식의 축적이라는 무한한 자원과 가치를 중심으로 모였던 대학 사회가 자본의 축적이라는 욕망 앞에서 줄서기 하는 문화로 변질되어 가고 있는 셈이다.

학문의 비솔직성

이러한 상황 속에서 학문은 점점 더 솔직하지 않게 된다. 대학에서 학문이 솔직하게 이루어지지 못하는 것은 연구비를 미끼로 내건 국가적 정책 때문이기도 하고, 개인의 내면으로 들어가 보면, 학자 혹은 교사 자신이 학문에 대해 부정직하거나, 철학이 부재하기 때문이다. 그 부정직함은 학문을 학문의 논리가 아닌, 시장의 논리에 따라 움직이는 사회적 흐름에 타협한다. 자본과 권력에 타협하는 것이다. 자본과 권력에 타협하는 것은 자본을 분석하고 권력을 논하는 태도와는 다르다. 자본과 권력으로부터 자유로울 때 자본과 권력을 제대로 논할 수 있는 것이다. 자본이나 권력에 타협하지 않고 스스로 가난을 선택할 수 있는 청렴한 학자의 불꽃같은 눈이 견제 장치가 되어야 학문의 자유와 교육의 의무를 깨끗하고 살아 있게 만드는 것이다.

『내가 정말 알아야 할 모든 것은 유치원에서 배웠다』는 책이 있다. 인간됨의 기본은 사실 유치원에서 배운 것이면 충분하지만, 현실에서는 그것을 이용해 인간 위에 군림하려는 얄팍한 행동을 한다. 그로 인해 인간 본연의 가치가 구체화되어야 할 종교와 교육의 현장이 이기적 욕망을 충족하는 수단으로 이용되고 사회악으로까지 번져 가게 되는 것이다. 교육의 현장이 교육답지 못해져 가는 이유는, 국가의 교육정책 때문이기도 하지만, 사회적 흐름이 아닌 개인적 자세 안에서 찾아본다면, 그것은 교육자 자신의 철학이 부재하거나 교육자가 학문에 대해 부정직하기 때문이기도 하다. 그 부정직함은 교육과 학문을 교육과 학문의 논리가 아닌 시장의 논리에 따라 움직이는 사회적 흐름에 휩쓸리게 만든다. 금력과 권력에 타협해 버리는 것이다.

이것은 역으로 금력과 권력으로부터 자유로울 때, 그리고 그런 이들이 대학에 모일 때 학문의 진정한 자유가 이루어질 수 있음을 뜻한다. 그런 점에서 학문과 교육은 인간을 인간답게 하는 가치들과 통한다. 금력이나 권력에 타협하지 않고 스스로 가난을 선택할 수 있는 청렴한 선생의 불꽃같은 눈이 교육을 교육답게 하고 학교를 정화시키는 견제 장치가 되는 것이다.

이제는 진부할 정도의 표현이 되었지만, 인문학의 위기라기보다는 인문학자의 위기라는 말이 옳다. 무슨 문제든 인간으로부터 시작되기 때문이다. 학문의 부자유에는 교육자의 부정직함이 반영되어 있다. 인간적 욕망이 종교의 이름으로 포장되어 유통되고, 진리의 이름으로 상업적 논리가 득세하는 모순을 파헤치는 교육이어야 한다. 어떻게든지 내면의 소리에 대해 정직하고 이웃을 배려할 수 있을 때, 학문이 서고 학교가 산다. 그런 학교를 만들기 위해 어느 때보다 절실하게 노력해야 한다.

제 **IV** 부

한국과
일본은
왜 꼬였나

일본에서 메이지 시대 전반기까지 유행한 판화(니시키에 · 錦絵)인 「조선전보실기(朝鮮電報實記, 1894)에는 장대한 일본군이 초라한 조선 의병(갑오의병)을 제압하는 그림이 있다. 이 그림은 조선인을 인종차별적으로 묘사하면서 청일전쟁(1894)과 조선침략을 정당화하는 내용으로, 일종의 국민 교화용 판화다. 「조선전보실기」는 조선에 대한 메이지 시대 일본 지도층의 관점을 잘 보여준다. 청일전쟁에서 승리한 이후 조선은 이미 일본의 관리하에 있다는 생각이 엿보이며, 그 뒤 조선을 본격 지배하면서 한반도를 뒤집어놓았고 한일 관계를 풀 수 없을 정도로 꼬아놓았다. 사진은 1894년 7월 23일 조선의 갑오의병(왼쪽)과 전투를 벌이며 경복궁에 들어가는 오토리 케이스케(大鳥圭介 · 오른쪽)

28. 한국의 시간을 복원하라
: 한국 속의 일본

"타자를 만지고 타자를 느끼며 동시에 타자를 나 자신에게 설명하려는
단순한 노력을 왜 그대는 하지 않는가?"

(프란츠 파농, 『검은 피부, 하얀 가면』, 인간사랑, 2013, 316쪽)

"저녁해는 서울보다 일찍 지더라."

WCRP 평화연구소 객원연구원 자격으로 일 년간 일본 도쿄에 머문
적이 있다. 그 전에도 박사학위 논문으로 일본 교토학파의 사상에 대
해 다루었고 학술회의나 종교회의 참석 차 일본에 예닐곱 차례 다녀
오긴 했지만, 아무래도 일본의 현장 상황을 몸으로 느끼기는 힘들었
다. 일본에 대해 좀 더 공부해 보려는 마음으로 도쿄에 도착한 지 한
달쯤 되던 가을 어느 날, 도쿄에 계신 성공회의 한 신부님이 내게 안

부 차 메일을 보냈다. 첫 인사말은 이렇게 시작되었다. "동경은 서울보다 해가 일찍 오릅니다. 혹 느끼셨는지요?"

메일을 읽으면서 내가 받았던 도쿄의 몇 가지 인상 가운데 하나가 떠올랐다. 9월 19일 6시경, 나리타공항에서 자동차로 레인보우 브릿지를 지나 도쿄 시내로 들어갈 때였다. 저녁 6시 정도인데 이미 완전히 어두워져 있었다. '서울은 7시는 되어야 어두워지는데 여기는 벌써 해가 넘어갔네.' 메일을 받고는 그렇게 독백하던 기억을 떠올리며, 나는 이렇게 답을 보냈다. "제가 게을러서 그런지 아침 해가 일찍 오르는지는 잘 몰랐는데, 저녁해는 서울보다 일찍 지더라구요."

서울의 시간

그렇게 다시 한 달여 흐른 11월 초, 5시면 어두워지는 도쿄의 저녁을 생각하다가, 이미 알고 있었지만 새롭게 느껴지는 사실 하나가 퍼뜩 떠올랐다. 바로 한국의 시간은 도쿄의 시간을 따라 쓰고 있다는 사실이었다. 모르던 사실이 아니었는데, 꽤 새삼스럽게 느껴졌다.

그런데 곰곰 생각해 보니, 도쿄의 해가 일찍 오르는 것이 아니고, 또 서울의 해가 늦게 지는 것이 아니었다. 도쿄나 서울이나 위도상의 차이가 거의 없으니 사실상 해의 길이는 거의 같다. 그런데 서울에서는 가령 아침 7시에 해가 떠서 저녁 6시에 진다고 말한다면, 도쿄에서는 아침 6시에 해가 떠서 저녁 5시에 진다는 식으로 말하는 것이다. 말만 그렇게 하는 것이 아니라, 실제로 그렇게 느끼며 살고 있는 것이다. 그렇게 말하고 인식하면서 서울 사람은 실제로 아침 7시에 하루를 시작하고, 도쿄 사람은 6시에 하루를 시작하게 되는 것이다. 그리고 더 중요한 것은 도쿄는 실제 태양의 시간에 가깝고, 서울은 실제 태양의 시간과 다소 다른 시간을 살고 있다는 사실이다. (서울은 실제 태양시보다 32분 빠르고 도쿄는 태양시보다 19분 느리다.)

궁금해 좀 더 구체적으로 알아보았다. 가령 2007년 12월 13일, 서울의 일출 시간은 07시 38분, 일몰 시간은 17시 14분이었고, 도쿄의 일출 시간은 06시 41분, 일몰 시간은 16시 28분이었다. 2020년 10월 4일 서울의 일출 시간은 06시 24분, 일몰 시간은 18시 04분이었고, 도쿄의 일출 시간 은 05시 39분, 일몰 시간은 17시 22분이었다. 물론 한국과 일본은 위도 차이가 거의 없으니 해의 길이는 거의 같다. 한일 양측 기상청과 천문연구원에 의하면, 2007년 12월 13일 기준으로 한국의 해의 길이는 9시간 36분, 일본의 해의 길이는 9시간 37분이다. 다만 한국은 아침 7시 38분부터 9시간 36분 동안 해가 떠 있다 말하고, 일본은 아침 6시 41분부터 9시간 37분 동안 해가 떠 있다고 말하는 차이가 있을 뿐이다. 가만 생각하니 우스웠다.

작은 듯하지만, 한국인의 근원적이고 구조적인 착각을 보여주는 한 사례였기 때문이다. 왜 우리는 아침해가 7시에 뜬다 말하고 생각하고 행동하며 살게 되었을까? 도쿄의 시간은 실제 태양시에 비교적 가까운데, 왜 우리의 시간은 실제 태양시와 다소 차이를 두고 살게 되었을까?

1910년 일본의 지배를 받으면서 시간 축을 도쿄에 맞추게 되었다가, 해방 후 원래 시간으로 회복했는데, 1961년도에 다시 도쿄를 축으로 하는 시간으로 바꾸었다고 한다. 왜 그랬는지 정확한 이유를 단정하기는 힘들지만, 한반도 유사시 주일 미군이 출동하려면 한국의 시간과 일본의 시간이 같아야 여러 가지로 유리하다는 군사적 이유가 적지 않게 작용한 것으로 보인다. 우리의 시간을 선택하는 기준에 한반도의 위도와 경도에 어울리는 가장 순수한 자연시간(즉 태양시)보다는 정치, 군사적 이유가 더 크게 작용하고 있는 것이다.

그러나 분명한 것은 정말 자연에 어울리는 시간에다가 한 시간쯤 느린 숫자를 붙여 놓고는 6시에 뜬다고 말해야 할 것을 7시에 해가 뜬다 말하면서, 자연에 대한 작지 않은 착각 속에서 살고 있다는 사실이었다. 자신도 모르는 사이에 삶의 기준을 자기가 서 있는 자리가 아닌, 남의 자리에 두고 있는 것이다.

우리는 타자인가

사실 기준을 다른 데 두고 있는 경우가 어디 이뿐이던가. 가령 그동안 한국 기독교의 기준은 한국이 아니라 로마나 미국이 아니었던가. '거룩한 땅'은 여전히 예루살렘에나 있는 것 아니던가. 음악은 으레 서양음악일 뿐, 우리 음악은 국악 아니던가. 역사는 으레 서양 역사이고 우리 것은 국사 아니던가. 철학 하면 으레 서양철학이고 우리 것은 '한국'이라는 수식어를 붙여야만 성립되는, 종속적인 것 아니던가. 그나마 한국 철학의 기원은 대부분 중국에서 찾아지지 않던. 비행기 타고 '서쪽으로' 10시간은 더 걸려 가는 나라를 '가운데 동쪽(중동)'이니 '가까운 동쪽(근동)'이니 하며, 마치 유럽인처럼 말하지 않던가. ―물론 동쪽으로 빙 돌아간다고 해도 중동이나 근동 지역이 나오기는 한다.―6.25의 비극을 '한국전쟁'이라며 남의 나라 얘기하듯 타자화하지 않던가. 양력 1월 1일 0시가 되면 연예인들이 TV에서 '새해 복 많이 받으시라'며 큰 소리로 외치고는, 다시 음력설이 되면 '새해 복 많이 받으시라'며 또 시청자들을 향해 절을 한다. 우리가 새해의 기준조차 아직 확립하지 못하고 있다는 뜻이기도 하다.

그만그만한 이런 사례들은 더 나열할 필요도 없을 것이다. 남의 것에 기준을 두고 사는 삶이 체질화되다시피 해서, 별로 어색해할 것도 없을 테니 말이다. 그런데도 자꾸 씁쓸하게 입맛을 다시게 되는 것은 왜일까? 언제쯤 우리 자신이 기준이 되어 볼까? 언제쯤 내가 누구인지 저 밖이 아닌, 나의 내면 깊은 곳에서부터 제대로 보고 알 수 있게 될까? 한반도 전체가 여전히 도쿄의 시간을 따라 쓰고 있는 현실을 생각하다 보니, 여러 가지 모순들이 연결되어 따라 떠오른다.

29. 동해는 동쪽인가
: 푸른 바다 또는 평화의 바다

"어떤 장소는 다시 그곳에 도달할 수 있도록 지도에 기재되고서야

비로소 진짜 발견된 것이다."

(Norman J. W. Thrower, Maps and Man, Prentice-Hall, 1972, p.48. 와카바야시 미키오,

『지도의 상상력』, 산처럼, 2006, 185쪽에서 재인용)

동해는 어디인가

일본의 도쿄(東京)는 위도상으로는 일본열도의 중간에, 경도상으로
는 일본열도의 오른쪽에 위치한다. 중앙의 제일 큰 섬 혼슈(本州) 동
남쪽 도쿄 인근 지역을 간토(關東)라 하고, 오사카가 있는 지역을 간사
이(關西)라 하며, 간토와 간사이 사이의 지역을 도카이(東海)라 한다.

한국에서 볼 때 일본은 동쪽에 있지만, 일본 사람들이 볼 때 한국

은 서쪽에 있다. 도쿄에서 한국을 상상하다 보면 자연스럽게 해가 지는 서쪽을 보게 된다. 그것이 도쿄에 있는 이들의 자연스러운 방위 감각이다.

여러 해 전 도쿄에 머물고 있던 어느 날 여행차 온 한국의 기자 출신 지인이 내게 동쪽이라는 말을 하면서 동해에 다녀왔다며 여행담을 들려주었다. 얼핏 들었을 때는 도쿄의 동쪽 태평양 해변가를 다녀왔다는 말로 이해했다. 아니 도카이(東海) 연안을 다녀왔다는 뜻인가 싶기도 했다. 그런데 가만 듣자 하니 그이가 다녀온 곳은 일본의 동쪽 바다도 도카이(東海) 지역도 아니었다. 그는 한국의 동쪽 바다, 울릉도와 독도가 있는 그 '동해'를 말하는 것이었다. '아, 우리의 동해…' 하며 나는 생각을 고쳐 잡고 대화에 계속 응했다.

동해인가 일본해인가

국제수로기구(IHO) 총회를 앞두고 일제 이후 일본해(Sea of Japan)로 국제화되다시피 한 우리의 바다 '동해(東海, East Sea)'를 회복하기 위해서 재미 한인들이 중심이 되어 백악관에 청원을 하자는 운동을 벌인 적이 있다. 한국에 있는 많은 이들도 미국 백악관 홈페이지에 백악관의 의중을 묻는 인터넷 청원에 동참하기도 했다. 그리고 2012년 4월 23일부터 국제수로기구 '해양과 바다의 경계(Limits of Oceans and Seas)'

4차 개정판을 확정하는 작업이 시작되었고, 25일에는 기존의 '일본해' 단독 표기를 고집하는 일본 측 주장과 '동해/일본해' 병기를 관철시키려는 우리 측 주장 관련 논의가 있을 예정이라고 했다. 한국으로서는 '동해'라고 단독 표기를 하면 좋겠지만, '일본해'라고 단독으로 표기된 세계지도가 훨씬 많은 상황에서, '동해/일본해' 병기가 이루어지는 것만으로도 일단 소득일 것이라고 생각했다. 이 문제는 2012년 국제수로기구에서 처리되지 못한 채 2017년에 재논의하기로 미뤄졌다가, 다시 2020년 11월에 최종 결정하기로 정해졌다.

위치의 아이러니

'동해/일본해' 병기가 성사되거나, 거의 가능성은 없지만 설령 '동해' 단독 표기를 이루어 낼 수 있다고 해도, 우려가 전혀 없는 것은 아니다. 그것은 '동해'라는 이름 때문이다. 앞으로 우리가 외교력을 결집해 만일 '동해/일본해' 병기를 성취해 내거나 다른 방식으로 '동해'라는 이름을 부각시킨다고 해도, 전적으로 기뻐할 만한 일은 아닌 것같다. '동해'라는 말이 들어가 있는 한 분쟁은 두고두고 지속될 것이기 때문이다.

일본인의 입장에서 보면 서쪽에 있는 바다인데 어느 일본인이 동쪽바다[東海]라는 호칭을 좋아라 쓸 수 있겠는가. 한국인이 경포대나

해운대 바닷가에서 물놀이를 하면서 '일본해'에 발을 담그고 있다는 말을 쓸 수 없는 것처럼 말이다. 물론 '동해'라는 표기를 국제화하는 데서 오는 국내외 정치사회적 효과도 있을 테니, 지금 당장으로서는 '동해/일본해' 병기 목표가 최소한의 전략일 것이다.

하지만 좀 더 장기적으로 보면 '동해'라는 이름 자체를 재고할 필요가 있다. 서쪽을 바라보는 이에게 '동쪽 바다'라는 이름을 상상하게 하는 일 자체가 무리한 요구가 아닐 수 없기 때문이다. 물론 동해만이 아니다. 애당초 서해, 남해 등 아무 고민 없이 한반도 본토 중심의 언어를 통용해 온 탓에 제주 도민이 '남해안'이라는 말을 쓰거나 들으면서 북쪽을 연상해야 하는 터무니없는 아이러니가 벌어지고 있으니 말이다.

우리는 극동인가

물론 우리도 유럽 기준으로 설정된 방위 언어를 아무 생각 없이 쓰는 경우가 많다. 우리에게는 멀디먼 서쪽 팔레스타인 인근 지역을 흔히 '근동(近東, Near East)', 즉 '가까운 동쪽'이라 부르고 있지 않은가. 사우디아라비아, 이라크, 이란 등 서부 지역을 우리도 '중동(中東, Middle East)', 즉 '가운데 동쪽'이라 부르고 있지 않은가. 동남아시아는 또 어떤가. 우리에게는 남아시아 혹은 서남아시아 지역에 해당하는데도 말레이시아나 인도네시아 지역을 유럽의 시각에 따라 아무 반성 없이 '동남'아시아라 쓰고 있지 않은가. 유럽인의 눈으로 만들어진 방위 언어를 피치 못하게 쓰면서 씁쓸한 느낌을 지우기 힘든 것이 사실이다. 외교력을 총동원해 동해(East Sea)라는 말을 국제 표준 언어로 살려낸다고 해도 기뻐할 수만은 없는 이유가 여기에 있다. 어쩌면 대한민국이 '가장 동쪽(極東, Far East)' 지역에 있다며 거리낌 없이 말하기도 하는 습관부터 바로잡아야 할는지 모른다.

청해 또는 평화의 바다

대안이 없는 것은 아니다. 십 수 년 전부터 제기되어 온, 동해·일본해라는 말 대신에 '푸른 바다', 즉 '청해(青海, Blue Sea)'라는 제삼의 언어를 사용하자는 주장은 적절한 대안이다. 우리에게는 '서해'이지만, 국제적으로 공식화된 호칭은 '황해(黃海, Yellow Sea)'이듯이, 동해를 '청해'라 부르는 것은 유효한 대안 중 하나이다. 그도 아니라면 고 노무현 대통령이 제안했던 '평화의 바다(Sea of Peace)'라는 말을 되살리는 일도 생각해 봄직하다. 바다 이름에 '평화'를 담다니, 꽤 운치 있고 미래 지향적인 언어 아닌가. 국제수로기구가 발행하는 『해양과 바다의 경계』 책자에 '동해'에 대한 국제적 표기가 어떻게 결정되든, 장기적으로는 일본과 협의해 대안적 언어를 찾아내는 데 힘을 쏟을 일이다.

당분간 한국에서는 '동해'와 '청해'를 병행하고 일본에서는 '일본해'와 '청해'를 병행하되, 국제적으로 그리고 장기적으로는 'Blue Sea'로 쓰도록 하자는 합의를 도출해 낼 필요가 있다. 아니면 영어로는 'Sea of Peace', 한국어나 일본어로는 '평화의 바다'로 쓰자는 합의를 해도 좋을 일이다. '동해/일본해' 병기를 성사시켜 내는 것도 다행이지만, 한국과 일본의 먼 미래를 상상한다면, '청해' 혹은 '평화의 바다'가 더 인간적이고 평화적이고 미래적이라고 생각된다. 한국과 일본과 세계의 지도에 그렇게 표기되는 순간, 그 지도를 보면서 한일간에 평화를 좀 더 상상하게 되지 않을까 싶어서이다. 소모적인, 때로는 타자에게는 폭력이 될 에너지를 평화로운 미래를 열어 가는 일에 투자하는 것이 훨씬 더 가치가 있다.

30. 일본은 왜 우경화할까
: 영혼의 정치학

"근대국가란 대외 전쟁을 수행할 수 있으며 국민이 국가를 위해 죽을 수

있는 국가이다. 국가는 국가를 위해서 죽은 사람을 국가의 영속을

지지하는 초석으로 떠받들어 제사지낸다."

(고야스 노부쿠니, 『야스쿠니의 일본, 일본의 야스쿠니』, 산해, 2005, 47쪽)

일본의 국가주의화

일본이 급속히 우경화한다며 많은 이들이 염려한다. 일본 밖에서는 총리의 야스쿠니신사 참배에 대해 지속적으로 반대하고 있다. 일본 내에서도 반대 목소리가 작지 않지만, 그것은 국제 관계나 외교적 차원에서 자제해야 할 필요가 있다는 생각 때문일 때가 많다. 참배 자체를 반대하는 이들은 드물다. 신사참배는 일본인에게 문화적 차

원에서 익숙한 행위이기에 야스쿠니신사 참배와 같은 국가주의적 신사 참배로 인한 국제적 문제의 소지는 언제나 상존해 있다고 할 수 있다. 이것은 일본 문화사적 차원에서 보면 일본의 국가주의화가 그다지 새삼스러운 일은 아니라는 뜻이기도 하다.

이런 사실을 염두에 두고 일본은 왜 자국 중심의 국가주의적 정책을 펼치는지 그 문화적 뿌리를 살펴보고자 한다. 근대사상가인 고야스 노부쿠니(子安宣邦, 1933-)의 입장에서 배운 바 크다는 사실을 미리 밝혀 둔다.

귀신의 담론화

동양의 고전인 『논어(論語)』에는 계로(자로)가 스승 공자에게 죽음과 귀신의 문제를 어떻게 이해해야 할지 질문하는 장면이 나온다. "계로가 '귀신 섬김[事鬼神]'에 대해 묻자 공자가 말했다. '사람도 잘 못 섬기면서 어찌 귀(鬼)를 섬기겠는가.'"(『논어』「선진」)

공자의 관심은 사후보다는 삶, 귀신보다는 사람에 있었지만, 공자의 대답은 별 의심 없이 귀신을 긍정하던 이들에게 귀신의 유무 및 존재 방식과 관련한 논란의 원천으로 작용했다. 죽은 이의 영혼이 어떻게 산 이의 삶에 관여할 수 있는지와 관련한 담론도 생겨났다. 주자(朱子)는 죽은 자나 산 자나 기(氣)로 이루어져 있되 형태가 다를 뿐이라는 입장을 펼쳤다. 이러한 해설은 동아시아 사상가들의 귀신 담론이나 민중의 조상숭배 체계에 적지 않은 영향을 미쳤고, 새로운 귀신 담론의 또 다른 기반이 되었다. 이러한 담론을 통해 일본에서도 사람들은 죽음과 그 이후에 대해 생각했고, 죽은 이의 영혼에 대해 이야기했으며, 조상의 혼령에 제사를 지내면서, 이른바 귀신 관념을 생활화했다.

담론상의 전사자, 호국영령

고야스에 의하면, 일본에서 귀신 담론은 오랫동안 사회를 움직여 가는 살아 있는 실재였다. 귀신 담론이 정치적 정책과 만나면서 사회 통합의 강력한 근거로 작용해 왔다. 실제로 일본 근대화의 틀을 결정지어 준 메이지유신─한국의 '시월유신'도 이 메이지유신이라는 말을 따다 만들었다─은 조상제사를 기반으로 하던 유교적 질서를 민중적 종교인 신도(神道)의 정서와 연결시키고 다시 국가적 차원으로 확장시키면서 성립되었다. '호국영령(護國英靈)', 즉 '나라를 지키다 죽은 꽃다운 영혼'을 국가적 담론 속에 살게 하고, 국가와 국민의 제사 대상으로 재구성하면서, 천황을 정점으로 수직적 통일국가 체계를 확립하려고 했던 정치적 시도가 메이지유신이다.

우리에게도 익숙한 '영령'이라는 말은 메이지 시대 이래 전쟁을 통해 국가의 모양을 갖추어 가던 과정에 나라를 위해 죽은 전몰 군인을 지칭하기 위해 일본에서 발명한 말이다. 한국에서도 이 말을 별 생각 없이 따다 쓰고 있지만, 영령이라는 말 속에는 자민족 혹은 자국중심주의적 성격이 강하게 들어 있다. 좁게는 국민으로 하여금 국가중심적 사유를 하게 함으로써 정권을 유지하는 데 이용되어 온 말이기도 하다. 한국에서도 본질적으로 다르지 않지만, 일본에서 '호국영령'은 국가와 국민의 제사 대상으로 재구성된 일종의 '담론상의 전사자'이다. 국가를 위해 존재해 달라고 국가에 의해 요청된 영혼, 일종의 담론상의 귀신인 것이다.

이른바 귀신에 대한 상상이 국가적 이데올로기 속으로 들어오고 전쟁까지 불사하게 만드는 정치적 역학은 일본에서만 보이는 현상은 아니다. 가령 국가적 희생자[忠]를 현양하는[顯] 날[日]이라는 한국의 현충일(顯忠日)도 죽은 이들을 드높인다는 외적 명분하에 실상은 정치권력을 정당화하고 국민의 정신적 통합을 도모하기 위한 정치적 장치로 이용되어 온 측면이 크다. 호국영령이라는 말이 오늘날까지도 살아 있는 국민의 머리를 숙이게 만들지 않던가. 현충일 역시 '귀신의 정치학'의 연장인 것이다.

이세신궁과 천황

일본 미에현에 이세신궁이라는 신사가 있다. 일본의 개국신과 황실의 조상을 제사하는 신사이다. 우리에게 종묘가 있는 것처럼, 이세신궁은 일본 황실의 종묘이다. 동시에 천황이 전쟁의 개시와 종결과 같은 국가의 대사를 보고하고 국가의 융성을 기원하는 이들이 참배하는 큰 사당(大祠)이기도 하다.

　문제는 연초가 되면 수상이 이세신궁에 참배하는 것이 정례화되다시피 했다는 것이다. 야스쿠니신사에 참배하는 것은 일본 내에서도 비판의 목소리가 있지만, 이세신궁에 참배하는 것에 대해서는 문제삼지 않는다. 나아가 천황이 즉위해서 제사를 드릴 때는 전국의 신사가 천황의 즉위를 봉축하는 깃발을 내건다. 이세신궁이 천황을 중심으로 국가적 통합을 이루어 온 일본 정치의 연장선에 있다는 뜻이고, 일본의 전통문화인 신도가 그저 개인적 행위이기만 한 것이 아니라 여전히 국가의 정치 행위 속에 들어와 있다는 뜻이다. 국가신도는 패전 이후 사라진 것이 아니라, 여전히 진행 중이다.

호국의 산실, 야스쿠니신사

　야스쿠니신사의 상황도 이와 비슷하다. 야스쿠니신사는 메이지유신 때 내전 희생자들의 혼령을 모시고 국가적 차원에서 제사지내기 위해 창건(1868)된 신사이다. 그 뒤 청일전쟁과 태평양전쟁 등에서 희생된 전몰자들의 영혼을 합사해 제사함으로써 백성으로 하여금 호국의 정신과 자세를 갖게 하는 데 기여해 온 국가주의적 신사이다. 야스쿠니신사에는 2,133,823위(位)의 영혼이 모셔져 있다.

하지만 모든 전쟁 희생자들, 모든 전몰자들이 모셔져 있는 것은 아니다. 야스쿠니신사에는 일본 정치의 제국주의화에 부합한다고 판단된 혼령들만 선별적으로 모셔져 있다. 야스쿠니신사는 그 자체로 특정한 의도를 가진 해석이 개입되어 창건되고 운영되고 있는 신사라고 볼 수 있다. 그 기준은 오랫동안 천황을 중심으로 수직적 체계를 이루어 온 일본 중심의 호국(護國)이었다.

이때 호국의 기준은 천황제 하의 국가 이데올로기를 현양시키는 데 도움이 되느냐 아니냐에 있었다. 야스쿠니신사 내 박물관인 '유취관(遊就館)'이 '영령을 현창하고[英靈顯彰]' '근대사의 진실을 밝힌다'는 두 가지 원칙에 따라 조성되었다는 사실이 이러한 해석의 원리를 잘 보여준다. 희생자의 영이 '아름다운 영[英靈]'이 되고, 일본의 근대사가 그들에게 '진실'이려면, 사자의 혼령이 일본의 정신을 긍정적으로 고취시킨다고 해석될 만한 사건에 연루되어야 하는 것이다.

당연히 패전으로 국가적 영광에 상처를 입힌 사건의 희생자들은 국가적 제사 대상이 되지 못한다. 제2차 세계대전 당시 미국과 최후 교전을 벌였던 오키나와 전투에서의 희생자는 국가가 제사지내지 않는다. 오키나와 전투도 국가적 전쟁이었지만, 자랑스럽지 않은 역사이다. 이런 식으로 국가가 관련된 제사에는 이미 국가주의적 혹은 자국중심적 해석이 들어 있다.

귀신의 문화화

메이지 시대 이래 일본인은 이런 분위기에 익숙하게 적응해 왔다. 가정에서 제사를 지내는 것과 비슷한 느낌으로 야스쿠니신사나 이세신궁을 이해하고 참배해 왔다. 이들은 정치인의 야스쿠니 참배가 자국 중심일 뿐만 아니라 정권을 유지하고 강화하기 위한 정치 행위라는 사실을 별반 인식하지 못한다. 도리어 이에 대해 문제 삼는 한국이나 중국이 월권행위를 한다고 생각하는 이들이 많다. 이런 분위기 탓에 총리나 국회의원이 야스쿠니신사를 참배하는 일이 이어지고, 그 속에서 전쟁을 정당화해 온 군국주의적 분위기가 다시 심리적 정당성을 얻게 되는 것이다. 일본의 우경화는 이런 분위기를 타고 힘을 얻는다.

일본군으로 강제 동원되어 희생당한 뒤 야스쿠니신사에 강제로 합사되어 있는 한국인 강제징용 피해자 유족들은 야스쿠니신사를 방문해 부모형제의 이름을 빼 달라고 지속적으로 요구하고 있다. 최근에는 도쿄지방법원에 강제 합사를 철폐하기 위한 2차 소송을 제기하기도 했다. 그 소송에서 승리할 가능성은 희박하다. 《아사히신문》에서 외교 마찰을 피하기 위해서라도 새로운 전몰자 추도 방식을 만들 필요가 있다는 사설을 실은 적이 있는데, 이것은 이러한 운동의 영향이라고 생각된다. 신사참배로 인한 외교 마찰을 피하려는 일본 내 흐름을 일부 감지할 수 있게 해 주는 일이다.

2001년도에도 A급 전범만을 분사해 따로 모시거나 태평양전쟁 당시 사망한 무명 군인들이 안치되어 있는 인근 치도리가부치 묘원을 확대하자는 제안이 나온 적이 있지만, 보수적 국회의원들과 야스쿠니신사 측이 반발해 무산된 적이 있다. 한 번 합사한 영혼을 분사해 본 적이 없다는 이유에서이지만, 국가주의적 상징성을 지니는 야스쿠니의 영향력을 축소하기 싫어서일 것이다. 야스쿠니신사의 역할이나 상징성이 위축될 가능성은 적지만, 외교적 마찰이라도 피해야 한다는 목소리가 유력 일간지를 통해 나오는 것은 작은 변화의 첫 걸음이 될 수 있다는 점에서 다행은 다행이다.

어떻든 이런 사실들이 여전히 한국사회를 아프게 하는 주요 원인 가운데 하나라고 생각하니, 일본에서 여전히 진행되고 있는 '귀신의 정치'는 보이지 않는 세계가 아니라, 정치를 통해 생생하게 살아 있는 강력한 실재다.

31. 평화를 내세워 전쟁할 것인가
: 책임없는 평화주의

① "일본 국민은 정의와 질서를 기조로 하는 국제 평화를 성실히 희구하고, 국권의 발동인 전쟁과 무력에 의한 위협 및 무력의 행사는, 국제분쟁을 해결하려는 수단으로서는 영구히 방기(放棄)한다."
② "전항의 목적을 달성하기 위해 육·해·공군, 기타의 전력은 보지(保持)하지 않는다. 나라의 교전권은 인정하지 않는다."

- 일본국헌법(평화헌법) 제9조

'일본국헌법'

일본은 '평화'라는 말을 많이 하는 나라다. 현재의 '일본국헌법'도 이른바 '평화헌법'이라고 불린다. 위에 적은 헌법의 제9조와 다음의 전문(前文) 내용 때문이다: "우리는 전 세계의 국민이 모두 공포와 결핍을 면하고 평화롭게 생존할 권리를 가짐을 확인한다."

'전쟁 포기', '군대 비보유', '교전권 부인', 나아가 인류의 '평화적 생존권'까지 헌법에 명시해놓았으니, 평화에 대해 더 선언할 것이 있을까 싶을 정도이다. 그런데 아베 신조를 위시해 일본 보수 정치인은 이 헌법을 바꾸려 한다. 왜 그러는 것일까.

미국이 만든 일본헌법

사실상 현재의 헌법은 이차대전의 승리자 연합군(사실상 미군)이 전범국 일본에 부과한 징벌의 대가나 다름없었다. 1945년 10월 이후 잠시 수상을 맡았던 시데하라 기주로는 천황을 상징적 존재로 천명하고 - 천황의 정치적 권위와 종교적 신격의 포기는 당시 일본인에게는 큰 충격이었다 - 헌법에 '전쟁 포기' 선언을 담을 테니 천황에게는 전쟁 책임을 묻지 말아 달라며 점령군 사령관 맥아더에게 제안했다. 맥아더가 이 안을 수용하면서 오늘의 일본국헌법(1946)이 만들어졌다. 전범 국가 일본을 비군사화시켜 동북아 군사질서를 미국 중심으로 재편하려는 의도의 반영이었다.

미국은 교전 상대국 일본을 친미국가로 만들고, 당시 주권을 제대로 행사하지 못하던 한반도를 분단시켜 남쪽을 미군 점령하에 두었다. 연합군으로 전쟁에 참여한 소련 역시 같은 의도로 북한을 점령해 미국을 견제하는 접경지대로 삼았다. 이렇게 해서 '미국-일본-남한'과

'중국-소련-북한'이라는 대립구도가 만들어졌다. 대립구도는 형성되었지만, 세계사적 차원에서 보면, 이차대전이라는 거대 폭력 사건은 그런대로 마무리되는 모양새였다. 그 대신 안타깝고 안타깝게도 무력했던 한반도는 분단이라는 불행과 전쟁이라는 비극을 겪는 희생물이 되었다.

평화라는 이름의 전쟁

일본은 전 세계의 평화적 생존권이라는 거창한 표현까지 헌법정신 안에 담았지만, 그것은 일종의 생존 전략이었다. 평화를 내세워야 일단 상황을 모면할 수 있었기 때문이다. 하지만 그것은 일본의 주체적인 선택이 아니었다. 모든 일본인의 희망이 아니었다. 진짜 평화를 원하는 사람들도 있었지만, 다수는 전쟁 패배, 원폭 피해로 인한 트라우마를 치유하고, 무너진 자존심을 회복하고 싶어 했다. 일본인에게 헌법은 패전의 기억을 떠올리게 하는 불가피한 징표와도 같았다.

그러다가 기회가 왔다. '한국전쟁'이 발발한 것이다. 전쟁 참여를 위해 주일 미군 상당수가 한반도로 옮겨가자 일본의 안보도 중요하다며 미국의 허락하에 '경찰예비대'를 창설했다. 이것이 나중에 '보안대'를 거쳐 1954년 '자위대'로 이어졌다. 자위대는 유사시 자신을[自

지키는[衛] 부대[隊]일 뿐, 다른 나라를 대상으로 전쟁까지 할 수 있는 군대는 아니었다. 하지만 패전 후 불과 십년도 안 되어 자위대가 창설되었고, 이것은 일본인에게 위안이 되었다.

그 뒤 일본은 미국과 각종 평화조약(미일안전보장조약)을 맺어 일본에 대규모 내란이 일어나거나 외부의 공격을 받으면 미국이 군사적으로 개입한다는 것을 명문화했다. 그러면서 일본은 미국으로부터 안보를 보장받으며 자체 군사력도 슬금슬금 키워왔다. 그럴수록 미국과의 강력한 동맹 체제가 굳어져갔다.

미국과 일본이 서로를 끌어들이면 들일수록 동아시아에서의 냉전 구도는 더 공고해졌다. 미일 중심의 평화는 중소 중심의 평화와 대립했다. 일본의 '반공주의적 평화주의'가 '미일'과 '중소'를 축으로 하는 냉전 체제를 만드는 데 기여했다. 물론 한국의 이승만 정권도 강력한 반공주의를 내세우며 대립적 냉전 구도의 일부를 담당했다. 그러면서 그 거대한 냉전 체제에 다시 휘말리는 모순에 시달렸다.

책임 없는 평화주의

냉전 체제는 물리적 힘을 숭상하는 이들의 작품이다. 아베 정권이 현재의 일본국헌법을 개정해 군대를 정상화하고 유사시 전쟁을 할 수 있는 나라를 만들겠다는 포부를 밝혔던 데에는 힘으로 아시아를 제패했던 과거에 대한 향수가 짙게 깔려있다. 현재의 헌법은 일본이 자발적으로 만든 것이 아닐 뿐만 아니라, 패전의 기억을 떠올리게 하는 아픈 상처이기도 했다. 아베 같은 이들에게는 특히 더 그랬다.

그래도 이 헌법 덕에 일본의 재무장화를 반대하는 운동도 명분을 얻을 수 있었다. 일본에 '헌법 9조를 지키는 모임', 약칭 '구조회(九條会)'는 일본의 대표적인 평화운동 단체이다. 이 단체에서는 평화헌법을 지키고 일본의 군국주의화를 저지하기 위한 운동을 펼친다.

그런데 희한한 것이 있다. 평화헌법이 일본 평화 유지에 기여하고 있는 측면도 제법 있지만, 이들조차 평화헌법을 지키는 것으로 충분하다는 의식도 크다. 평화헌법이 패전의 산물이고, 패전은 자신들이 전쟁을 벌인 결과라면, 일본의 평화운동은 자신들의 전쟁 책임을 고백하는 가운데 이루어져야 하지만, 전쟁의 원인을 공론화하고 그에 대한 책임을 지는 자세는 약하다. 평화헌법만 지키면 된다는 식의 '책임 없는 평화주의'가 전후 일본 평화운동계의 주류를 형성해오고 있는 것이다. 이것이 일본의 전반적인 한계이다.

군사화는 우익의 꿈

그 극단에 있는 인물이 아베 신조 전 총리와 같은 사람이다. 아베는 패전의 상징과도 같은 평화헌법을 개정해 자신들의 주체성을(사실은 욕망을) 담은 헌법을 만들고 싶어 했다. 정상국가라면 군대를 보유할 수 있어야 하는 것 아니냐며 '군대 비보유'를 천명한 헌법을 개정하려 끝없이 시도해왔던 것이다. 그 후임자인 스가 요시히데(菅義偉) 총리도 이 노선에서 벗어나고 있지 않다.

무엇보다 중국에 경제대국 2위 자리를 진작에 내어주고, 옛 식민지 한국과의 격차도 급격히 줄어들고 있는 데다가, 세계사적 영향력이 예전 같지 않다는 불안감이 군대의 확보를 위한 움직임으로 나타나고 있다. 미국의 실리주의자 트럼프 시대를 맞아 중국-러시아-북한의 전선에 맞설 수 있는 군사비를 더 지출할 만반의 준비를 해나가고 있는 중이다.

실리주의적이고 자국 중심적 정책을 펼치는 트럼프 미국 대통령은 대표적인 친미국가 일본의 군사력에 좀 더 융통성을 부여해주면 아시아권의 방위비를 줄이면서도 그 일본을 통해 동아시아에서의 패권을 여전히 유지할 수 있을 것이라고 생각했다. 일본은 이때를 아시아에서의 군사적 영향력을 확대하고 싶은 욕망 표출의 기회로 삼고 있는 것이다. 과거에 버금가는 일본의 정치, 경제, 특히 군사적 재부상을 꿈꾸면서, 힘의 우위에 기반한 일본 중심주의를 노골화하고 있는 것이다. 미국의 대통령이 누가 되더라도 일본의 이런 입장은 유지될 것이다.

'적극적 평화주의'의 속뜻

그러면서 내세우는 모토가 '적극적 평화주의'이다. 평화학에서 말하는 '일체의 폭력이 없는 상태로서의 평화'가 아니라, 일본 중심의 평화를 선도적으로 이루겠다는 의미에서, 영어로는 proactive peace strategy 또는 proactive contribution to peace로 적는다. 물론 현재의 정권을 계속 이어가겠다는 내심이 더 크다, 추측이기는 하지만... 이런 식으로 평화라는 이름을 내세우며 '차가운 전쟁'은 계속된다.

현재의 한·일 간 갈등의 근본 원인도 일본의 이런 명백한 자국중심주의 때문이다. 당분간 일본 자민당 정권이 교체될 가능성은 적고, 일본의 대외 정치적 태도도 비슷하거나 더 강력하게 지속될 것이다. 이른바 '한반도 평화체제'라는 것은 미·일 및 중·소와의 관계성 속에서만 가능한데, 미·일과 중·소가 서로 새로운 냉전 구도를 유지하고 있어서 결코 쉽지 않은 상황이다. 남북관계를 평화적으로 만들어가야 하는 한국으로서는 이중, 삼중의 난관에 봉착해있는 형국이다. 남북이 좀 더 주체적으로 관계를 맺으며 자체적으로 적대성을 청산해가는 길만이 이러한 대립 구도를 타파하는 최선의 길이다. 주변 국가들의 간섭 때문에 이것은 난제 중의 난제이지만, 풀어야 할 과제인 것은 분명하다.

32. 왜 다케시마를 고집할까
: 평화헌법 9조에 노벨 평화상을

"이 작은 섬의 국가적 귀속 문제로 일상에서 아무 영향도 받지 않는
사람들이 마치 자신의 가장 중요한 가치가 걸린 듯 판단하고 있다.
바로 여기에 내셔널리즘의 신비가 있다."

(시라이 사토시, 『영속패전론』, 이숲, 2017, 16쪽)

일본이라는 시스템

일본 사람은 전반적으로 정치에 관심이 없다. 한국에 비해 일본 TV
뉴스나 신문은 좀 밋밋하다. 뉴스에도 '아래'로부터의 요구보다는 '위'
의 정책적 입장을 전하는 경우가 더 많으며, 정치권을 향한 국민의 쓴
소리는 한국에 비해 크지 않다.

여기에는 크게 두 가지 의미가 있다. 하나는 사회가 그만큼 안정되

어 있다는 뜻이다. 국민이 새삼 정치 현안에 관여하지 않아도, 정치가가 특별히 목청 높이지 않아도, 그저 그렇게 굴러갈 만한 사회 시스템이 어느 정도 갖추어져 있다는 뜻이다. 그리고 한편에서 보면 일본 국민은 예나 이제나 어느 정도 정치 순응적이라는 뜻이기도 하다. 이 글에서는 특히 후자가 관심의 대상이다.

군사주의 문화와 정치

일본은 가마쿠라막부 시대(1192-1333)이래 에도 시대(1603-1867)까지 칠백여 년 가까이 군사정권을 유지해 왔다. 군사정권은 필연적으로 개인적 창의성보다는 집단적 조화성을 중시한다. 개성도 집단이라는 큰 틀을 거스르지 않는 범위 안에서 유지되고 인정된다. 그런 탓인지 일본인은 오랫동안 자신에게 특별한 피해만 주지 않으면, 위에서야 무어라 하든, 속으로는 어떻게 생각하든, 밖으로 자신의 생각을 잘 드러내지 않는 경향을 보여 왔다. '속마음(혼네)'과 '겉마음(다테마에)'이 다른 일본 문화는 그런 맥락에서 형성되어 왔다고 할 수 있다. 오랜 세월에 걸쳐 정권도 실세인 '다이묘'나 '쇼군'에 의해 바뀌는 것이었지, 백성에 의해 아래로부터 바뀌는 것이 아니었다.

메이지 시대 이후 표면적으로는 군사정권이 사라졌지만, 패전 (1945) 때까지 군사적 집단주의 문화는 천황을 정점으로 하면서 유지되어 왔다. 그런 것이 체질화되어 있는 탓일까, 일본은 한 때 세계 2위의 경제 대국으로 성장했지만, 상대적으로 정치의 수준은 경제 수준에 미치지 못한다. 정치 선진국에서 개인의 권리와 국민의 참여가 보장되고 실제로 발휘되면서 움직인다면, 일본에서는 개인의 외적 권리는 보장되지만, 개인이 목소리를 활발하게 낸다든지 그것이 정치 현장에까지 적용되는 수준에는 미치지 못한다는 뜻이다.

그러다 보니 정치가와 국민이 겉도는 경향이 있다. 국민은 내심 정치가를 별로 좋아하지는 않으면서도, 그저 좋아하지 않는다고 생각하는 정도에 머문다. 딱히 정치 비판적 목소리를 공적으로 내지 않는 경향이 있으며, 현실 정치를 바꾸기에는 정치에 대한 무관심의 골이 깊다.

무언가 억누르고 있는 사람들

이러한 집단주의 문화에는 특징이 하나 더 있다. 한국에도 "모난 돌이 정 맞는다."는 속담이 있지만, 사실 그 속담은 일본 사회에 더 잘 어울린다. 어디서든 개인의 자유는 집단의 틀 안에서 보장되는 경향이 있지만, 일본 사회에서는 집단적 형식이 좀 두드러진다. 상대적으로 개인의 목소리는 작다. 정치든 문화든 이런저런 분위기든, 개인적으로는 마음에 안 들어도 그런 감정은 특별히 표출되지 못한 채, 아니

표출하지 않은 채, 자기 안에 감춰 둘 때가 많다.

그래서일까, 무언가 억압된 욕망이 안으로 숨어들어 얼굴에서까지 좀 어두운 구석이 느껴지는 이들이 제법 있다. 나의 개인적 느낌일 뿐 아니냐 해도 딱히 할 말은 없지만, 어떻든 외적으로 보면 부족할 것이 없을 것 같은데, 표정은 상대적으로 밝지 못한 이들이 제법 있는 것 같은 느낌이 든다.

저만의 개성을 밖으로 펴지 못하고 지나칠 정도로 속으로만 파고 드는 '오타쿠(お宅)'가 생기는 것도 그 때문으로 보인다. 오타쿠 부류 까지는 아니더라도, 무언가 자신의 억눌린 내적 감정을 표출할 기회 를 엿보는 사람들이 많다는 느낌이 종종 들곤 했다.

일본의 우익

그런 와중에 자신의 생각을 정치 차원에서 과감하게 표출하는 이 들은 대부분 이른바 우익 세력이다. 이 우익이 일본 여론을 실질적으 로 주도한다. 정치에 무관심한 일본인 다수보다 목소리 높은 소수 우 익이 일본 정치를 이끌어 간다. 게다가 일본의 우익은 기본적으로 제 국주의의 후예들과 같아서, 일본 중심적, 군국주의적 성향이 강하다. 현실 정치에 무관심한 다수의 소시민은 이러한 소수 우익의 목소리 에 대해 내심은 비판하기도 하지만, 실제로는 방조하는 경향이 더 강하다. 그러다 보니 일본 정치는 전체적으로 소수 우익들의 목소리에 그대로 끌려왔다. 경제 규모가 한 때 자신들이 지배했던 중국에 밀리면서부터는 이런 우익의 목소리가 더 커졌다.

일본의 정치가

전후 일본의 경제가 최악의 침체 상황에 빠져 있던 2009년 8월 처음으로 민주당이 정권을 잡은 적이 있다. 물론 그것은 민주당이 좋아서가 아니었다. 이십여 년 이상 침체되어 있는 경제 상황에 무언가 대안이 있으면 좋겠다는 막연한 희망을 품고 별 대책도 없이 민주당에 표를 몰아 주었던 것이다. 그러나 일본 역사상 처음으로 정권을 넘겨받은 민주당은 이내 한계를 드러냈고, 3년 만인 2012년 12월에 정권은 다시 자민당으로 넘어갔다. 이번에도 자민당이 좋아서라기보다는 민주당이 정권을 맡을 준비가 안 되어 있었다는 사실을 확인했기 때문이었다.

다시 자민당이 정권을 잡고, 아베 신조(安倍晋三) 총리가 이끄는 자민당 정권이 우편향적 정치로 일본 중흥을 외치며 강력한 드라이브를 걸었다. 아베 정권의 행보에 대해 양식 있는 지식인들은 대부분 불만투성이지만, 자민당 정권에 대한 지지율은 언제나 50%대 이상을 보여주었다. 한때 정권을 잡았던 민주당의 지지율이 20% 수준에 머물렀던 것에 비하면, 상대적으로 높은 수준이다. 자민당이 좋아서라기보다는 달리 대안이 없어서라는 것이 일반적인 견해이다.

정권은 불변할 것이다

상황이 그렇다면, 정권이 다시 야당으로 바뀌는 것은 거의 불가능해 보인다. 겨우 한 번 바꾸어 봤는데, 도리어 바꾸지 않느니만 못했다는 경험을 한 마당에, 현 정권이 대단한 실정을 하지 않는 한 향후에도 그대로 유지되어 갈 것이다. 총리는 바뀌겠지만 정당이 바뀔 가능성은 거의 없어 보인다. 여기에는 전통적으로 큰 변화를 거북해하는 일본인의 오랜 정서 탓도 있다. 이런 식으로 일본처럼 오랜 세월에 걸쳐 시스템화한 사회는, 한편에서는 안정적이지만, 다른 한편에서는 그만큼 변화를 용납하기 힘든 사회이다.

일본 정치가는 이런 분위기를 충분히 활용할 줄 아는 사람, 정권을 유지하기 위해 국민을 쥐락펴락할 줄 아는 사람들이다. 어지간히 건드리지 않고서는 국민이 움직이지 않는다는 사실을 잘 안다. 특히 음으로 양으로 우익을 이용할 줄 아는 사람들이다. 스스로도 우익인 이들이 우익을 활용하면서 자신의 권력을 오랫동안 유지할 것이다.

제국주의와 다케시마

　일본 정치인이 툭하면 '다케시마'를 들고 나오는 이유도 여기에 있다. 일본이 '다케시마'를 역사적으로 자신의 영토라고 우길 만한 논리적인 근거는 한국의 '독도' 주장에 비해 한결 적어 보인다. 그럼에도 불구하고 그저 몇 가지 이유만으로 그것을 고집하고 주장하는 이유는 역사적 사실에 근거하거나 그것을 입증하려는 차원이 아니다. 항간에는 독도 해역 심해에 묻혀 있는 자원을 탐내기 때문이라고 보는 이들도 있지만, 진짜 이유는 그것보다 복잡하다. 무엇보다 다케시마가 일본 정치에서 중요한 이유는 정권을 유지하고 확대하는 데 유용한 이슈가 되겠기 때문이다. 다케시마를 일종의 '분쟁 지역'으로 만들어 놓고, 우익 세력을 이용해 분쟁 과정을 쥐락펴락하다 보면 결국 정권이 강화되는 결과를 낳게 될 것이기 때문이다. 어느 나라에서든 '분쟁 지역'은 정치인에게 국내적으로 자신의 정권을 유지하기 위한 적절한 수단이 된다.

　또 다른 이유는 이전부터 주장했고 나름대로는 그렇게 진행시켜 왔던 자신들의 기존 논리를 특정 정권이나 세력이 새삼 바꾸기 힘든 사회라는 점에서도 일본은 정서상 다케시마를 포기할 수 없을 것이다. 일본인에게는, 특히 정치인들에게는 다케시마가 자신들의 영토라고 주장해 온 기존 주장을 이제 와서 바꿀 명분이 없다. 일본의 정치 시스템 속에 녹아 있는 것은 다케시마가 정말 자신의 영토냐 아니냐의 문제가 아니라, 그와 상관없이 국내 상황에 따라 기존의 주장을 되풀이하면서 유지하고 강화해 온 정권의 속성이기 때문이다.

더 깊은 이유는 일본이 여전히 과거의 영화로부터 벗어나지 못하고 있다는 사실과 연결된다. 전쟁에서 패하지 않았더라면 모든 것이 과거 그대로일 텐데 하는 환상에 매여 있다. 그런 이들에게 독도는 러일전쟁 중이던 1905년 시마네현에 정식으로 편입된 일본의 섬, 즉 다케시마이다. 이것을 제2차 세계대전의 전후 처리를 다룬 샌프란시스코강화조약("일본은 한국의 독립을 인정하고, 제주도, 거문도 및 울릉도를 비롯한 한국에 대한 모든 권리와, 소유권 및 청구권을 포기한다." 제2조 a항, 1952년 발효)을 근거로 확증하려 한다. 일본의 패전 이후 상황을 국제적으로 결정한 문헌에 독도가 한국 영토라는 문장은 없지 않느냐, 따라서 독도는 그 전부터 일본땅이었듯이, 전쟁 이후에도 일본 땅이라는 논리이다. 러일전쟁 이전에 다케시마를 조선 섬으로 표현한 문헌적 근거들이 일본에도 있지만, 샌프란시스코강화조약과 같은 근대 국제법의 사례가 훨씬 중요하다고 생각하는 것이다.

이러한 인식의 심층에는 일본의 열패감이 있다. 자신에게 패배를 안긴 미국에 대해서는 굴종하다시피 하면서, 만만한 한국에 대해서는 과거의 잘못에 개의치 않고 당당해한다. 현실은 외면하면서 돌아올 수 없는 과거에 연연한다. 그 과정에 피식민지에서 벗어나자마자

6.25전쟁에 휘말려 국제적 주체성이 거의 없었던 한국은 아주 만만한 상대이다. 역설적으로 그 이면에는 전쟁에서 패배하면서 타의에 의해 일본의 정치 체제도 바뀌고 천황도 상징적 존재에 머물 수밖에 없었던 열패감이 놓여있다. 일본의 보수 혹은 우익 세력은 현실은 외면하면서 과거의 영화를 이어가는 방식으로 이 열패감을 숨기고 있는 것이다.

일본 우익의 테마, '다케시마'와 '북조선'

그런 맥락에서 독도는 앞으로도 두고두고 한국과 일본 사이에서 지속적인 쟁점이 될 것이다. 또한 일본 정치가들은 자신들의 이해관계에 따라 끝없이 다케시마를 이용할 것이며, 결코 포기하지 않을 것이다. 아니 포기할 수도 없을 것이다. 늘 그래 왔기 때문이기도 하지만, 실제로 일본 우익의 목소리를 자극해 정치권이 힘을 얻을 수 있는 좋은 수단이 될 수 있기 때문이다. 물론 중국과 분쟁하고 있는 센가쿠열도(중국명 댜오위다오)는 더 말할 나위가 없다. 다만 나날이 강력해져 가고 있는 중국에 비해 한국과 관련된 다케시마 문제는 국내 경제적으로도 큰 부담 없이 정권을 강화해 나가는 데 적절한 수단으로 작용할 것이다.

그리고 이것은 어쩌면 얼굴에 어두운 그림자를 드리우고 고개를 숙이고 다니는 일부 일본인의 속 깊은 분노를 폭발하게 만드는 구실이 될지도 모른다. 그런 분노를 건드려 주면 일본이 군사적으로 재무장하는 데 적어도 일본 국내적으로는 아무런 문제가 없을 것이다. 중국에 대응하기 위해서라도 일본은 한국을 활용할 공산이 커진다는 뜻이다.

물론 중국을 견제하고 중국에 앞서기 위해 북한(北朝鮮, 기타조센)을 수단으로 삼을 가능성도 크다. 일본 우익은 센가쿠와 다케시마는 물론, 북한도(특히 북한의 핵무기 문제를) 정권의 우편향 정책을 위해 끝없이 이용하려 할 것이다. 다수의 소시민적 평화주의자들의 부인에도 불구하고, 일본의 어두운 그림자는 19세기 말에 그랬듯이, 21세기에도 한반도를 향해 작용할지 모른다.

평화헌법 9조와 노벨 평화상

그런 점에서 무력행사를 포기하고 전력을 보유하지 않으며 나라의 교전권을 인정하지 않는다고 규정하고 있는 일본국헌법(이른바 평화헌법) 9조를 포기하지 않도록 국내외적으로 여론을 형성해 나가는 것이 현재로서는 주변국에서 할 수 있는 최상의 견제 수단이다. 평화헌법 9조를 노벨 평화상 후보로 추천하는 운동이 동아시아 평화를 위한 좋은 수단 중 하나인 것은 분명하다. 실제로 2014년 일본의 평화헌법

9조는 유력한 노벨 평화상 후보였다가, 사람이나 단체에 수상 자격을 두는 노벨 평화상 규정에 맞지 않아 최종 심사에서 탈락했다.

　그러자 2015년에는 대한민국 국회의원 142명이 평화헌법 9조와 함께 '헌법 9조에 노벨 평화상을'이라는 시민단체를 출범시킨 일본의 다카스 나오미 씨를 공동 후보로 해서 다시 후보로 추천하겠다고 밝힌 바 있다. 일종의 '문서'에 노벨상을 수여한 바가 없어서 성사되지는 않았지만, 이러한 운동 자체만으로도 의미는 적지 않았다. 물론 난관을 극복하고 실제로 평화헌법 9조와 평화헌법을 지키려는 일본시민단체가 실제로 노벨 평화상을 수상하게 되면, 동북아 평화에 적지 않은 공헌을 하게 될 것이다. 이 기회를 노려 중국이 도리어 영향력을 확장하려 할 공산도 크지만, 평화에의 염원이 비할 바 없이 소중하다는 여론을 세계인에게 각인시키는 계기가 될 것이다. 무엇보다 애당초 전쟁의 부당성을 확보하려는 일본 내 움직임에 힘을 실어 주는 최고의 계기가 될 수 있을 것이다. 일본이 노벨상을 받는다고 해서 한국인이 부러워할 필요가 없는 이유도 여기에 있다. 도리어 큰 박수로 환영할 일이다.

33. 호국영령도 여러가지다
: 일본 군국주의의 기초

"유가의 귀신론이란 귀신을 자신의 담론 안에 살게 하면서 귀신과

그 제사에 새로운 의미를 부여하여, 그 제사를 재편해가는 과정이다...

근대 일본의 국가신도도 귀신을 국가적 담론 안에 살게 하는 것이다."

(고야스 노부쿠니, 『귀신론』, 역사비평사, 2006, 23쪽)

호국영령의 역사

'호국영령(護國英靈)'은, '나라를 수호하다 죽은 꽃다운 영혼'이라는
뜻이다. 오래된 우리식 사자성어 같지만, 메이지유신 시기에 일본에
서 만들어 한국에까지 퍼진 용어이다. 19세기 후반 서세동점의 혼란
기에 일본에서는 하급 무사들이 메이지 천황을 내세워 새로운 국가
를 만들고자 했다. 새 국가를 사상적으로 통일하기 위해 민중적 정령

신앙 전통인 신도(神道)를 근간으로 하는 조상제사 형식을 보급하며 국민을 통합하는 근간으로 삼았다. 후손이 조상의 혼령을 모시듯이, 일본인이라면 일본의 기원이 되는 신과 그 후손인 천황을 모시고 숭배해야 한다는 정책을 펼쳤다.

그렇게 새 국가를 만들어 가는 과정에 각종 전란이 벌어졌다. 이때 죽은 이의 영혼을 국가 차원에서 제사하는 일종의 '제사의 정치학'으로 사회를 통합해 나갔다. 이런 배경 속에서 '호국영령'이라는 용어와 개념도 발명되었다.

'영령'은 메이지 초기 군대에서 특수하게 사용되던 용어였다. 일반 용어는 아니었다. 그러다가 일본이 국운을 걸고 벌인 러일전쟁(1904-1905) 당시 언론이 자국 전사자에 대한 존칭으로 '영령'이라는 말을 빈번하게 사용했다. 그 뒤 '영령'은 '호국'의 이미지가 부여된 '전몰자의 영혼'을 지칭하는 일반 용어로 바뀌었다. 이 용어가 일본에게 지배당했던 한국에도 전해져 이제까지 두고두고 사용되고 있다.

일본의 영령이 지키고자 했던 제국주의

이러한 호국영령에는 두 가지 차원이 있다. 그것은 영령이 수호하고자 했던[護] 국가[國]의 성격과 관련된다. 메이지 정부가 만들려는 국가는 천황제 중심의 수직적 국가였다. 메이지 정부는 강력한 부국강

병책으로 군국주의의 길을 걸으면서, 청일전쟁을 시작으로 러일전쟁·중일전쟁·태평양전쟁 등 각종 전쟁을 일으켰다. 유럽 열강이 걸었던 제국주의의 길을 따라 한국을 비롯한 아시아 여러 나라를 점령하고 지배했다. 태평양전쟁 때는 '온 세계가 한집'이라는 '팔굉일우(八紘一宇)'를 모토로 내세우며, 그 한집이 바로 일본이라는 정서를 확장시켰다. 그 과정에서 희생된 이들, 특히 군인들을 '호국영령'으로 칭송하며 군사주의를 고양시켰고, 전쟁을 정당화시키며 국가적 통일성을 견지해 나갔다. 메이지 시대부터 패전에 이르기까지 일본의 '영령'이 지키고자 했던, 아니 영령을 내세워 만들고자 했던 국가는 제국주의적, 군국주의적 국가였다.

패전 이후 시대가 바뀌었고 지금은 옛 역사에 대해 일본 내 비판의 목소리도 적지 않다. 하지만 일본이 과거에 누렸던 일본 중심의 세계, 그 길 혹은 그 정서를 고수하는 세력도 여전히 크다. 일본의 우익은 대체로 이런 정서를 공유한다. 우익 세력을 근저에서부터 좌우하며 현재의 아베 내각에 동력을 제공하는 이른바 '일본회의'는 그중에서도 대표적인 우익 조직이다. 그렇게 일본의 제국주의적 역사와 경험은 여전히 국내외로 영향을 끼치고 있다.

다른 영령들, 고토쿠와 안중근

같은 일본이지만 다른 호국의 길도 있었다. 가령 고토쿠 슈스이(幸德秋水) 같은 평화주의자들은 러일전쟁 당시 강력하게 반전(反戰)을 외쳤다. 그는 국민의 자유와 인권을 무시하는 이토 히로부미 내각에 반대하며 내내 비전(非戰)을 설파했고, 잘못된 애국심에 기반한 군국주의를 비판했다. 급기야 메이지 천황을 암살하려 모의했다가 발각되어 사형당했다. 일본의 주류는 국가적 팽창주의에 동의하고 환호했지만, 고토쿠와 같은 평화주의자들은 전쟁을 반대했을 뿐만 아니라, 사회적 계급 차별을 넘어선 공평한 세계를 이루려 했다. 팽창적 대국(大國)주의보다는 상대를 인정할 줄 아는 소국(小國)주의를 추구했다. 이들이 만들려던 국가는 한마디로 평화국가였다.

물론 비슷한 희망을 가지고서 일제의 강점에 저항한 한국인은 더 많았다. 메이지 정부의 정치적 건설자였던 이토 히로부미 총독을 암살하고 사형당한 안중근이 대표적이라 할 만하다. 안중근의 이상도 평화였다. 그는 한국을 넘어 일본, 중국이 함께하는 '동양 평화'를 꿈꾸었다. 한중일 공동의 은행과 화폐를 만들고, 공동 회의체를 구성하자는 제안도 했다. 두고두고 티격태격할 수밖에 없는 지정학적 난제에도 불구하고 국가 간 공통 지점을 확대하는 방식으로 동양의 평화를 이루려 했다. 현대 일본 평화학계에서 고토쿠 같은 이들을 비상하

게 연구하고, 안중근이 사형 직전 옥중에서 저술한 『동양평화론』이
한국 평화학의 기본 자료로 쓰이게 되는 것도 이러한 평화에의 헌신
때문이다.

"사형 판결이 나거든 당당하게 죽음을 택하라."던, 아들의 당당한
죽음이 "경기 감사를 한 것보다 더 기쁘다."던 어머니 조마리아도 아
들 안중근 이상 가는 인물이었다. 이들 한국의 '영령들'은 침략 전쟁
을 정당화하던 영령과는 분명히 다른 길을 걸었다. 그런 점에서 '영
령'에도 여러 종류가 있는 셈이다.

한국의 영령이 지키려던 나라

한국의 영령이 지키려던 나라[護國]의 성격을 생각해야 하는 지점
도 여기이다. 물론 관례적 어법을 따르자면, 한국 보훈 분야에서 '호
국영령'은 주로 전쟁에 나섰다가 희생당한 이들을 의미한다. 일제로
부터의 독립운동에 참여했다가 순국한 이들은 '순국선열'이라 부른
다.(그렇다면 안중근은 '호국영령'이라기보다는 '순국선열'에 해당하는 셈이
다.)*

---

* 이참에 호국영령을 대체하거나 포괄하는 용어를 사용할 필요도 있다. 기왕에 사용 중인 '애
국선열'이라는 말을 공식적인 차원에서 더 사용하는 것은 적절해 보인다. 일본의 역사가 반
영되어 형성된 호국영령이나, '순(殉)'과 '열(烈)' 등 죽음을 반복하는 순국선열보다는 더 포괄

하지만 현실 어법에서 이들 간 차이는 별로 없다. 이들 용어가 의미하는 세계와 가치는 대동소이하다. 이 글에서도 '호국영령'과 '순국선열'을 굳이 구분하지 않고 사용하려 한다. 일제강점기 이후 한국의 영령들이 추구하던 국가를 다시 생각하고 현재에 어울리게 재생시키는 일이 중요하기 때문이다. 한국의 영령과 선열은 어떤 국가를 원했던 것일까?

과거 일본식의 제국주의, 군국주의 정부가 추구했던 국가는 당연히 아닐 것이다. 무엇보다 침략에 저항하고 자유를 지키려 했던 것은 분명하다. 가령 동양의 평화를 위해 순국의 길을 갔던 안중근, 일제로부터의 독립과 한반도의 통일에 매진했던 백범 김구가 추구했던 국가는 반제국·반군국을 넘어, 반독재국가·탈분단국가이다. 헌법의 표현대로 적극적으로 규정하면, 개인의 자유에 기반한 통일국가, 그 정치체제는 민주공화국이라고 할 수 있겠다. 안중근이 희망하던 '평화국가'로 집약해 낼 수도 있겠다.

적이고 설득력 있는 용어이다. 다른 표현도 가능할 것 같다. 가령 안중근은 '위국헌신(爲國獻身)'이라는 사자성어를 종종 사용했다. 나라를 위해 몸을 내어 준다는 뜻이다. 이 말을 살짝 변형해 '위국선열(爲國先烈)'이라는 말을 만들어봄 직하다. '나라를 위해[爲] 몸을 불사른다[烈]'는 말, 안중근과 같은 분에게는 더 딱 들어맞는 표현이다. 물론 '애국선열'도 마찬가지의 기능을 할 것이다. 어느 말이든 국가유공자를 확대하려는 현재의 보훈정책을 위해서도 필요한 말이다. '진리를 위해 앞서 불사른 분'을 의미하는 '위진선열(爲眞先烈)'은 어떤가? 그것도 좋아 보인다. 다만 어떤 '국(國)'인가, 어떤 '진(眞)'인가를 끝없이 물으며 나아가야 할 것이다.

'충'을 '현'한다는 것

한국에서는 6월 6일을 현충일로 지정하여 지내고 있다. 국가에 충성[忠]하다 희생당한 이들의 삶과 정신을 현창[顯]하는 날이다. 24절기 중 망종에 제사를 지내던 관례에 근거해 1956년 망종의 양력 날짜를 현충일로 지정했다고 한다. 순국선열 혹은 호국영령이라는 말을 가장 많이 하고 듣는 날이기도 하다.

그 희생에 보답하고 기억하고 선양하는 일은 국가적 차원에서 필수적이다. 주지하다시피 국가보훈처가 이런 업무를 담당한다. 가족이 다치면 다른 가족이 돌보듯이, 부모와 조상의 기일을 기억하고 기념하면서 가족 공동체성이 유지되듯이, 큰 틀에서 국가도 다를 바 없다. 국가 구성원들이 서로서로 상처를 보듬을 수 있는 관계를 만들어가도록 하는 일이 보훈처의 과제이다. 이때 옛 일본을 넘어 평화의 미래를 꿈꾸는 새 일본의 건설자들과도 연대할 필요가 있다. 북한과의 전쟁에서 희생당한 이들에 대한 위로와 보상을 넘어 궁극적으로는 전쟁 없는 세상을 만드는 과제까지 연결된다. 그것이 한국의 선열과 영령의 이상을 구체화시키는 길이다. 우리는 과연 어느 지점에 와 있는지 늘 되돌아봐야 할 일이다.

제 **V** 부

나에게
무슨 일이
있었나

중국 초나라 시인이자 정치가였던 굴원이 회왕에게 총애를 받자 동료 정치인들이 질투하며 악성 루머를 퍼뜨렸고, 급기야 왕도 굴원의 관직을 박탈했다. 그 뒤 초라한 몰골로 장강(양쯔강) 주변에서 유랑하던 굴원을 보고 동네의 한 어부가 어쩌다 그렇게 되었느냐 물었다. 그러자 굴원은 이렇게 답했다고 한다: "중인개취 아독성(衆人皆醉 我獨醒 사람들은 모두 취해있는데 나 홀로 깨어있어서...)" 거기서 나온 말이 '중취독성(衆醉獨醒)'이다. 남들은 세속의 명리와 이기심에 취해 남을 모함하며 소인배처럼 살고 있을 때, 홀로 깨어 지켜야 할 원칙을 지키며 사는 자세를 의미한다.(본문 중에서) 예술가인 강남대 허욱 교수에게 선물로 받은 캘리그래피 작품이다.

34. 왜 사람을 쫓아낼까
: 아프지만 이긴 사람들

"친애하는 니어링 씨, 당신의 경제학과 조교수 임용 기한(1914-1915)이
만료됨에 따라, 펜실베이니아 대학 이사회로부터 재임용 불가 소식을
전하라는 지시를 받고 이렇게 연락드리는 바입니다.
행운을 빌며, 에드거 F. 스미스 드림."

(스콧 니어링, 『스콧 니어링 자서전』, 실천문학사, 2006, 179쪽)

스콧 니어링

한평생 재물을 멀리하고 겸손한 생태적 협동 사회를 이루며 살다
간 스콧 니어링의 자서전을 읽다가 내 눈에 쏘옥 들어온 내용이 있었
다. 그의 순수한 사회주의적 삶, 반전 평화주의적 삶, 생명주의적 삶
모두 감동적이었지만, 내 눈을 붙들어 둔 것은, 1915년 6월, 그가 펜

실베이니아 대학 와튼 스쿨 교수로 있다가 '짤렸다'는 이야기였다. 맨 위에 인용한 대로, 그가 받은 재임용 불가 통지서는 참 간단했다. 임용 기한이 만료되어 재임용하지 않겠다는 말뿐….*

이에 대한 니어링의 소회는 다음과 같았다. "나는 사전 예고는 물론 문책 사유도, 심사도, 재심청구권도 없이 9년 동안 일해 온 직장에서 해고당한 것이었다. … 대학 당국은 학위수여식이 끝나 교수진과 학생들이 방학을 해 흩어지기를 기다렸다가 해임을 알리는 짤막한 통지를 보내온 것이다. 해임 사유는 물론 유감의 말 한마디, 통상적인 인사치레 한마디 없이 말이다. 펜실베이니아 대학 당국의 이런 처사는 당하는 교수 입장에서 보면 부당하기 짝이 없고, 조직사회의 구성원 입장에서 보면 비열하고 악의에 찬 행위였다."**

사실 니어링이 대학에서 해임된 것은 그의 사회주의적, 반전 평화주의적 성향 때문이었다. 특히 제1차 세계대전에 참전하기로 한 미국의 상황에서 그가 벌인 반전운동이 주요 원인이었던 것으로 보인다. 그러나 명백한 이유가 제시되지 않은 채 니어링이 약식 해임 처리되었다는 소식은 신문들을 통해 전국에 알려졌고, 대학에 대한 비난도 곳곳에서 일어났다.

---

* 스콧 니어링, 김라합 옮김, 『스콧 니어링 자서전』, 남양주: 실천문학사, 2006, 179쪽.
** 스콧 니어링, 위의 책, 180쪽.

하지만 대학은 변명은커녕 내내 침묵으로 일관했다. 그로 인해 니어링이 받은 마음의 상처는 작지 않았던 것으로 보인다. 물론 그 후 니어링은 더 철저하게 평화적이고 생태적이며 물질을 초탈한 삶을 살았고, 그것이 그를 세계가 귀감으로 삼는 이 시대의 스승으로 만들어 주었다. 그가 부당하게 해직당하면서 겪었을 아픔이 내게는 남다르게 느껴졌다. 비슷한 경험을 했기 때문이다.

또 한 사람

벌써 여러 해 전 일이다. 내가 재직하고 있던 대학으로부터 2005년 12월 29일 자로 작성된 '재임용 탈락 통지서'를 내용증명 우편물 형식으로 받은 적이 있다. 거기에는 니어링이 전화로 들었던 것과 비슷한 수준의 짤막한 내용이 들어 있었다. "강의 내용 중 본교에서 지향하고 있는 창학 이념에 적합하지 않은 사례가 발생하고 있어 재임용 계약 부적격자로 의결되었음을 통지합니다. 교원인사위원장."

'창학 이념' 운운하는 그 짤막하고 모호한 이유란, 나중에 알게 된 것이지만, 기독교 강의 시간에 내가 다른 종교들에 대해 포용적인 강의를 한다는 것이었고, 그보다 2년 전이었던 2003년 10월에 내가 불상 앞에 예의를 표한 행위가 '우상숭배'에 해당한다는 것이었다. 당시에는 별 징계 절차 없이 넘어간 일이었는데, 그사이 이미 교목실에서는 내게 기독교 강의를 맡겨서는 안 된다며 여러 차례 학교 측에 요구했었다는 사실을 나중에 알게 되었다. 다양한 종교가 공존하는 시대에, 종교로 인한 갈등이 상존하는 세상에, 비기독교인과 여러 종교를 믿는 학생들을 대상으로 하는 강의에서 종교적 포용성을 가르치는 것은 당연한 일이었건만, 그리고 그러한 포용성이 대다수 학생들에게 긍정적으로 받아들여지고 있음을 그때까지 7년여 재직하는 동안에 몸으로 느꼈건만, 교목실에서는 나의 그러한 경험과 전체 학생들의 반응은 아랑곳하지 않은 채 기독교적 정체성 훼손 운운하는 의도된 목소리를 슬쩍슬쩍 흘렸다. 그와 함께 힘의 역학 관계를 살피며 교목실에 손들어 주는 일부 교수들의 치기 어린 행동에는 실망감이 컸다.

무엇보다 연구 실적이나 강의 평가와 같은 공식적 근거와 상관없이, 신학교도 아닌 종합대학에서, 편협하고 배타적인 종교관이 진리인 양 둔갑되어 버리는 반지성적인 행태를 용납할 수 없었다. 그래서 이의도 제기하고 항의도 해 보았다. 내 강의를 들은 수백 명의 학생들도 학교를 비판했고, 주요 일간지에서도 이 사건을 기사화했다. 그러자 학교는 나의 교내 인터넷 아이디는 물론 연구실을 즉각 폐쇄하는 방식으로 대응했다. 부당함을 지적하는 각종 언론과 여론에 대해서는 내내 침묵으로만 일관했다. 늘 마주치는 동료였음에도 불구하고, 사전에 아무런 정보도 주지 않고 있다가, 그저 우편물 한 장으로

한 사람의 인생 전체를 가볍게 심판하는 그 무례함이, 이미 예정되어 있었다는 듯, 일단 승리하는 것 같았다.

그렇지만 나의 해직을 주도했거나 거기에 동의한 사람들조차 내가 실제로 잘못했다고 생각하는 사람들은 별로, 아니 거의 없었다. 그냥 그런 게 현실 아니냐며 은근히 타협하고 넘어갈 뿐이었다. 내가 잘못했다고 생각하는 사람은 실제로 거의 없는데도 현실은 내가 대단한 잘못을 한 사람인 양 규정되는 상황이 신기할 정도였다. 이른바 '악'이라는 것도 그런 식으로 힘을 얻어 가는 것이라는 사실을 절감했다.

요한 고틀리프 피히테

종교적인 문제로 대학에서 물러나야 했던 또 한 사람이 있었다. 독일의 철학자 피히테(1762-1814)였다. 그는 절대적 자아, 인간의 주체성을 강조하면서, 모름지기 학자라면 자신이 하는 학문의 기초만큼이나 도덕적이고 자율적이어야 하며, 학문을 보급한다는 명목하에 강제적 수단이나 물리적 강제력을 동원해서는 절대로 안 된다고 강조한 바 있다.[*] 이런 신념으로 인해 그도 '박해'를 받은 적이 있다.

---

[*] 요한 G. 피히테, 서정혁 옮김, 『학자의 사명에 관한 몇 차례의 강의』, 서울: 책세상, 2002, 90쪽.

그가 1794년 '학자의 사명에 대하여'라는 제목으로 독일 예나 대학교 여름학기 강의를 불가피하게 일요일에 진행한 적이 있는데—물론 교회의 예배 시간을 피해 강의를 진행했다고 한다—이를 두고 예나의 종교재판소와 그 상위 기관인 바이마르 주재판소가 피히테의 일요 공개 강의가 공적인 예배를 의도적으로 침해하고, 안식일 조항을 위반했다는 보고서를 제출하면서 문제를 제기했다고 한다. 훗날 피히테가 무신론자로 여겨져 나중에 예나 대학교를 그만두게 되었던 것도 바로 이와 관련이 있다는 것이다.*

　군이 피히테의 말을 거론하지 않는다 해도, 강의 중 교수의 신앙적·학문적 양심에 따라, 교육적 효과를 높이기 위하여 행한 강의 내용을 학교 밖 대중적 종교 교리를 기준으로 그에 영합하면서 불이익을 주는, 사실상 강제적이고 타율적인 행위가 21세기에도 벌어지고 있다는 사실은 유감스럽기 짝이 없는 일이었다. 그나마 앞서 말한 피히테의 사례는 2백여 년 전 사실상 기독교 국가나 다름없던 나라에서, 그것도 전반적으로 합리적 계몽이 덜 된 상황하에서 벌어진 일이었고, 니어링의 사례도 100여 년 전에 있었던 일인 데 비해, 21세기의 한국, 그것도 기독교 국가도 아닌 나라에서 그런 일이 여전히 벌어질 수 있었다는 것은 사실 특정 개인의 문제를 떠나 한국사회(여기서는

* 서정혁, '자유와 실천의 철학자, 피히테', 요한 G. 피히테, 앞의 책, 121쪽.

주로 종교계지만)의 후진성을 드러내는 부끄러운 일이었다. 그리고 그 주인공이 나라는 사실은 결코 즐거운 경험일 수 없었다.

그 후로도 오랫동안

교육부 교원소청심사위원회에서 학교 측의 결정이 객관적인 근거 없는 자의적 판단에 따른 것이라며 나에 대한 학교 측의 결정을 취소시켰다. 그러자 학교는 용감하게도 교육부를 상대로 행정법원에 소송을 제기했다. 학교 측 구성원 어느 누구도 자신들이 제기한 소송이 이길 것이라고 생각하지 않았지만, 손바닥으로 하늘이라도 가려야 될 것 같은 마음으로 그런 용감한 행위를 공개적으로 시도했던 것이다. 그 이후 오랫동안 나와 가족은 마음이 아팠고, 그 영향력은 긴 시간이 지나도록 곳곳에서 상처로 작용했다.

그럼에도 불구하고, 비록 나는 니어링이나 피히테의 발끝에도 미치지 못하지만, 학문적·신앙적 양심대로 강의하고 연구했을 뿐이라는 자신감이 있었다. 심신은 힘들었지만, 양심적으로 거리낄 것도 없었다. 그러면서 신의 이름으로 가해지는 폭력과, 신을 생명과 평화가 아니라 정죄와 권력의 근간으로 간주하는 흐름이 개인의 확신보다 훨씬 강한 현실을 극복하는 것이 내 사명이라는 생각도 강력하게 들었다. 종교 언어를 사회화하는 일을 새로운 사명처럼 여기게 되었다. 내 활동 영역도 확장되면서 사회를 좀 더 알게 되었고, 생명과 평화가 각종 교리, 하느님 같은 언어의 본질이어야 한다는 생각을 더 강하게 갖게 되었다. 그렇게 해직 이후의 삶을 좀 더 새롭게 살게 되었다.

35. 법은 왜 상처를 줄까
: 법력, 금력, 권력

"법적 삶이라는 현실에서 중요한 점은 누가 결정하느냐이다. 내용의 올바름 문제와는 별도로 결정 권한이 어디에 있느냐를 물을 필요가 있다."

(칼 슈미트, 『정치신학』, 그린비, 2010, 52쪽)

해직 기간 중에 새로운 환경에서 충전도 하고 새롭게 공부를 하고 싶었다. 나의 상황과 희망을 전해들은 일본의 WCRP평화연구소 및 코세이가쿠린(佼成學林)과 연이 닿아, 나는 객원 연구원과 객원 강사 자격으로 일 년간 도쿄에 머물게 되었다.

당시 WCRP평화연구소는 일본의 원로 법학자이신 사나다 요시아키(眞田芳憲) 선생이 소장으로 계셨다. 선생은 일본의 주오 대학(中央大學) 법대에서 은퇴하신 뒤, 종교 간 대화를 기반으로 동아시아 평화에 공헌하는 일을 여생의 사명으로 여기셨다. 개인적으로는 불교도지만, 로마법과 이슬람법 권위자이시면서, 한국의 정치나 종교적 상황에도 귀를 기울이시는 분이었다.

나는 도쿄에 머물면서 매월 한 차례씩 논문을 준비해서 선생을 비롯한 여러 사람들과 한국의 종교와 문화에 대해 토론하는 시간을 가졌다. 한 번은 세미나 중에 종교의 역기능에 관해 이야기가 나왔는데, 그때 선생께서 상기된 얼굴로 자신이 평생을 바쳐 일해 온 법률학에 대해 절망감을 토로하시는 모습을 보았다. 일본 법조계 주요 인물의 절반 가까이가 자신의 제자이지만, 일본 사회는 더욱 실망스러워지고 있으며, 자신이 평생을 바쳐 연구하고 가르친 법학이 인간을 구원할 수 없다는 사실을 개탄스러워하셨다. 본래 정신과는 달리 현실에서의 법은 사회정의나 인류의 평화와 거리가 멀다는 선생의 짧지만 강렬한 고백 속에서 한국의 비슷한 상황이 중첩되어 떠올랐다.

무엇을 변호하는가

학교에서 교육부의 결정에 불복해 행정법원에 소장을 제출했지만 행정법원에서도 교육부와 동일한 결론을 내리자, 고등법원·대법원에까지 차례로 항소하고 상고했다. 그 과정에 들은 이야기지만, 학교 측에서도 자신들이 이길 것이라 생각하는 사람은 하나도 없었다고 한다. 그런데도 거액의 교비를 써서 대형 로펌의 변호사를 선임하고, 정작 관련자는 얼굴 한 번 비치지 않은 채 시간만 지연시키는 행위가 반복되었다.

나는 딱히 변호사를 선임하지 않은 까닭에 모든 법정 자료를 고스란히 혼자 준비했다. 한 번이면 끝날 줄 알았던 법적 판단은 3년 이상 걸렸다. 뜻밖에 3년 이상 법정을 드나들면서, 그리고 학교 측 법률대리인을 만나면서, 현실에서 법이라는 것이 어떻게 적용되고, 변호사는 무엇을 하는 사람들인지 등등 그 일단을 강렬하게 느낄 수 있었다.

일일이 밝힐 수는 없지만, 변호사의 수준은 생각보다 많이 유치했다. 과장은 기본이고, 각종 소장에 거짓 자료들도 동원했다. 무안했는지 내 얼굴을 쳐다보지도 못하는 경우가 많았다. 그들 자신도 이길 수 없는 싸움을 하고 있으며, 그저 돈 때문에 하는 것이라고 알고 있는 것 같았다. 이런 과정을 가능한 한 즐기며 편안히 대응해야지 싶다가도, 변호사를 선임하지 않은 나로서는, 어쩔 수 없이 유치한 논쟁 속에 긴 시간 동안 휘말릴 수밖에 없었다.

결국 돈인가

나를 답답하게 한 것은, 도대체 법이란 무엇이며, 변호사는 무얼 하는 사람인가 하는 의구심이었다. 그들도 법학도를 꿈꾸고 법조인을 희망하던 시절에는 정의의 편에서 어려운 이를 돕겠노라는 순수한 열망에 불탔을지도 모른다. 하지만 법률 지식이 그저 직업적인 도구가 되고 축재와 출세의 수단이 되는 순간, 변호사는 수임료를 높이고 실적을 쌓기 위해 수단과 방법을 가리지 않는 '물신 숭배자'가 될 가능성이 커진다.

진리라는 것이 있다고 할 때, 동일한 진리의 이름으로 쌍방이 싸워야 하는 상황에서 잘못된 편에 설 수밖에 없는 변호사가 있을 테니, 변호사는 태생적으로 진리와 정의를 온전히 실천할 수 없는 사람이라는 생각도 들었다. 게다가 자기편 의뢰인에게는 기쁨을 줄 수 있겠지만, 상대방에게는 아픔을 주어야 하는 잔인한 사람이 될 수밖에 없겠단 생각도 들었다. 그리고 사건 당사자에게는 인생이 걸리다시피 중요한 문제를 단 며칠 만에 다 파악하고 또 판단할 만한 능력이라도 있는 양, 남의 인생 전체를 쉽사리 규정하는 직업적 분위기 역시 가당치 않게 느껴졌다. 나의 월권이고 오만이었을까.

재판의 목적은 판결문이다

변호사가 이러한 근원적 오류를 범하지 않고 법 본연의 정신을 살릴 수 있는 유일한 길은 사건을 맡을 때 돈을 기준으로 삼지 않는 것이다. 그리고 자신으로 인해 받지 않아야 할 아픔을 받고 상처입는 이들이 있을 수 있다는 사실을 늘 마음에 품어야 한다. 사건 자체가 사회적 정의에 얼마나 부합하는가를 먼저 두루 진지하게 탐색한 뒤,

정의에 부합한다고 판단되면, 그때 양심을 걸고 정의를 위해 일해야 한다. 그것이 변호사이다. 그때 생긴 수임료는 떳떳한 대가가 될 것이다.

정의롭지 않다고 판단되면 변호를 맡지 않으면 된다. 그러면 정의롭지 않은 일들은 법정에 설 일이 줄어들 테고 결국 자연스럽게 도태되어 갈 것이다. 물론 그렇게 되면 변호사는 가난해지거나 적어도 부자는 되지 못할 것이다. 그럼에도 불구하고 그 풍요로운 가난의 길을 가는 것이 법조인의 길이어야 할 것이다. 그런 이들이 사회를 정의롭게 만들고 법 본연의 정신을 사회 속에 구체화시켜 주지 않겠는가.

하지만 근본적인 문제가 있다. 그것은 정의를 규정하기 힘들다는 것이다. 정의는 얼마나 상대적인가. 실제로 법의 역사에서 보면 법적 판단에 선행하는 정의를 객관화하기는 힘들다. 선행하는 정의에 근거해 법적 판단을 내린다기보다는, 판단된 그것이 정의로 규정되는 경우가 더 일상적이다. 아감벤(Giorgio Agamben)은 법학자 살바토레 사타(Salvatore Satta)의 이론을 인용하면서, "재판이 법, 정의, 진리를 완수하는 것을 목표로 삼는다는 주장은 완전히 잘못이고, 판결의 권능은 정의 혹은 불의로부터 독립적인 선고에 속해 있다."고 말했다.* "체포되

---

* 조르조 아감벤, 조효원 옮김, 『빌라도와 예수』, 서울: 꾸리에, 2015, 94쪽.

는 순간 정확히 판결이 내려졌다."는 사타의 말처럼,[*] 변호사가 사건을 수임받는 순간 소장의 내용도 결정되고 마는 것이다. 실제로 재판의 궁극적인 목적은 정의라기보다는 판결문에 있기 때문이다.

결국 욕망을 변호한다

법철학자 칼 슈미트는 '주권자는 예외 상태를 결정하는 자'라고 규정했다. "그(주권자)는 극한적 긴급 상황인지 아닌지를 결정할 뿐 아니라, 그것을 평정하기 위해 무엇을 해야 하는지를 결정한다. 이 주권자는 통상적으로 유효한 법질서 바깥에 있으면서도 여전히 그 안에 속해 있다."[**] 풀어서 말하면, 법적 문장 자체가 아니라, 법을 다루도록 규정된 이가 법적 정신을 결정한다는 말이다. 법을 다루는 자세 자체가 법적 정신 위에서 이루어져야 하지만, 실제로는 법조인 자신이 추상적 법에 구체성과 현실성을 구현하는 능력이 있다는 식의 착각에 사로잡혀 스스로 법적 정신 밖에 선다는 말이다. 슈미트의 말은 국가권력이나 주권을 법과 관련시켜 해설한 거대 담론의 일환이었지만, 따지고 보면 일개 변호사들의 자의식적 행동도 결국 그와 다르지 않다.

---

*   조르조 아감벤, 위의 책, 같은 쪽.
** 칼 슈미트, 김항 옮김, 『정치신학』, 서울: 그린비, 2010, 16쪽, 18쪽.

내가 법원 서류 한두 번 받아 보고는 대번에 느꼈던 것도 결국 그런 것이었다. 변호사는 법적 정신을 구현하는 자가 아니라, 법을 이용하고 법을 수단 삼아 결국 자신을 위해 법의 정당성을 확보해 나가는 사람이라는 것을…. 수십 년 법학을 연구하고 가르친 일본 법학계의 권위자 사나다 선생의 절망과 한탄도 대번에 이해할 수 있었다. "내용의 올바름 문제와는 별도로 결정 권한이 어디에 있느냐를 물을 필요가 있다."는 슈미트의 주장도 이러한 문제의식의 연장선에 있다고 할 수 있다.

그래도 존경스러운 이들

물론 가능한 한 정의 편에 서려는 존경스러운 변호사들도 많다는 것을 잘 안다. 가능한 한 불의 편에 서지 않으려는 최소한의 양심을 지닌 법조인도 많을 것이다. 정의니 불의니 하는 말이 모호하다면, 적어도 금력과 권력에 휘둘리지 않으려는, 그래서 가난할 수밖에 없는 변호사도 얼마든지 있을 것이다. 그러나 그것이 진짜 법조인이라는 것을 최소한의 양식을 가진 이라면 알 것이다. 금력과 권력의 편에 서지 않고, 더 아픈 이의 편에 서고자 하는 이라야 진짜 법조인으

---

* 칼 슈미트, 앞의 책, 52쪽.

로 불릴 자격이 있다는 것을….

　한때 유행하던『내가 정말 알아야 할 모든 것은 유치원에서 배웠다』라는 책 제목이 떠오른다. 정말 유치원 시절에 배운 삶의 이치에 충실했으면 좋겠다. 아니 그런 시늉이라도 했으면 좋겠다. 그런 기대와 희망은 품어도 되는 것일까? 하늘의 뜻을 실천하겠다며 신학을 공부하고 목사가 된 이들도 어느 순간 직업형·사업형 목사로 전락해, 결국은 숨은 욕망을 채우기 위해 거룩한 하늘의 이름을 팔아 이웃의 생명을 위협하는 세상이니, 법률의 세계에선들 무엇이 다르겠으며 무엇을 얼마나 기대할 수 있겠는가. 실종된 정의와 양심을 회복하기는커녕 현실이라는 미명하에 정의와 인권의 본질을 전도시키는 일도 다반사니 말이다.

나도 상처를 주었을까

　가다머가 자신의 책『진리와 방법』에서 말하고 있듯이, 우리는 '방법'이 '진리'를 압도하는 세상 속에서 그 세상의 방조자로 산다. 그리고 그래서는 안 될 사람이 음성적으로 더 그렇게 되도록 조장하기도 한다. 그러니 법조인과 교회가 그렇게 많아도 사회는 별반 달라지지 않는 것이다. 아니 법조인과 교회의 숫자는 인간답지 못한 세상의 척도이기도 한 것이다.

그런들 어쩌랴. 상황이 그럼에도 불구하고 정의와 평화가 회복되기를 희망하며 일할 수밖에 없는 것이 기독교인의 팔자이기에, 나는 그저 내 식대로 내 길을 갈 수밖에 없다. 그 말이 다소 거창하다면, 최소한 나 때문에 누군가가 상처받는 일은 하지 말아야겠다고 생각한다. 부지불식간에 나 때문에 상처받았을 사람을 생각하면, 몸 둘 바를 모르기도 하지만, 그래도 진리는 죽임이 아니라, 이웃의 상처를 어루만지고 생명을 살리는 아주 작고 단순한 데 있다는 사실이 더 명백하게 다가온다.

36. 왜 자기도 모르는 짓을 할까
: 종교의 앵똘레랑스

> "자유, 평등의 가치를 어쩌다 배우고[學]
>
> 일상에서는 억압과 차별을 몸에 익힌다[習]."
>
> (홍세화, 『생각의 좌표』, 한겨레출판, 2009, 29쪽)

다름을 인정한다는 것

기독교인이란 어떤 존재인가? 신학적인 용어를 구사하자면, 신은 한 분이라는 사실과 그 보이지 않는 신을 결정적으로 드러내 보여준 이가 예수라고 고백하면서 그 삶을 따라 살기로 작정한 이들이다. 신이 한 분이라는 것은 신이 모든 곳에 있다는 뜻이다. 신이 있지 않은 곳이 어디 있던가? 신이 없는 곳이 있다면 그 신은 무한자가 아니라, 제한된 유한자일 것이다. 물론 이것은 기독교적 언어, 신학적 결론이다. 굳이 신학적 언어를 구사하지 않는다 해도, 이 시대에 이웃을 인정하는 것은 내가 인정받는 첫걸음이다. 그리고 그것은 최근 화두처럼 회자되고 있는, 프랑스 역사가 체득해 낸 '똘레랑스'의 정수이기도 하다.

똘레랑스가 무엇이던가? 우리나라에도 '포함삼교(包含三教)'나 '화이부동(和而不同)', '중용(中庸)', '화쟁(和諍)'과 같은 정신이 있어 왔지만, 기왕 똘레랑스라는 프랑스어를 썼으니 간단하게라도 해설해 보자.

똘레랑스

똘레랑스는 프랑스 루이 15세, 17세의 억압과 그 결과로 생긴 프랑스대혁명, 그에 대응하는 반혁명, 또 이어지는 반혁명을 거치며 공화국을 수립해 가는 피의 역사 속에서 생겨난 관용의 정신이다.[*] 상대방을 인정함으로써, 즉 차이를 수용함으로써 자신의 존재성도 인정받게 된다는 엄연한 사실을, 차이를 인정하지 못해 피를 흘리고 죽임당하던 생생한 현장을 통해 체득해 낸 귀한 정신인 것이다.

그렇게 얻어진 똘레랑스는 한마디로 자기중심성의 자리에 타자를

---

[*] 하승우, 『희망의 사회 윤리 똘레랑스』, 서울: 책세상, 2003, 38~41쪽.

받아들이고 그 목소리를 담는 행위이다.* '마주하고 이야기한다'는 대화(對話)의 원리야말로 똘레랑스의 정신을 잘 대변해 줄 것으로 생각된다. 마주하고 이야기하려면, 남이 이야기할 때 나는 들어야 한다. 듣는다는 것은 상대방을 내 안에 받아들인다는 것이다. 그러면 상대가 이해되고, 이해된 만큼 나도 변화한다. 그 변화의 힘으로 다시 타자를 인정하며 살게 되는 것이다.

그러고 보면 진정한 똘레랑스의 정신은 예수 정신에도 근접한다. 예수는 누구인가? 사람의 눈에는 하느님과 거리가 먼 인물로 보여도, 하느님은 도리어 그 죄인들을 더 사랑하신다는 사실을 온몸으로 선포하고 보여준 분이다. "하느님이 자비하시니 여러분도 자비롭게 되어야 한다."며 자비를 실천한 분이다. '자비'의 '자(慈)'는 기쁨을 더해 주고 '비(悲)'는 슬픔을 빼 주는 행위로서, 본래는 불교 용어이다. '사랑'과 이음동의어인 것이다. 사랑과 자비의 예수는 우리에게 잘못한 이웃의 행동을 '일흔 번씩 일곱 번이라도' 용서해 주어야 한다고 가르치다가 죽어 갔다. 당시 종교적 기준으로 보면, 상종해서는 안 될 죄인들과의 '거리'를 스스로 없애는 삶을 산 것이다. 그런데 이런 정신에 따른다는 그리스도인들이 용서는커녕 현실이라는 이름으로 정죄부터 한다. 그 정죄는 그렇게 정죄하는 행위가 결국 자신을 정죄하게

---

* 필리프 사시에, 홍세화 옮김, 『왜 똘레랑스인가』, 용인: 상형문자, 2000, 227쪽.

된다는 자기모순을 간파하지 못하는 데서 비롯되는 일이다.

그는 무슨 일을 한 것일까

이즈음 가장 실감나는 표현은 한나 아렌트가 쓴 재판 보고서, 『예루살렘의 아이히만』에 달린 부제이다. '악의 평범성에 대한 보고서'. 유대인 철학자 아렌트는 나치 치하 유대인 대학살의 주범이라 할 수 있는 아이히만에 대한 재판을 참관하면서 그런 끔찍한 일을 주도했던 이가 어떻게 그토록 죄의식 없이 평범한 모습을 하고 있는지 놀랐다고 한다. 그러면서 그 이유를 이렇게 규정했다. "그는 단지 자기가 무엇을 하고 있는지 전혀 깨닫지 못한 것이다." 예수가 십자가에 달려 죽으면서 자신을 십자가형에 처했던 사람들을 향해 했던 기도도 정확히 이것이었다. "아버지, 저 사람들을 용서하여 주십시오! 그들은 자기가 하는 일을 모르고 있습니다."(「누가복음」23장 34절)

개인적으로 보면 자기 일에 각별히 근면하고 아주 평범한 사람이었지만, 수백만 명을 죽음으로 내몰 수 있었던 이유는 '자기가 무슨 일을 하는지 깨닫지 못했기 때문'이라는 것이다. 아렌트는 이것을 전

---

* 한나 아렌트, 김선욱 옮김, 『예루살렘의 아이히만 ─ 악의 평범성에 대한 보고서』, 한길사, 2006, 391쪽.

체주의적 분위기에 휩쓸려 거기에서 벗어나 새로운 일을 시작할 수 있는 능력이 결여된 탓이라고 풀기도 한다.

배우고 익힌다는 것

물론 아이히만과 같이 무지로 인해 죽임의 현장을 방치한 것도 문제이지만, 무관심하게 고통의 현장을 방치하는 무지도 그에 못지않은 문제이다. 남을 죽이고도 정당해하는 무지와 고통의 현장을 무관심으로 방조함으로써 그 고통을 강화시키는 무지는 크게 다르지 않다. 무지한 참여가 악을 만들고, 무관심이 개인의 착각으로 끝나고 말 악을 사회적 세력으로 확장시켜 놓는 것이다.

욕망이나 질투 자체는 생물학적 본성에 가까우며, 그것이 개인 안에 머물러 있을 때는 큰 문제가 되지 않는다. 타자의 욕망과 만나면서 자신의 욕망이 타자의 자유와 권리를 억압하는 형태로 나타날 때 문제가 된다. '인(仁)이란 내가 서고자 하면 남도 세워 주고 내가 도달하고자 하면 남도 도달하게 하는 것[夫仁者 己欲入而入人 己欲達而達人, 『논어』「옹야」]'이라는 공자의 사상은 나를 내세우고 싶을 때 도리어 스스로를 제한해 남도 같이 서게 하는, 타자에 대한 기본자세를 적절히 담고 있다. 나아가 자기부정을 통한 자기긍정이라는 종교 원리까지도 함축하고 있다.

하지만 현실에서는 여전히 자신이 무슨 일을 하고 있는지 모른 채 일을 한다. 사회가 그것을 조장한다. 홍세화가 염려하는 대로, "좋은 가치에 관해서는 어쩌다 '배울[學]' 뿐이고 일상 속에서는 그 반대를 '익힌다[習].'" "남과 더불어 살아야 한다는 공동체의식, 연대의식을 어쩌다 '배우지만' 일상에서는 남을 누르고 이길 것을 '익힌다.'" "자유, 평등의 가치를 어쩌다 배우고 일상에서는 억압과 차별을 몸에 익힌다." 그러다 보니 "남을 억압, 차별하고 인권을 침해하면서도 인식하지 못한다."

자기만의 교리를 앞세우고 있는 종교에서 신의 이름으로 더욱 그러한 현실을 조장한다. 그래서 "종교의 이름으로 행해진 폭력은 … 종교적 신념의 변질에 의한 것이 아니라, 도리어 종교 고유의 도덕적 논리로부터 자연스럽게 만들어졌다."는 비판도 나오게 된다. 머리로는 신이 세상을 사랑한다고 배우면서도[學] 실제로는 자기편만 사랑하는 것처럼 익혀 나간다[習]. 자기가 하는 말의 의미가 무엇인지, 자기가 하는 일이 어떤 결과를 낳는지 생각하지 못하고 깨닫지 못하기 때문이다. 그렇게 똘레랑스의 이름으로 앵똘레랑스의 행동을 하게 되는 것이다.

---

* 홍세화, 『생각의 좌표』, 한겨레출판, 2009, 29쪽.

37. 김 교수는 왜 아팠을까
: 악의 발생에 대한 상상

"우리가 도덕규범을 준수하는 이유는 집단에 소속되고 싶기 때문이다.
우리는 종종 집단의 입장이 객관적으로 문제가 될 만한데도
따돌림을 피하기 위해 그 입장에 묻어 가곤 한다."

(로랑 베그, 『도덕적 인간은 왜 나쁜 사회를 만드는가』, 부키, 2013, 95쪽)

〈부러진 화살〉

2012년 〈부러진 화살〉이라는 영화가 개봉되었고, 나도 그 영화를 보았다. 영화 소재였던 이른바 '석궁 사건'과 관련된 글을 나도 쓴 적이 있었던 데다가, 사건이 나던 당시 나도 해직 중이었던 탓에 더 관심이 가는 영화였다. 아래는 석궁 사건이 발생했던 2007년, 한 언론사의 요청을 받아 당시 상상력을 동원해 정리했던 글이다. 거의 모든

문장을 '~했을 것이다'로 마무리한 이유도 내가 상상하고 추측한 글이라는 증거이다. 하지만 그 글을 다시 보면서, 그때 나의 상상이 과히 틀리지 않았다는 사실을 새삼 확인하게 되었다. 시점을 확인하기 위해 연도 표기와 일부 내용을 살짝 추가해 이 책 안에 다시 소개하고자 한다.

석궁 사건에 대하여

성균관대 김명호 교수가 재임용에서 탈락한 뒤 10년을 전전긍긍하다가 2007년 1월 자신의 교수지위보전신청을 기각한 부장판사에게 석궁을 쏴 부상을 입힌 뒤 구속 수감된 일이 있었다. 당시 일부 언론은 김 교수가 가방 속에 노끈과 회칼도 소지하고 있었다는 식의, 구독률을 의식한 자극적인 문구로 지면을 장식했고, 독자는 아무리 그래도 사람에게 화살을 겨누다니 말이 되느냐며 이야깃거리로 삼았다.

물론 사람을 살상한 행위에 대한 대가는 어떻게든 치러야 할 것이다. 하지만 그 사건을 대하는 순간 김 교수와 비슷한 경험을 해 오고 있는 나로서는 저간의 상황에 대해 전체 그림이 대번에 그려졌다. 이 가슴 아픈 일 역시 근본적인 이유는 가려진 채, 자기 일이 아니다 싶으면 무관심하거나 가십거리 정도로 삼으며, 권력과 금력의 눈치를 보면서 한 사람이 피해를 뒤집어쓰면 내가 안전해질 것이라는 '속죄양 논리'를 충실히 반영하고 있다. 그리고 무엇보다 주변의 허상이어야 할 악을 실상으로 만들어 주는 대중적 심리, 사회적 논리도 고스란히 보여주고 있다. 김 교수, 대학, 법원 사이에 벌어진 지난 십여 년의 상황을 일일이 다 알 수는 없지만 상상은 생생하게 되었다.

왜 발생했나

'석궁 사건'은 왜 발생했나? 일단 드러난 현상은 이렇다. 1995년 김명호 교수가 수학 과목 입시 문제의 오류를 지적했고, 그것 때문에 논쟁이 오갔으며, 다음 해 김 교수는 교육자적 자질이 부족하다는 이유로 승진이 거부되고 재임용에서 탈락되었다. 김 교수는 입시 문제의 오류를 지적한 데 대한 학교 측의 보복이라며 불복하고 소송을 제기했고, 법원은 학자적 양심과 학문적 능력은 있지만 교육자적 자질이 부족한 이에 대한 재임용 탈락은 정당한 조치라며 학교 손을 들어 주었다. 그 뒤 김 교수는 2005년 교수지위보전신청을 내면서 항소했지만 법원은 이를 다시 기각했다. 그런 뒤 '석궁 사건'이 발생한 것이다.

나의 상상적 구성물

분명히 김 교수와 학교 사이에 벌어진 입시 문제 오류 논쟁을 해결하는 과정에 학교나 동료 교수 사이에 마찰이 생겼을 것이다. 일단 오류가 있었다는 것은 법원도 인정한 부분이었는데, 정말 거기서 출발한 사안이었다면 그 범위 안에서만 해결하면 되었을 것이다.

하지만, 조용히 넘어가도 될 일을 왜 들쑤셔서 학교의 명예를 실추시킬 필요까지 있겠냐며 학교 측에서는 탐탁치 않게 여겼을 것이다. 물론 나의 상상이다. 그리고 학교 내 구성원들 대부분은 그러한 논쟁에 개입하지 않으려 했을 것이다. 남의 암 질환보다 나의 감기를 더 심각하게 느끼는 근시안적 이기주의 때문이었을 것이다. 같은 학과 동료 교수들도 괜히 끼어들지 말자며 몸을 사렸을 것이다. 자기 일이 아니어서 귀찮기도 했겠거니와, 김 교수의 지적이 옳았더라도 공연히 학교 측에 밉보여 언젠가 무슨 불이익을 당하게 되지나 않을까 염려하며 침묵했을 것이다. 힘의 논리에 따라 어떤 이는 자기도 모르는 사이에 학교 편을 들기도 했을 것이다.

"집단 속에서는 자의식이 약화되고 평소의 개인적 신념과 모순되는 행동을 저지르기가 한결 수월해진다."는 실험 결과가 있듯이, '집단이 가져오는 익명성'에 의도적으로 자신을 가두어 집단의 구성원이 되려는 심리 때문이었을 것이다.* 이른바 사회적 희생양이 생기는 것도 이런 심리에 따를 때가 많다.

물론 김 교수 편을 드는 이도 있었겠지만, 아마 소수였을 것이다. 김 교수는 그들에게서 위로를 받았겠으나 소수였기 때문에 집단 안에서 그 목소리는 묻혀 버렸을 것이다. 그러면서 김 교수는 상처를 더 크게 받았을 것이다. 그리고 그럴수록 사태는 김 교수에게 계속 불리해졌을 것이다. 그러자 김 교수는 감정이 격해지면서 더 과격한 언행을 했을 것이다. 그러면 학교는 점차 교육자로서의 자질 운운하며 감정 섞인 인간적 흠집 내기까지 시도했을 것이다.

급기야 학교 안에서 해결이 불가능해지자 김 교수는 별수 없이 학교 밖 법정에 호소했을 것이다. 사건의 원인과 과정을 구구절절이 적어 자신의 정당성을 입증하려 했을 것이고, 그에 대응하여 학교 역시 사건의 근본 원인은 제쳐 놓은 채 힘의 논리에 편승하거나 굴복한 다수 학내 구성원들을 동원해 학교에 유리한 각종 자료를 만들었을 것이다. 절박한 김 교수는 그 과정을 법원에서 정당하게 판결해 줄 것이라 믿었을 것이다.

그러나 법원 역시 과히 다르지 않은 과정을 보여주었을 것이다. 하루에도 수십 차례 이상 무언가 결정을 내려야 하는 부산한 법관의 입

---

* 로랑 베그, 이세진 옮김, 『도덕적 인간은 왜 나쁜 사회를 만드는가』, 부키, 2013, 44~48쪽.

장에서는 그 엄청난 자료집을 꼼꼼히 다 읽어 볼 새도 없었을 것이다. 개인에게는 전 인생이 걸린 문제였지만 법관의 입장에서는 격무에 시달리게 하는 여러 일거리들 중 하나였거나, 오랜 경험적 직관을 먼저 믿었을 것이다. 법관은 소장에 적힌 사건의 실상을 꼼꼼하게 읽고 엄밀하게 판단하기보다는 양방 간의 힘의 균형을 재보고 여론도 적절히 봐 가며 판례나 기존 사건의 패턴대로 판결하려는 마음이 앞섰을 것이다.

어쩌면 결론을 미리 내고서 소장을 적절히 취합해 판결문을 써 나갔을지도 모를 일이다. 당연히 전 인생을 걸고 자료를 정리해 소장을 제출한 뒤 정당하게 판결해 주길 바라던 억울한 이의 마음은 그곳에 반영되지 않았을 것이다. 그리고 이것이 위협용이었든 어떻든 석궁을 준비해 판사를 찾아가게 만든 계기가 되었을 것이다.

물론 위의 글은 상상에 의한 구성물이되, 나의 비슷한 체험에 근거한 상상적 구성물이다. 교수 사회에서 연구와 교육적 성과에 대한 압력은 이전에 비해 급격하게 가중되고 있지만, 정말 결정적인 결격사유가 아니고서는 재임용 탈락까지 가지는 않는다. 같은 대학 안에서 김 교수보다 '교육자적 자질이 떨어지는' 사람들도 많이 있었을 것이다. 그래도 그들이 교수로서의 신분을 계속 유지한다는 것은 교육자적 자질이라는 추상적이고 내밀한 개념만으로 재임용을 거부하는 결정적인 사유를 삼을 수 없다는 뜻이다. 그런 것은 사실상 재임용을

거부하기로 작정한 뒤 그 거부를 정당화시켜 주는 자의적 '수단' 정도
에 불과할 때가 더 많을 것이다. 이런 상황의 연장선에서 재임용을
거부하는 '원인'이기보다는 '수단'이나 '과정'이었던 항목을 '원인'으로
재둔갑시켜 복잡다단한 인간의 내면까지도 재단하는 법원의 '월권'이
지속되는 것이다.

악은 왜 생길까

이즈음 내가 말하고 싶은 것 중의 하나는 이른바 '악'의 문제이다.
김 교수에게 학교나 법원은 일종의 악의 세력으로 비쳤을 텐데, 이런
사건 역시 악이라는 것이 어떻게 구체화되는지를 잘 보여준다. 다시
사건의 근원으로 가 보자.

분명히 입시 문제가 잘못 출제되었다는 것은 누군가의 실수였을
것이다. 실수는 그 자체로 선도 악도 아니다. 따라서 실수를 실수로
인정하면 문제는 비교적 간단히 해결된다. 그러나 대학입시에서 실
수가 있었다는 것이 알려지면 대학의 명예가 실추되고 학과나 교수
들의 역량이 의심받게 될 가능성도 충분히 있었을 것이다. 그래서 당
사자들에게는 그것을 슬쩍 덮어 버리고 싶은 마음도 분명히 있었을
것이다. 바로 여기가 악이 힘을 얻게 되는 출발점이다.

만일 그럴 때 굳이 양심이니 정의니 하는 거창한 말을 거론하지

않더라도, 어릴 적 유치원에서 배운 아주 기본적인 자세 하나를 실천에 옮기면 세상에 악이라는 것은 이름조차 내밀지 못하게 될 것이다. 미안하다며 실수를 실수로 인정할 줄 아는 자세 말이다. 그것이 인간이, 그것도 교육기관의 정점인 대학이 취해야 할 기본적인 자세이다. 그런데 그러기는커녕 실수를 부정할 뿐만 아니라 상대방을 공연히 나쁜 사람인 양 몰아가며 자신의 정당성을 주장하다가 자기도 모르는 사이에 악의 세력을 키워 가는 주인공이 되는 것이다.

이렇게 근본 원인은 정말 아무것도 아니었을 텐데도, 그 아무것도 아닌 원인을 무마하려는 작은 욕심에 침묵하거나 자신을 편안하게 만들어 주는 쪽의 편을 들면서 그 아무것도 아닌 것을 엄청난 힘으로 키워 나가는 것이다. 허상이어야 할 악이 공룡처럼 거대해지는 과정은 늘 이런 식이다.

나는 과거 10년 동안 벌어진 김 교수 사건을 일일이 알지 못한다. 그동안 정확히 무슨 일이 있었는지 지금 고스란히 재생시켜 낼 수도 없다. 굳이 양비론적으로 판단하고 싶은 마음도 없지만, 물론 김 교수에게도 문제는 있었을 것이고 여전히 있을 것이다. 하지만 그럼에도 불구하고 그 근본 원인을 다루어 가는 과정을 구체적으로 상상해 보면 무엇이 진실인지 어지간히 그려진다. 지금 누군가에게 일시적으로 정당성이 확보되어 있는 것처럼 보이지만, 진실은 밝혀지게 되어 있다. 아니 어쩌면 지금 이미 밝혀져 있다. 우리가 그저 애써 외면하고 있을 뿐이다. 우리에게는 작은 일 하나하나를 솔직해야 다루고 행동해야 할 책임과 의무가 부여되어 있다. 그것이 사람과 사회가 아프지 않고 건강하게 살아갈 수 있게 하는 길이다.

38. 왜 큰 것을 숭배할까
: 박사학위에 대한 나의 고백

"우리 조선 사람은 매양 이해 이외에서 진리를 찾으려 하므로 석가가
들어오면 조선의 석가가 되지 않고 석가의 조선이 되며 공자가 들어오면
조선의 공자가 되지 않고 공자의 조선이 되며 무슨 주의가
들어와도 조선의 주의가 되지 않고 주의의 조선이 되려 한다.
그리하여 도덕과 주의를 위하는 조선은 있고 조선을 위하는 도덕과
주의는 없다. 아! 이것이 조선의 특색이냐? 특색이라면 특색이나
노예의 특색이다. 나는 조선의 도덕과 조선의 주의를 위하여 곡하려 한다."

(신채호, 〈浪客의 新年慢筆〉, 《동아일보》, 1925.01.02)

2007년, 한국 미술계에 적지 않은 영향력을 행사해 오던 큐레이터
신정아 씨가 학위를 조작해 동국대 교수에 임용되었다는 사실이 폭
로되면서 파문이 커진 적이 있다. 이것은 사회적으로나 문화적으로

적지 않은 의미를 함축하는 사건이었다. 학위 조작은 단순히 개인의 욕망이나 거짓말 수준에 머물지 않는다. 그것은 '내용'이 어떤지를 확인하는 데 외적 '형식'이면 충분하다고 간주하는 우리 사회의 단면을 전형적으로 드러낸다. 왜 형식이 내용을 압도하게 되었을까?

외국이 높아 보인다

다소 과장된 해석일지 모르겠으나, 그것은 오랜 역사를 거치면서 진리의 기준을 우리 안에서 찾지 못하고 밖에서, 그것도 '대국'에서 찾아온 데 큰 문화적 원인이 있다. 실제로 유학, 불학, 도가 사상 같은 한국의 전통 사상이라는 것은 다 중국에서 수입한 것이 아니던가. 한국 최대의 사상가라고 하는 퇴계의 철학이 중국 성리학과 얼마나 다르던가. '작은 중국[小中華]'임을 자랑스럽게 여겨 오기도 하지 않았던가. 한결같이 중국에서 배워 오면서 그렇게 천 년을 지내오지 않았던가. 근대에 들어 선진적인 것의 기준을 일본적인 데에서 찾기도 하다가, 이제는 미국을 위시한 구미 국가를 기준으로 진리를 판단하고 있지 않은가. 국가적인 일에 미국 눈치를 보지 않은 적이 있던가. 미국에 가까울수록 앞서가는 것이고 그만큼 객관적인 삶의 기준이 되는 분위기가 여전하지 않던가. '썩 그럴듯하다', '멋지다'를 의미하는 '근사하다'는 말이 사실상 서양적인 것, 외국 것에 '가깝고[近] 비슷하다

[似]는 것을 의미한다는 것도 이런 우리네 정서를 잘 보여준다.

이것을 가장 잘 보여주는 것이 지식 권력이다. 미국에서 획득한 지식은 이미 한국에서는 권력으로 작동한다. 지식의 내용이 얼마나 인간다우냐, 진리에 가까우냐는 이차적이다. 유통되는 지식이 얼마나 미국과 가까우냐가 일차적인 관심 대상이다. 그것이 사실상 진리의 척도로 자리매김 된다. 김종영은 이렇게 규정했다. "가르침과 배움은 지배-피지배의 관계다. 안토니오 그람시가 말하듯이 모든 헤게모니적 관계는 교육적 관계다. 미국은 '가르치는 나라'이고 한국은 '배우는 나라'다."

불행하게도 기준을 우리 자신에게 두어 본 적이 그리 많지 않은 것 같다. 그동안 중국을 베껴 온 것이 우리의 역사였다면, 오늘날 그 무게중심은 미국을 위시한 서구 세계로 옮겨갔다. 미국의 삼류급 선교사들이 전해 준 삼류 기독교를 금과옥조처럼 붙들고 있는 것이 오늘날 한국 개신교의 실상이기도 하니 말이다. 어떤 목사가 미국에서 공부했다는 사실만으로 교회가 성장하는 보이지 않는 원동력이 되기도 하는 것이 현실이다. '로마보다 더 로마적'이라는 비아냥을 가끔 듣기도 하는 한국 가톨릭이나, 중국에는 이미 없어진 공자제사[釋奠祭]의 원형이 그대로 보존되어 있는 한국 유교의 상황도, 사상이나 문명을

---

* 김종영, 『지배받는 지배자: 미국 유학과 한국 엘리트의 탄생』, 파주: 돌베개, 2015, 27쪽.

주체적으로 소화하기보다는 큰 것을 베끼며 섬기고[事大], 그대로 모방해 온 우리의 현주소를 잘 말해 준다. 대부분의 학계가 미국 혹은 유럽을 '글로벌 스탠다드'로 여기고 사회 주류가 학벌의 상징적 권력을 획득하기 위해 얼마나 과도한 대가를 지불하고 있는지 새삼 더 비판해 보아야 무엇하겠는가.

형식이 내용을 압도하다

이렇게 우리는 얼마나 주체적인가, 얼마나 무르익었는가, 얼마나 지행합일적인가 등이 기준이 아니라, 대국에 있는 것을 얼마나 알고 있는가, 내가 대국과 얼마나 가까운 사람인가가 사실상 권위를 결정하는 역할을 해 왔다. 그러니 학위를 조작해서라도 대국에 가까운 사람이 되고픈 심리적 충동을 느끼게 되는 것은 사실상 어제오늘의 일이 아니다.

이상은 형식이 내용을 압도하는 사례들이다. 형식에 맞으면 내용이 좀 부실해도 그 형식만으로 충분히 화제가 된다. 화제의 중심에 서기 위해서라도 내가 중국을, 일본을, 구미를 좀 아는 존재라는 사실을 확실히 보여주어야 하는 것이다. 그러기 위해 형식을 갖추는 일이야말로 한국사회에서 출세하는 첩경이 아닐 수 없다. 이것은 학문하는 이들의 독서 습관에서도 드러난다.

독서 방식도 사대적

　가령 어떤 책을 읽을 때, 과연 그 책이 읽을 가치가 있는지를 아는 제일 확실한 방법은 당연히 그 책을 직접 읽어 보는 것이다. 그렇지만 읽기도 전에 가치가 있는지 확인하는 간편한 방법이 있는데 그것은 책의 날개에 쓰여 있는 저자의 이력을 확인하는 것이다. 이때 학술서의 경우라면 저자가 어디서 공부했느냐, 학위 취득 대학이나 국가가 어디냐를 살펴보되, 특히 미국에서 공부했으면 일단 읽을 가치가 있겠다고 판단하게 된다. 그 책에는 미국 학계의 분위기가 반영되어 있을 것이라 지레짐작하고, 그걸 읽은 것만으로도 내가 미국과 가까운 존재가 되며, 그만큼 남들에게 자신 있게 이야기할 거리도 더 생겨나게 되기 때문이다. 여기에다가 몇 마디 영어를 섞어 가며 태생적인 영어 콤플렉스를 지닌 한국인의 정서를 슬쩍 건드리는 순간 그것만으로도 그이는 적어도 외견상으로는 능력자로 통하게 되는 것이다. 이런 현상은 얼마나 큰 나라와 가까운 존재인지로 사회적 신분을 결정해 온 우리의 오랜 문화와 연결되어 있는 것이다.

학력과 학벌

　신정아 씨가 굳이 예일대 학위증에 집착했던 이유도 이와 무관할 수 없다. 더군다나 그것이 신정아 씨 혼자에게만 해당하는 일이라면 사태가 여기까지 오지도 않았을 것이다. 그이가 학위를 위조하고도 당당해하는 것은 주변에 그런 사람이 적잖게 있다는 증거이기도 할 것이다. 형식이 내용과 동일시될 뿐만 아니라 그것이면 충분한 사회, 분명히 그것은 극복되어야 할 저급 문화이다.

물론 학문적 역량이 있는 사람이 대접받는 분위기야 문제될 일이 전혀 아니고 권장되어야 할 일이지만, 그것이 지나쳐 학위, 학교, 학위 수여국 등 학벌(學閥)이 학문적 능력(學力)과 단순 동일시되는 현상은 경계하고 극복되어야 한다. 김상봉의 말마따나, 우리가 학벌과 자기를 긴밀하게 동일시하면 할수록 우리는 더 탐욕스러워지고 더 멍청해지며, 마지막에는 더 노예적이 될 수밖에 없겠기 때문이다.*

하지만 이러한 사대주의적 구습은 오래전부터 체질화되다시피 해온 현상이니 하루아침에 뒤바뀌기를 기대하기는 힘든 노릇이다. 그렇더라도 극복해 내지 않으면 안 되는 일인 것도 분명하다. 어떻게 그렇게 할 수 있을까? 이러한 질문 앞에서 무엇보다 내 자신은 그러한 저급 문화로부터 얼마나 자유로운지를 먼저 묻게 된다. 나부터 그렇지 않고서 어찌 사회가 바뀌기를 바라겠는가. 여기서는 박사학위에 얽힌 나의 얘기를 써 보련다.

* 김상봉, 『학벌사회』, 파주: 한길사, 2004, 205쪽.

나는 왜 박사 공부를 했는가

나는 화학과 재학 중 인생 고민을 하다가 대학원을 종교학과로 진학했고, 학문에 대한 흥미와 순수한 열망 속에서 종교학과 신학으로 석사학위를 두 번 취득했다. 건방진 말인지 모르겠으나, 그런 뒤에는 나름대로 인생관도 뚜렷해지고, 학문에 대한 자신감도 생겨났다. 특히 인문적 차원의 종교 공부는 매력 있는 일이었고, 박사 아니라 그 어떤 분야의 학문도 나 혼자 충분히 할 수 있겠다는 생각이 들었다.

그러나 시간이 흐르면서 그런 자신감만으로는 안 되는 일도 있다는 현실적 고민이 들기 시작했다. 1989년 종교학으로 석사학위를 취득한 뒤 동료 및 선후배들과 '종교문화연구원'이라는 연구소를 창립해 연구부장이라는 직함을 가지고 활동하면서의 일이다.

연구소 활동은 충분히 즐거웠지만, 그런 즐거움과 자신감은 정말 나만의 것이었다는 사실도 곧 알게 되었다. 나름대로는 학문적 자신감에 넘쳤지만, 남들도 나를 그렇게 인정해 주는 것은 아니라는 사실을 알게 된 것이다. 학문, 특히 종교 관련 공부의 핵심은 연구자가 얼마나 진리에 가까운 삶을 살고 있는가에 있다고 배웠고 그렇게 생각했지만, 현실은 그런 순수함을 순수하게 받아들이지 않았다. 명색이 연구소의 연구부장이라는 직책을 달고 있다 보니, 사회는 나의 연구가 정말 신뢰할 만한지 객관적인 근거가 있느냐며 물었다. 그러니까 박사 정도는 있어야 네 연구를 신뢰하지 않겠느냐, 그렇지 않고서 네가 하는 연구를 얼마나 신뢰할 수 있겠느냐는 것이었다. 최소한의 자격증이 바로 '박사학위'였던 것이다. 혼자 도를 닦는 것이 아닌 마당에 학문을 자족감만으로 할 수는 없었다. 나름대로 연구하는 것만으로는 불충분했다. 학문에 대한 관심은 진작부터 컸었고, 학부 시절부터 학문하며 살겠다고 결심했지만, 나는 학위를 요청하는 학계의 요구에 부응해야만 했던 것이다.

고백하자면 박사학위는 내 인생의 첫 번째 '타협'이었다. 평상시 신념에 따르면 학위 자체가 중요한 것은 아니었지만, 학위가 내 앞길을 넓게 열어 주는 '수단'이 될 수도 있으리라 생각하고 타협의 길을 가게 되었다. 학자를 바라보는 사회적 눈높이와 흐름에 나도 맞출 수밖에 없었다. 그래서 박사과정에 입학하게 되었다. 공부 자체도 즐거웠지만, 자격증도 필요했던 것이다. 신정아 씨가 어떤 식으로든 학위가 있으면 자신의 앞길이 좀 더 탄탄하리라는 기대 심리를 가지고 있었던 것이라면, 나의 심리도 그것과 다른 것이 아니었을 것이다.

한국에서 학자 노릇 하기

석사과정 중 나는 적어도 외국, 특히 미국에서는 학위를 취득하기 위한 공부를 하지 않겠노라 다짐했다. 반독재 투쟁의 선봉에 나서던 그런 학생은 아니었지만, 광주항쟁 이후 '반미'적 정서를 갖게 되었던 학생 시절, 한국에서 쓸 자격증을 취득하러 미국으로 간다는 것은 내게 용납될 수 없는 일이었다. 그것은 일제강점기 때 반일한다면서도 일본에 유학한 뒤 출셋길로 들어선 상당수 사람들의 모순된 행동과 전혀 다르지 않은 일이라고 생각했다. 더욱이 종교학과 신학은 이론이기보다는 실천이니, 어디서든 제 하기 나름 아니겠느냐 믿었다. 그때는 미국이라는 나라는 나중에 여행이나 가야 할 곳이라는 마음이 강했다. 그렇게 해서 국내에서 박사과정을 하게 되었다.

그러나 박사과정을 끝내고 보니 이른바 국내 박사가 미국 박사에 비해 푸대접을 받는 정도가 생각보다 심했다. 우리 사회에서 미국에 대한 사대적 성향은 과거 중국 종속적이던 시절에 비해 커지면 커졌지 결코 줄어들지 않았다. 미국 박사가 돌아오자마자 받는 대우와 비슷한 대우를 국내 박사가 받으려면 학위 취득 후 10년 이상 노력해 상당한 연구 실적을 쌓으면 될까 말까 하는 정도였다. 당시 박사학위 취득 후 학회에서 논문을 발표할 때 종종 듣던 말이 "언제 귀국했느냐?"는 것이었다. 종교학계나 특히 신학계에서 학자라는 명함이라도 내밀려면 미국이나 독일 정도에서는 박사학위를 받아 와야 하는 것 아니냐는 정서가 팽배했다. 아닌 게 아니라 1997년 한 기독교 관련 학회에 주도적으로 참여하고 있는 학자들의 면면을 보면서 국내에서 박사를 마친 이는 나 혼자뿐이라는 사실을 문득 알게 되었다. 그러니 언제 귀국했느냐는 물음은 좀 불쾌하기도 했지만, 당시 신학계에서 결코 어색한 물음만은 아니었던 것이다. 신학에도 '원조'가 있으며, 그곳은 다름 아닌 미국이나 독일이라고 생각하는 이들이 대다수였다. 나는 자신도 의식하지 못하는 사이에 한국에서의 학문을 열등한 것으로 매도하고, 진리의 기준을 늘 자기 밖에서만 찾다가 결국 자기 자신도 잃어버려서는 안 되겠다는 생각을 하곤 했다.

나의 책 읽기

그러한 상황을 겪으면서 나는 몇 가지 소박한 결심을 하게 되었다. 한때 제대로 읽지도 않은 외국어 책을 의도적으로 각주나 참고문헌으로 인용하면서 내가 외국 학문에 가까운 사람이라는 것을 은연중 자랑하려는 유치한 분위기에 편승하기도 했지만, 그 뒤 몇 가지 단순하나마 나만의 규칙을 갖게 되었다. 첫째, 논문이나 책을 쓴 사람의 학위를 참고는 하되 내용을 읽거나 보기 전에 섣부른 판단을 하지 않는다. 둘째, 연구자의 학위 취득 국가나 학교에 순위를 매기지 않는다. 셋째, 우리말 책을 읽고는 마치 영어나 독일어로 읽은 것인 양 논문 각주에 원서 참고문헌을 줄줄이 달아 놓는 일은 하지 않는다. 넷째, 외국의 흐름과 현황을 익히기는 하되, 그것을 기준으로 삼지 않는다. 별것 아닌 듯하지만, 당시 결심했던 내용들은 대체로 그런 것들이다. 요지인 즉, 형식보다는 내용, 술수보다는 순수를 지키는 것이 결국 학문의 정도임을 나름대로 지켜보겠다는 것이었다.

적고 보니 다소 우습지만 솔직한 고백이다. 때로는 이러한 단순한 규칙마저 제대로 지킬 수 있을지 의심스럽기도 하지만, 그런 마음은 늘 간직하고자 한다. 학문의 기준은 오로지 내실과 내면에 있는 것이지 외형과 형식에 있는 것이 아니기 때문이다. 당연하지만, 이러한 데 동조하는 사람이 늘어나야 권력을 보고 평가하는 저급한 사례가 줄어들고 실력을 보고 평가하게 될 것이다. 좀 더 전문성을 인정받기 위해 박사학위가 있는 것이 좋겠다고 생각했다는 점에서 신정아 씨나 나나 근본적으로 다르지 않을 것이다. 신정아 씨는 왜 학위 위조와 매수의 길을 갔을까? 만일 그가 학위 조작이라는 초강수를 두지 않았더라면, 그의 최소한의 실력마저 묻혀 버리지는 않았을 것이라 생각하니 안타깝다.

39. 깨어 있어야 하는가
: 중취독성(衆醉獨醒)

"우리가 가지고 있는 것이 아니라 그것으로 우리가 어떤 일을 하느냐가

인생의 진정한 가치를 결정짓는 것이다."

(헬렌 니어링, 『아름다운 삶, 사랑, 그리고 마무리』, 보리, 1997, 132쪽)

종교의 종점은 생명과 평화

지난 십여 년 평화에 대한 인문학적 상상을 기반으로 하는 평화인문학을 공부해왔다. 하지만 내가 오랫동안 공부해 오던 분야는 신학과 불교학을 주 내용으로 하는 종교학이었다. 30여 년 종교 관련 공부를 하면서 종교의 종점은 생명과 평화라는 생각을 종종 하곤 했다. 종교인으로서의 삶도, 종교 관련 학문도, 모두 생명을 살리고 평화를 확장시킬 때 존재 의의가 있다고 생각했다. 생명과 평화는 교단이나

종파, 단순한 이념에도 갇히지 않는 건강한 힘이다.

하지만 실제로 그렇게 살기는 어렵다. 모두의 생명보다는 내 생명이 더 중요하고, 우리의 평화가 아니라 나의 평화가 우선이라고 본능이 말하곤 하기 때문이다. 그보다 더 어려운 이유는 교단이나 종파를 넘어서는 이야기를 하거나 행동을 할라치면 어느 틈에 공격해 들어오는 비판적인 목소리와 소모적인 논쟁을 해야 하고, 무언가 보이지 않는 압력에 시달려야 하기 때문이다. 종교 관련 동네는 특히 심하다. 보통의 교회나 내가 가르치던 대학이나 다 비슷했다.

평화인문학을 만나다

기성교회와는 진작에 거리를 두어 종교적으로는 조금 자유로워졌지만, 근무하던 대학을 떠나는 데는 시간이 좀 더 걸렸다. 대법원 판결 이후 일 년이 지나 복직한 대학이라 한편에서 보면 애정이 생길 법도 했지만, 내게는 학교가 학교로 느껴지지 않았다. 학교를 '직장'으로라도 여기며 다녀야지 하던 생각도 사라졌다. 그러면서 지금까지 종교학적 작업을 하며 느꼈던 생명과 평화의 언어를 다른 각도에서 구체화해 보고 싶은 마음은 더 커졌다.

그러던 차에 작은 기회가 찾아왔다. 우연히 서울대 통일평화연구원에서 낸 평화인문학 HK(Humanities Korea)연구교수 공채 광고를 보게 되었고, 평화를 인문학적으로 연구한다는 취지가 맘에 들어 주저 없이 지원했다. 곡절은 있었지만 다행히 합격했고, 2012년 8월 1일 자로 옮겨가게 되었다.

고민이 없었던 것은 아니다. 연구교수는 신분도 다소 불안하고, 월급도 상대적으로 적은 자리였기 때문이다. 그럼에도 불구하고 종교적 강요가 제도화된 곳에는 있고 싶지 않았고, 머리가 더 굳기 전에 합리적인 곳에서 새로운 학문을 하고 싶다는 희망이 컸기에, 많이 주저하지는 않았다.

건방질 정도로 강렬한, 중취독성

재직하던 대학에 사직원을 낸 다음 날 평소 이런저런 대화를 나누던 동료 교수들과 환송주도 마셨다. 고맙고 즐겁고 아쉬운 시간이었다. 그리고 이튿날 미술대학 교수 한 분이 서양식 캘리그래피에 가까운 서예 작품 한 점을 직접 만들어 내게 선물로 건네주었다. '중취독성(衆醉獨醒)'.

중국 초나라 시인이자 정치가였던 굴원이 회왕에게 총애를 받자 동료 정치인들이 질투하며 악성 루머를 퍼뜨렸고, 급기야 왕도 굴원의 관직을 박탈했다. 그 뒤 초라한 몰골로 장강(양쯔강) 주변에서 유랑하던 굴원을 보고 동네의 한 어부가 어쩌다 그렇게 되었느냐고 물었다. 그러자 굴원은 이렇게 답했다고 한다. "중인개취 아독성(衆人皆醉 我獨醒, 사람들은 모두 취해 있는데 나 홀로 깨어 있어서…)".

거기서 나온 말이 '중취독성'이다. 남들은 세속의 명리와 이기심에 취해 남을 모함하며 소인배처럼 살고 있을 때, 홀로 깨어 지켜야 할 원칙을 지키며 사는 자세를 의미한다. 대단히 강렬한 말이다.

동료 교수가 나에게서 '중취독성' 비슷한 이미지를 느꼈다면 고맙고 황송하고 민망하기 짝이 없는 일이다. 사찰에서 절한 뒤 '짤린' 경험이 있다는 이유만으로 듣기에는 과하게 황송한 문장이다. 무엇보다 실제로 깨어 있는 삶을 살고 있지 못한 마당에 그런 문장을 받고 보니 내심 민망했다. 작품을 받고는 짬이 날 때마다 나는 어디에 취해 살고 있는 것일까, 깨어 있는 삶이란 무엇일까 틈틈이 생각해 보았다.

남들이 '예스' 할 때 '노'라고 답하는 일은 어렵다. 적당히 휩쓸려 살면 편안할 때 그에 거스르며 자신의 주관을 갖고 실행하기란 힘들다. 그러려면 현명해야 하고, 용기도 있어야 한다. 현명함에 용기까지 갖추기란 얼마나 간단치 않은 일이던가. 하지만 인류의 위대한 선구자들이 대부분 '중취독성'의 삶을 살았다는 것은 분명하다. '독성'은 깨어 있는 삶이고, 이웃을 향한 삶이고, 저항하는 삶이다. 그리고 굴하지 않는 희망을 품은 삶이다. 창조적 소수자들의 '중취독성' 하는 삶이 결국 인류를 바꿔 온 것이다.

선불교에서는 깨어 있는 상태를 '성성적적(惺惺寂寂)'이라 한다. 마음이 산란하지 않고 고요하면서도[寂寂] 의식은 더 맑고 깊은 상태[惺惺]이다. '공적영지(空寂靈知)'라고도 한다. 비고 고요하면서도 신령스러운 앎으로 가득 찼다는 뜻이다. 세상의 이치를 제대로 알고 집착없이 실천한다는 뜻이다.

성서에는 잠도 밤에 취하고 술도 밤에 취하니 밤을 조심하라는 비유적인 훈계가 나온다. 잠도 자지 말고 술도 먹지 말라는 단순한 뜻은 아니다. 밤은 판단의 기준이 자신에게 몰리는 때이다. 낮에 자신의 모습은 공개되어 있어서 누구에게나 보여 조심하게 되지만, 밤이 되면 자신의 모습이 주로 자신에만 보인다. 그래서 자기 식대로 행동하게 된다. 적당히 타협해도 판단의 기준을 자기 안에 두기에 큰 문제의식을 가지지 못한다. '한밤에 가장 유능한 경찰은 가로등'이라 하듯이, 자신의 모습이 가려지는 밤에는 자신의 어두운 본성이 드러나기 쉽다.* 물론 낮과 밤은 비유적인 표현이며, 사람에 따라 낮에도 밤처럼 행동하고 밤에도 낮처럼 행동할 수 있을 것이다. 중요한 것은 다들 취해 있을 때 홀로 깨어 있을 수 있고, 또 그래야 한다는 것이다.

혹시 나는 어디에 취해 있는 것일까? 남들도 취해 있으니 어디에 취한들 상관없는 것일까? 정말 홀로 깨어 있을 수 있을까? '독성'은 단순한 교훈적 문장이 아니라 인간의 실존에 대한 근원적인 도전이었

---

* 로랑 베그, 앞의 책, 54쪽.

다. 더욱이 남들이 다 취해있는 '자연스러운 일상'에서 그 반대의 길을 걷는다는 것은 지혜롭고 용감하지 않으면 할 수 없는 '거룩한' 명령이 아닐 수 없었다. "중인개취 아독성(衆人皆醉 我獨醒)", 설령 그렇게까지는 못 산다 할지라도 내게 그런 자극을 준 이와 해직 중에 응원해주던 손길이라도 잊으면 안되겠다 싶었다. 그래야만 혹시 나도 모르게 어딘가에 취했다가도 빨리 깨어날 수 있게 되지 않을까 싶어서이다.

40. 나는 무슨 공부를 해왔나
: 심층학의 가능성

"학문, 특히 인문학은 언어적 한계 혹은 개념과의 정면 승부이다.
기존 언어에 안주하면 새로움을 잉태하지 못한다... 정면 승부해서 새
로운 개념을 잉태해 내는 학문에는 사실상 끝이 없다."

(이찬수, 『평화와 평화들』, 모시는사람들, 2016, 30쪽)

화학에서 종교학으로 전향했다가

앞장에서도 잠시 언급했지만, 나는 화학과를 졸업하고 대학원을
종교학과로 진학했다. 종교학과에서 불교학과 신학을 주제로 두 번
의 석사논문을 썼고, 같은 학과 신학 분야에서 불교와 기독교의 사상
을 비교하며 박사논문을 썼다. 신학 분야였지만, 기본 성향과 관심사
는 종교비교론 내지 종교철학에 가까웠다. 학위논문을 통해 밝히고

싶었던 것은 불교와 기독교 사상의 심층적 상통성이었다. 특정 종교의 편협한 종교성을 넘어 인간의 종교적 보편성 또는 보편적 종교성을 확산시키는 것이 연구자로서의 소명이라는 생각이 적지 않았다.

1989년에 선후배 연구자들과 함께 종교문화연구원을 창립했고, 1991년부터 대학에서 시간강사로 종교 관련 과목들을 두루두루 강의했다. 학생들보다 내가 더 공부를 많이 하던 시기였다. 1997년 박사논문을 끝내고 1999년에 강남대 교양학부에 자리 잡아 2012년 사직할 때까지 수천 명의 학생에게 주로 기독교 교양과목을 강의했다. 다른 대학에서는 종교학 관련 강의를 종종 했다. 한편에서는 신학도, 불교학도, 그리고 종교학도이기도 했지만, 내심으로는 이들 모두에 통하는 학문을 한다는, 아니 해야겠다는 자의식이 더 컸다.

어린 시절부터 기독교인이었지만 -아니 어쩌면 기독교인이었기에 더-, 여러 종교현상을 두루 설명할 수 있는 심층적 이론이 궁금했다. 보편성이 있어야 진짜 신학이라 생각했고, 다소 규범성이 강하기는 하지만, 종교학도 그래야 한다고 여겼다. 동서양 종교의 사상적 심층을 비교하며 자세히 들여다보면서 '다 거기서 거기'라는 생각을 많이 했다. 간단한 문장 같지만 나름대로는 오래 살펴보고 내린 결론이었다. '사람의 일이 달라야 뭐 얼마나 다르겠는가' 하는 생각은 계속되었다.

죽음학을 만났고

　이런 생각은 죽음학으로도 이어졌다. 개인의 종교적 배경 탓이기도 했겠지만, '죽고 나면 어떻게 될까' 하는 물음을 늘 품어왔다. 그러던 차에 2005년도에는 한국죽음학회를 공동 창립했고, 관련 공동 연구서도 몇 권 출판했다. 요사이는 손 놓고 있지만, 죽음 자체 및 그 이후의 문제는 내 실존적 관심의 근간에 있었다. 기독교인이든 불교인이든, 무신론자든 다신론자든, 죽음 이후 겪는 방식은 결국 비슷하리라 생각했다. 이 역시 돌이켜보면 내 종교적 경험에 입각한 심층적 상통성의 표현이었다. 기독교적 언어로 해석하면, 그것이 진짜 신학이고 바른 신앙이며 유일신 신앙을 오늘 살려내는 길이라고 생각했다. 그래서였을까, 좁은 의미의 교회 교육을 요구하던 대학에서의 교수 생활은 순탄하지 않았다.

　나는 불상에 절했다는 이유로 재직하던 강남대에서 '짤렸다'. 내게는 기독교적 신앙의 실천이자, 내 사상적 은사나 다름없던 불교에 대한 예의 표현이었지만, 대학은 일종의 우상숭배죄로 나를 재임용에서 탈락시켰다. 그것은 내 인생을 전기와 후기로 나누는 축과 같은 사건이 되어버렸다. 나는 한편에서는 법정에 호소하면서 다른 한편에서는 학교 밖으로 생활 반경이 확대되었다. 한국종교인평화회의(KCRP)에서 벌이는 가칭 '세계종교센터' 설립 준비 및 종교간 협력 운

동을 함께 했고, 강남대 해직 시절 내게 큰 힘이었던 인권연대의 운영
위원으로 13년여 봉사하면서 시민 사회와 정치 현실을 생생하게 배
워왔다. 대화문화아카데미의 기획연구위원으로 4년여 일하면서 생
명 지향적 시민운동, 평화 지향적 대화운동을 조직하고 운영하기도
했다. 이렇게 시민과 사회 속으로 한 걸음 더 들어갈 수 있었다.

'평화'로 수렴시키다가

그럴수록 종교 언어는 사회와 만나야 한다는 생각이 강해졌다. 나
는 그 접점을 '생명과 평화'로 요약했다. 내 활동도 그쪽을 지향해야
겠다고 생각했다. 그런 눈으로 보니 생명과 평화를 추구하는 수많은
'비종교인'들이 내게는 더 '종교인'으로 보였다. '생명들의 협력체계로
서의 상생(相生)', '상생의 사회적 과정으로서의 평화'를 내 학문 및 사
회적 활동의 요지로 자리매김했다. 생명과 평화 운동은 그 자체로 종
교적이라고 생각했다. 그렇게 세속화한 시대의 종교언어를 사회적
수준에 맞게 나름대로 재구성해나갔다.

이런 태도는 종교현상 전반 및 내 기독교적 삶의 근간을 들여다보
면서 형성된 것이기도 했다. 정치든 종교든, 사회든 문화든, 각종 현
상의 심층을 읽고, 그 심층을 표층까지 끌어올릴 수 있다면 그것이야
말로 실질적인 종교 연구의 세계라고 생각했다. 물론 어디까지나 내

생각이었을 뿐, 종교학계가 그렇게 생각하는지는 별로 중요하지 않았다.

강남대에는 4년 6개월 만에 복직했지만, 내가 느끼는 교내 분위기는 대단히 무거웠고, 오래 근무하기 힘들겠다는 느낌이 들었다. 그즈음 시작되고 있는 서울대 통일평화연구원 평화인문학 연구 사업에 합류하고자, 강남대 복직 2년 후 사직했다. 평화에 관해 인문학적으로 연구한다는 취지가 맘에 들었고, 서울대에서 HK연구교수 신분으로 새로운 삶을 시작했다. 종교학의 평화학적 확장을 꿈꾸었다.

아쉬움도 있었다. 막상 겪어보니 '평화인문학'이라는 말과 달리 통일평화연구원 내 인문학의 위치는 애매했고 대체로 사회과학적 분위기에 종속적이었다. 아쉽기는 했지만, 서울대에서의 생활을 사회과학 공부의 기회로 삼기로 하고, 8년여 통일 및 평화와 관련한 공부를 했다. 정치학, 사회학 등이 주도하는 한반도 평화학의 현실을 절감하면서도 새로운 세계를 배웠고, 급기야 북한학 강의도 할 수 있게 되었다. 그럴수록 종교와 사회, 정치와 경제 등은 내 안에서 하나로 합류되어갔다.

평화적 보훈의 가능성을 꿈꾼다

그러다가 2019년 '보훈'의 세계를 알게 되었다. '공훈에 보답한다'는 의미의 보훈을 평화학적으로 재구성하는 상상을 하다가 '보훈교육연구원'을 알게 되었고, 원장 공모에 지원해 2020년 2월 11일 원장으로 취임했다.

사전적으로 보훈(報勳)은 "국가 유공자의 애국정신을 기리어 나라에서 유공자나 그 유족에게 훈공에 대한 보답을 하는 일"이다. '국가보훈기본법' 제1조(목적)의 핵심을 추리면, '국가를 위하여 희생하거나 공헌한 사람의 숭고한 정신을 선양하고 그와 그 유족 또는 가족의 영예로운 삶과 복지향상을 도모하며 나아가 국민의 나라사랑정신 함양에 이바지하는 행위'다. 얼핏 지당하고 분명한 규정 같다.

하지만 심층을 묻던 지금까지의 내 학문적 성향이 그랬듯이, '나라를 사랑한다'는 것, '공을 세운다는 것[有功]'이 무엇인지 하나씩 따지다 보면, 실제로 그 경계가 모호할 때가 많다. 기존 경계를 넘어 새로운 세계를 만나게 된다. 가령 전쟁 참전 용사가 국가유공자일 수 있고, 코로나19의 확산을 막기 위해 희생을 무릅쓰고 노력하는 이들도 국가유공자일 수 있으며, 나아가 양심적으로 선량하게 사는 소시민도 국가유공자일 수 있다. 이들 없이 국가가 유지되고 발전할 수 없기 때문이다.

그런데 현실에서는 어디까지가 국가에 공을 세우는 행위인지 규정하고자 할 때 늘 긴장과 갈등이 뒤따른다. 어떤 태도로 얼마나 헌신하고 희생적이어야 유공자라고 할 수 있는지는 결국 사회적 의미와 영향력에 따른 법률적인 판단에 달려 있다. 공식적으로 국가유공자라는 말은 헌신과 희생의 객관적 증거에 입각해 법과 규정대로 판단한 이후에나 쓸 수 있다. 그리고 이때의 법과 규정은 좁은 의미에서 엄정하게 적용할 수밖에 없다.

그러나 국가 전체를 염두에 두면, 나아가 국경이 사라져가다시피 하는 급격한 지구화 현상까지 염두에 두면, 국가유공의 본질을 되묻지 않을 수 없다. 어디까지가 국가유공의 행위인지 그 경계를 다시 생각하지 않을 수 없다. 현행 법률과 제도상 보상과 공식적 선양의 대상이 되지 못할 수는 있지만, 그렇다고 해서 인류애를 실천하다 희생당한 이들이 보훈의 가치와 본질에서 멀어지는 것은 아니기 때문이다.

보훈은 국가공동체로 유지하는 데 필수 정책이면서도, 역설적이게도 누군가의 희생을 낳은 폭력적 현실을 전제하는 개념이기도 하다. 이것은 그 폭력적 전제 자체를 없애가는 행위가 정말 근본적인 보훈의 행위라는 뜻이다. 역설적이게도 국가유공자가 더 이상 나오지 않아도 되는, 바꾸어 말하면 국가보훈기본법의 국가유공자의 개념을 바꾸지 않으면 안 될 평화의 세상을 만들어가는 장기적 과제를 놓쳐서는 안 된다는 것이다.

경계에서 경계를 넘어

　더욱이 세계가 급격히 유기적으로 연결되어가고 있는 때일수록, 어느 국가에 공을 세우는 행위가 다른 국가에 피해가 아닌 도리어 도움을 줄 수 있다면 금상첨화일 것이다. 보훈이 국가를 위하여 희생한 사람의 숭고한 정신을 선양하는 행위라 해도, 그 희생이 특정 국가만이 아닌 다른 국가에게도 유익이 될 수 있다면 더 좋지 않겠는가 하는 것이다. 독립 운동을 하고 전쟁에 참여할 수밖에 없는 지배와 정복의 세상이 아니라, 식민, 전쟁 등과 같은 폭력이 사라져, 국가를 위한 희생이 더 이상 발생하지 않아도 되는 지구촌 사회를 만드는 일, 그 궁극적 비전을 한시라도 간과해서는 안 되는 것이다. 눈앞의 희생자를 우선 돌보고, 국가를 위한 희생의 정신을 선양하되, 궁극적으로는 더 이상 희생이 나오지 않아도 되는 세상을 다각도로 만들어가는 일, 이러한 행위를 '선제적 보훈'이라고 할 수 있다.

　기존의 희생에 보답하는 '사후적 보훈'이 당면한 단기적 과제라면, '선제적 보훈'은 사후적 보훈을 포함하며 이루어야 할 장기적 과제이다. 기존 보훈이 국경 중심의 근대 민족국가 범주에 제한되는 경향이 있다면, '선제적 보훈'은 국경 중심의 민족국가의 범위를 넘어, 탈경계적 세계시민사회에 어울리도록 재규정하는 행위와 연결된다. 한반도의 경우는 통일과 평화 지향의 실천과도 연결된다.

가령 6.25 전쟁에 참여했다가 희생당한 이들과 유족을 돌보는 일은 보훈의 핵심이지만, 장기적으로 보면 여기에 머물러서는 곤란하다는 뜻이다. 북한 보훈정책의 북한 사회적 의미를 연구하고, 그 의미를 적절히 반영하며 결국은 북한을 품는 더 큰 보훈의 개념과 정책을 마련해야 하는 것이다. 남한의 보훈이 북한에게도 유의미한 것이 될 수 있도록 보훈의 시각을 확대해야 한다. 이것이 선제적 보훈의 한 가지 길이기도 하다. 최종적으로는 적까지 품을 수 있는 보훈이어야 한다. 그런 가능성을 간과하면 보훈 정책이 그 희생을 낳은 적에 대한 증오로 이어지고, 그로 인한 다른 갈등을 야기하는 진원지가 될 수도 있겠기 때문이다. 보훈의 의미와 범주를 선제적으로 확대해가야 하는 것이다.

　이러한 선제적 보훈은 사후적 보훈을 포함하며 거기에 심층적 의미와 방향성을 알려준다. "선제적 보훈≥사후적 보훈"으로 그 범위를 규정할 수 있다. 그리고 '사후적 보훈과 같으면서도 언제나 더 큰 선제적 보훈'의 핵심은 한 마디로 '평화와 인권'이라고 할 수 있다. 보훈은 결국 인간에 의한 인간을 위한 일이고, 희생을 낳은 폭력이 없어질 때까지, 완전한 평화가 이루어질 때까지 계속되어야 하는 일이기 때문이다.

심층학의 가능성을 되묻다

돌아보면 내 전공 분야는 다양하게 확장되어왔다. 그런데 전공이 확장된다는 말은 제대로 된 전공이랄 것이 없다는 뜻이기도 했다. 그래서 어느 영역에서도 주류가 되어 본 적이 별로 없는 것 같다. 신학도 가톨릭과 개신교의 경계에 있다 보니, 개신교 안에서도 특정 교단이나 종파와 무관하게 신학을 하다 보니, 어떤 조직의 내부자 경험을 해본 적이 별로 없다. 대체로 경계에 있었고, 그래서 때로는 외롭기도 했다. 물론 딱히 도리는 없었다. 내심으로는 일종의 '심층학'을 한다 생각했고, 그 심층을 잘 알려준 종교의 세계를 다양한 방식으로 표현한다는 마음으로 '내 전공은 종교학'이라는 말을 가장 오래 해왔다.

불교와 기독교의 세계에서 상통성을 확인한 이래, 불교학, 신학을 포함한 종교학은 물론 죽음학, 평화학 등의 분야도 그 심층에서 보이는 세계는 비슷하다는 생각은 거의 습관처럼 굳어졌다. 어느 분야든 인간의 내면, 즉 욕망, 열망과 같은 정신세계가 근저에 작동하고 있으며, 어느 영역이든 인간의 원천적 열망과 기대의 표현으로 해석되었다. 좀 더 들여다보면 종교인이냐 비종교인이냐 관계없이 많은 이들이 '영성'(Spirituality)이라고 부를만한 내적 심층을 추구하고 있다는 사실도 보였다.

그래서 종교를 이해하려면 '비종교적'이라고 여겨지는 현상도 같이 보아야 한다고 생각했다. 내면과 외면, 개인과 사회, 개체들의 관계 모두를 보아야 인간이 겨우 이해되듯이, 다른 분야와 단절된 학문이라는 것은 있을 수 없다고 생각했다. 내적 신앙과 외적 표현 전체를 보아야 종교가 보이듯이, 외적 표현은 정치, 경제, 사회, 문화 등 인간의 거의 전 영역과 연결되어 있는 것이듯, 나는 평화 관련 논문을 쓰면서도 인간의 열망 혹은 영성의 문제와 연결 지으려 했다. 내게는 종교 밖의 학문도 종교학의 연장이었고, 그것을 '종교평화학'이라는 용어로 표현하곤 했다. 그런 식으로 개인의 내적 안정감과 사회적 평화, 그리고 인류의 이상을 구분하면서도 연결 짓고자 했다.

이것은 보훈 분야로도 이어져 가능한 한 인류 사회가 공감할 수 있는 보훈의 가능성을 상상하게 된다. 현실성은 별로 없는 상상이지만, 그런 상상이 없는 삶은 스스로 자기무덤으로 들어가는 길일 것이다. 기존의 경계를 넘고, 기존의 깊이를 지나 가능한 더 많은 이가 동의하고 축복할 수 있는 심층의 세계를 열고 싶다. 역량을 넘어서는 욕심이라 해도 도리 없다. 다만 그 심층이 생명을 살리고 평화를 이루는 데 공헌하는 기초가 되기만을 바랄 뿐이다.

사회는 왜 아픈가

등록 1994.7.1 제1-1071
1쇄 발행 2020년 12월 10일

지은이   이찬수
펴낸이   박길수
편집장   소경희
편   집   조영준
관   리   위현정
디자인   이주향
펴낸곳   도서출판 모시는사람들
            03147 서울시 종로구 삼일대로 457(경운동 수운회관) 1207호
전   화   02-735-7173, 02-737-7173 / 팩스 02-730-7173

인   쇄   (주)성광인쇄(031-942-4814)
배   본   문화유통북스(031-937-6100)
홈페이지   http://www.mosinsaram.com/

값은 뒤표지에 있습니다.
ISBN   979-11-6629-008-4   03300

이 도서의 국립중앙도서관 출판예정도서목록(CIP)은 서지정보유통지원시스
템 홈페이지(http://seoji.nl.go.kr)와 국가자료공동목록시스템(http://www.
nl.go.kr/kolisnet)에서 이용하실 수 있습니다.(CIP제어번호:CIP2020049917)

이 도서는 한국출판문화산업진흥원의 '2020년 출판콘텐츠 창작 지원
사업'의 일환으로 국민체육진흥기금을 지원받아 제작되었습니다.